教育部哲学社会科学后期资助项目（项目编号：10JHQ022）研究成果
华南理工大学 2024 年度出版基金资助项目研究成果

自主创新

基于市场与科技治理的视角

简兆权 著

华南理工大学出版社
SOUTH CHINA UNIVERSITY OF TECHNOLOGY PRESS
·广州·

内容简介

创新是一个国家经济增长与竞争力增强的主要驱动力。在创新驱动战略实施过程中，政府扮演着重要角色，在促进自主创新上，我们有必要从学理上厘清政府如何才能做到“科学有为”。本书综合运用文献研究、比较研究、案例研究等方法，围绕政府与市场、政府科技行为与自主创新的关系问题展开研究，构建促进自主创新的政府科技行为综合框架，厘清促进自主创新的政策方向与重点，构建科技治理三层次模型及治理框架，剖析决策、激励、对话三个核心治理机制，并基于科技治理发展趋势提出其改革方向。

本书研究结果对高校创新管理与科技政策研究人员具有参考作用，对政府科技管理部门具有借鉴意义，也有助于正确落实创新驱动战略、促进新质生产力的发展。

图书在版编目（CIP）数据

自主创新：基于市场与科技治理的视角/简兆权著. -- 广州：华南理工大学出版社，2025. 1. -- ISBN 978 - 7 - 5623 - 7840 - 2

Ⅰ. F279. 23

中国国家版本馆 CIP 数据核字第 20249RE692 号

Zizhu Chuangxin：Jiyu Shichang Yu Keji Zhili De Shijiao

自主创新：基于市场与科技治理的视角

简兆权　著

出 版 人： 房俊东

出版发行： 华南理工大学出版社

（广州五山华南理工大学 17 号楼　邮编：510640）

http://hg. cb. scut. edu. cn　E-mail: scutc13@ scut. edu. cn

营销部电话：020 - 87113487　87111048（传真）

责任编辑： 付爱萍

责任校对： 王洪霞

印 刷 者： 广州市人杰彩印厂

开　　本： 787mm × 960mm　1/16　**印张：** 15. 5　**字数：** 278 千

版　　次： 2025 年 1 月第 1 版

印　　次： 2025 年 1 月第 1 次印刷

定　　价： 68. 00 元

前　言

中国改革开放40余年取得了举世瞩目的成就，经济快速增长，成为全球第二大经济体，但这种增长方式很大程度是建立在传统要素大量投入的基础之上的。随着人口红利的逐渐消失和竞争环境的日益恶化，传统发展模式已难以为继，创新发展成为必然的选择。当前，世界正处于百年未有之大变局，日益深化的全球化进程与活跃的科技革命和产业革命交互促进，科学技术越来越成为推动经济社会发展的主要力量，创新驱动已是大势所趋。

科技创新需要良好的内外部环境。然而，近年来中美关系持续恶化，美国不遗余力地对我国进行打压遏制，企图同中国“脱钩断链”，其直接表现形式包括关税战、科技战、人才战和金融战。尤其是在科技领域，美国全面强化对华高科技遏制和技术出口封锁，使我国无法获取先进科技资源，关键核心技术被“卡脖子”。其中暴露出的科技创新问题是我国当前最大的短板。从我国自身的发展来看，若做不到科技自立自强，必然陷入“修昔底德陷阱”和“中等收入陷阱”。

“自主创新”（independent innovation）是我国在制定国家中长期科学技术发展规划的战略研究过程中提出的。在2006年初举行的全国科学技术大会上，党中央向社会发出了坚持走中国特色自主创新道路、建设创新型国家的号召。这是党中央从全局和战略的高度出发，综合分析国际环境和国内形势后提出的面向未来、体现时代特征的重大战略决策，也是我国面对世界新科技革命浪潮和挑战的最重要的任务。

自主创新是中国式现代化的必由之路。改革开放40多年来，通过大力引进技术（合资），以市场换技术，我国经济获得了长足的发展，但这种发展模式不能解决长远的核心技术问题。随着国门开放，国际竞争日趋激烈，旧式思维日益阻碍我国社会经济的进一步发展。自主创新并不排斥技术引进，中国需要大量引进、利用全球技术资源，但科技进步无法仅靠“拿来主义”来实现。把核心竞争力寄托在引进的基础上，是不切实际的幻想，唯有通过自主创新才能实现经济的可持续发展。党的十八大提出“创新驱动发展战略”；党的十九大进一步提出“创新是引领发展的第一动力”；党的二十大更是提出了科技、人才、创新“三个第一”的重要论断，强调“坚持创新在我国现代化建设全局中的核心地位”。2023 年 9 月习近平总书记在黑龙江考察调研期间首次提出“新质生产力”，2024 年 1 月 31 日，习近平总书记在中共中央政治局第十一次集体学习时强调，加快发展新质生产力，扎实推进高质量发展。2024 年 6 月 24 日，全国科技大会、国家科学技术奖励大会和中国科学院第二十一次院士大会、中国工程院第十七次院士大会在北京召开，习近平总书记发表重要讲话，强调“坚持走中国特色自主创新道路，坚持创新引领发展”。

当前，我国经济发展迈入新阶段，发展的动力从要素驱动、投资驱动转向创新驱动（柳卸林等，2017）。创新驱动是指以创新、研发为核心，强调知识的创造、扩散与运用，进而带动经济增长。要实现这一重大转变，各级政府必须加强对自主创新的引导。在自主创新战略实施过程中，政府的作用不可小视，甚至要比成熟市场经济国家中政府的作用更加重要，这才符合转型经济国家的客观要求。特别是党的十九届五中全会明确提出把科技自立自强作为国家发展战略支撑，更是凸显了科技创新的重要性。实现科技自立自强需要有力的科技创新体制机制保障（王志刚，2020），但政府如何促进自主创新，还需从学理上加以探讨。实际上，政府的作用是一把“双刃剑”，当改革和发展进入深水区，这一点体现得更加明显（胡伟，2016）。从亚当·斯密“看不见的手”到凯恩斯主义风行全球，政府与市场一直是市场经济的两个永恒话题。历史表明，在市场经济环境下，如果缺乏政府有形之手的调控，市场就会走向无序混乱和周期性危机；但如果政府既当裁判又当运动员，就会导致效率低下、浪费严重。当前，有必要明确政府在促进自主创新上所扮演的角色。这个问题引发了笔者的思考。

笔者长期从事技术创新与科技政策研究，2010 年底申请了教育部哲学社会科学后期资助项目“促进自主创新的政府科技行为研究——以广东为例”（10JHQ022）。该项目于 2014 年 10 月通过了教育部的结题成果鉴定。根据成果鉴定专家的意见和建议，2015—2019 年，笔者进行了认真的修改，但对修改后的内容仍感不太满意。在联系出版的过程中，笔者又陆续做了一些思考和修改，形成现在这个版本。

本书综合运用文献研究、比较研究、案例研究等方法，围绕政府与市场、政府科技行为与自主创新的关系问题展开研究，构建促进自主创新的政府科技行为综合框架，厘清促进自主创新的政策方向与重点，构建科技治理三层次模型及治理框架，深入剖析决策、激励、对话三个核心治理机制。本书研究结果对高校创新管理与科技政策研究人员具有参考作用，对政府科技管理部门具有借鉴意义，也有助于正确落实创新驱动战略、促进新质生产力的发展。

本书分工如下：简兆权负责整体研究设计及各章内容的审定，并撰写第1、2、8、9章和结论与展望，简兆权、陈键宏、李慧泉共同撰写第3、4、5章，王鹏程、简兆权共同撰写第6章，简兆权、柳仪共同撰写第7章。最后，由简兆权负责统稿及各章内容的补充与修改。

本书的完成，首先要感谢教育部（哲学社会科学后期项目）的资助，使笔者有机会从事自主创新与政府科技行为这一新兴领域的深入研究。在研究过程中，广东省科学技术厅、广东省工业和信息化厅（原广东省经济贸易委员会）、广州市科学技术局、广州市工业和信息化局（原广州市经济贸易委员会）、广州市商务局（原广州市对外贸易经济合作局）、佛山市顺德区经济和科技促进局以及广东风华高新科技股份有限公司、广州无线电集团有限公司等企业，为调研提供了很大的方便和宝贵的资料；华南理工大学工商管理学院原院长朱桂龙教授给予了许多宝贵的意见、建议和启示，使本书得以进一步完善。在此，笔者对这些单位和专家表示衷心的感谢。最后，感谢华南理工大学出版基金的资助，使得本书经历多年的等待而最终得以出版。

由于本研究主题属于新兴的课题，加之作者水平所限，书中难免存在一些不足之处，敬请广大读者指正，以便在后续研究中改进和完善。

简兆权

2024 年 9 月 10 日

目　录

第1章　绪　论

1.1　引言

改革开放以来，我国取得了举世瞩目的成就。但我们也必须清醒地看到，进入新世纪，我国依靠资源消耗、低成本和套利活动发展经济的模式已难以为继，后发劣势凸显，发展面临一系列新的制约因素和问题。当资源和劳动力价格不断上涨、环境日趋恶化、国际竞争日益激烈时，我国企业如果不向价值链高端转移，将被淘汰出局，难有别的出路。然而，在制度环境、法律体系、要素市场等尚不完善的条件下，推进创新步履维艰。在全球化、网络化、数智化的时代，中国经济转型的关键在于企业转型，而企业转型的关键在于创新。

在新形势下，长期以来主要依靠资源、资本、劳动力等要素投入支撑经济增长和规模扩张的方式已不可持续，低成本资源和要素投入形成的驱动力明显减弱，经济发展需要更多地依靠科技创新以注入新的动力。如何在新的发展阶段重新“激活”自身的发展潜力，是当前形势下我国经济发展不得不应对的挑战。在这个问题上，习近平总书记有过精辟的总结，“过去三十多年，我国发展主要靠引进上一次工业革命的成果，基本是利用国外技术，早期是二手技术，后期是同步技术。如果现在仍采用这种思路，不仅差距会越拉越大，还将被长期锁定在产业分工格局的低端。在日趋激烈的全球综合国力竞争中，我们没有更多选择，非走自主创新道路不可”，并进一步指出，“实施创新驱动发展战略，是加快转变经济发展方式、提高我国综合国力和国际竞争力的必然要求和战略举措，必须紧紧抓住科技创新这个核心”（中共中央文献研究室，2016）。2018 年 5 月 2 日习近平总书记在北京大学考察时强调：“重大科技创新成果是国之重器、国之利器，必须牢牢掌握在自己手上，必须依靠自力更生、自主创新。”同年 10 月 22 日至 25 日习近平总书记在广东考察时再次强调，中华民族奋斗的基点是自力更生，攀登世界科技高峰的必由之路是自主创新，所有企业都要朝这个方向努力奋斗。

近年来，我国科技创新持续发力，加速赶超跨越，实现了历史性、整体性和全局性的重大变化，企业、产业和国家创新实力明显增强，创新在经济社会发展中的作用得到空前提升。但同时也应看到，与世界创新强国相比，我国在很多方面仍存在较大差距，如创新体系的整体效能不高，创新能力不强，科技对经济增长的贡献率还低于发达国家水平。以广东为例，改革开放以来，广东经济总体上走的是一条跟随式发展道路，通过学习引进先进技术，成为全国制造大省，当前广东正面临发达国家先进生产力和发展中国家低要素成本的“双重挤压”，传统的集粗放型增长与外源型主导于一体的经济发展模式存在着产业层次偏低、产品附加值不高、创新能力不足、整体竞争力不强、环境污染严重等问题。广东要想在挑战中赢得主动，就必须把发展动力切换到创新驱动上来，以创新、研发为核心，强调知识的创造、扩散与运用，以带动经济的持续增长。

近年来，中美关系摩擦不断。这并非简单的贸易冲突，而是美国企图遏制我国从追赶转向创新引领的发展进程，遏制我国在科技实力和产业竞争力方面的发展，不惜一切代价对我国进行科技围堵和打压，进而保持其绝对优势的全球地位。实际上，根据杨小凯的后发劣势理论，出现这一局面是必然的：先发国家往往通过贸易保护、技术封锁等手段，限制后发国家的发展空间；与此同时，先发国家还通过制定国际贸易规则、主导国际组织等方式来维护其在全球经济中的领先地位和既得利益。因此，后发国家面临着来自先发国家的诸多压力。美国明确把中国视作三大“威胁”之一，采取全面极限施压的方式，遏制中国发展。2021 年 3 月，美国新任国务卿在其首场外交政策演讲中直接宣称，中国是美国未来最大的威胁；同时，白宫国家安全委员会发布的《国家安全战略中期指导方针》指出，中国是唯一有潜在综合实力挑战美国国际地位的主要竞争对手。至此，美国对华战略不再模糊、摇摆，而是明确将中国视为“头号竞争对手”。理性判断“新冷战”条件下我国外部环境的重大变化，是实施创新驱动战略，走好自主创新路子的关键。特别是，我们必须把创新主动权、发展主动权牢牢掌握在自己手上。自我国明确提出“自主创新”以来，如果说前 15 年（2005—2020）的自主创新是解决发展问题，那么，今后的自主创新则是关系到国家生死存亡的问题。对此，党的十九届五中全会特别强调“科技自立自强”的战略支撑作用。这是在当今“逆全球化”日益抬头背景下的重大战略抉择。2024 年 6 月 24 日召开的全国科技大会、国家科学技术奖励大会和中国科学院第二十一次院士大会、中国工程院第十七次院士大会上，习近平总书记深刻指出："当前，新一轮科技革命和产业变革深入发展。科学研究向极宏观拓展、向极微观深入、向极端条件迈进、向极综合交叉发力，不断突破人类认知边界。技术创新进入前所未有的密集活跃期，人工智能、量子技术、生物技术等前沿技术集中涌现，引发链式变革。与此同时，世界百年未有之大变局加速演进，科技革命与大国博弈相互交织，高技术领域成为国际竞争最前沿和主战场，深刻重塑全球秩序和发展格局。虽然我国科技事业发展取得了长足进步，但原始创新能力还相对薄弱，一些关键核心技术受制于人，顶尖科技人才不足，必须进一步增强紧迫感，进一步加大科技创新力度，抢占科技竞争和未来发展制高点。"

科技兴则民族兴，科技强则国家强。政府是创新型国家建设的重要组织者与参与者，对其角色与功能进行准确定位对处于转轨时期的经济发展至关重要，但长期以来国内外学者对这一问题并未予以足够的重视。因此，我们有必要对政府科技行为的内在逻辑进行理论探讨，为政府科技行为调整提供科学依据，以更好地发挥政府在建设创新型国家中的作用。OECD（经济合作与发展组织，下同）认为，政府制定创新政策的必要性主要在于市场失灵、系统失灵和战略需要三个方面。发挥好科技创新的引领支撑作用，离不开政府的引导与支持。根据国家创新系统理论，政府扮演着推行创新政策的重要角色。当科技创新与国家竞争力产生联系时，建立稳定与持续的创新系统成为政府的重要职责。以美国为例，在第二次世界大战即将结束之际，万尼瓦尔·布什（Wannevar Bush）发表《科学：无止境的前沿》（*Science：endless frontier*），该报告成了美国制定科技政策的"圣经"，为战后美国科学技术的发展指明了方向，奠定了其科技强国的地位。该报告的一个启示就是，政府在科学技术发展中扮演着极其重要的角色，承担着重要职责。由此可见，无论是发达经济体还是后发经济体，对于其创新能力的提升，政府都起着非常重要的作用，特别是后发经济体追赶过程的早期阶段更是如此（张于喆，2015）。正如英国学者 Mazzucato（2013）所揭示的，美国政府在其现代资本主义的发展历史中不仅扮演了纠正市场失灵的角色，还积极地开创新市场；政府主导的技术产业政策在帮助美国企业占领国际竞争制高点的角逐中功不可没。根据麻省理工学院 Gruber 和 Johnson（2019）的研究，美国政府对科技创新的公共投资拉动了美国经济的快速增长。2022 年美国总统拜登（Joseph Robinette Biden Jr.）签署《芯片和科学法案》（*United States Chips and Science*

Act)，该法案对美本土芯片产业提供巨额补贴，是一项典型的产业扶持政策。

过去几十年，我国从中央到地方一直在增加科技投入，不断出台激励扶持政策，取得了不错的成效。这也可以说是我国改革开放取得成就的“秘诀”，即国家主导下市场经济发展的“胚胎发育”原理（文一和佛梯尔，2017）。但业内对此也有不同的声音，笔者认为，理性的态度应该是肯定成绩、正视差距。我们必须清醒地看到，中国跟发达国家的科技差距依然巨大，需要几代人的持续埋头苦干才能赶上。我们应该客观看待政府在其中的角色和作用。不可否认，政府在其中起着重要的推动作用，功不可没；但与此同时，政府在科技战略视野、资源配置、体制政策等方面还存在诸多问题，“越俎代庖”“拔苗助长”的情况时有发生，该管的事管得不到位，不该管的事却又常常管得过多、过细，最终结果往往事与愿违，导致出现“有心栽花花不开，无心插柳柳成荫”的尴尬局面。另外，从表面来看，我国拥有全世界数量最多的博士、最多的教授和最多的科研人员，但是，我国的科技创新竞争力却与之并不相称，这跟我们的科研体制不完善有很大关系。大量的人才被“内卷化”而造成巨大的浪费，令人惋惜。

政府对科技创新的投入和政策到底有多大效果？美国工程院院士李凯的看法是“并不有效”（袁春林，2015）。这个看法或许有失偏颇，但政府在科技资源配置方面取得的成效不佳却是不争的事实，科技的投入体制、创新体制、评价体制都亟待改革。由于在政府主导的科技创新中普遍存在统治者偏好和有限理性、意识形态刚性、官僚机构、集团利益冲突等问题（林毅夫，1994），政府科技行为可以改变游戏规则，进而影响产业或企业的创新程度与竞争力。换言之，政府科技行为会影响企业创新的方向与步伐。这就引出一个重要的问题，在自主创新中政府究竟应该如何作为才能取得成效？进一步地，在推动我国科技创新和推进科技治理体系现代化进程中，应如何正确把握和发挥政府的作用？

如前文所指出的，在当下新的发展阶段，我国经济发展的动力已从要素驱动、投资驱动转向创新驱动（柳卸林等，2017）。要实现这一重大转变，各级政府对自主创新的引导应该到位。在自主创新战略实施过程中，政府的作用不可小视，甚至要比已经成熟的市场经济国家中政府的作用更重要，这才符合处于经济转型期的国家的客观要求。但在如何促进自主创新上，政府的作用是一把“双刃剑”，这一点在改革和发展进入深水区之后体现得日益明显（胡伟，2016）。当前，有必要明确政府在支持企业自主创新上如何做到

“科学有为”，使政府科技行为回归到尊重规律、尊重人才、尊重科技的轨道上来。

1.2 自主创新提出的背景及其意义

1.2.1 国内背景

经过改革开放40余年的高速发展，我国现已成为世界第二大经济体。但综合来看，与美、日、欧等发达经济体相比仍有很大差距，尤其是在创新能力方面，差距更大。创新能力不强成为我国经济进一步发展的“软肋”。尽管近年来我国企业进入世界500强的数量不断增加，但大多为银行、电力、石化领域的企业，这些行业具有自然垄断或行政垄断的性质，且在很大程度上得益于中国经济总体规模的扩大而“水涨船高”，真正具备世界级创新能力和核心竞争力的企业仍不多见。

美国知名时政评论家弗里德曼（Friedman T. L.）访问中国时曾经提出这样的问题：中国企业创新的因素到底占多大比例？这个问题后来被称为“弗里德曼拷问”（谢德荪，2012），即中国企业到底有没有创新，会不会创新？这一“拷问”与诺贝尔奖经济学奖得主克鲁格曼（Krugman P. R.）的观点基本一致，即亚洲经济的增长主要来自汗水而不是灵感。他认为中国是高储蓄转化的投资，以及利用廉价劳动力赢得的快速发展，因而其发展是建立在沙滩上的；他进而指出，一个没有科技与经济紧密结合的制度体系不可能实现持续的经济增长（Krugman，1997）。

由于缺少关键技术和关键零部件，我国很多产业受制于人。2018年3月美国对华启动“301调查”，对中国出口的商品大规模征税，限制中国企业在美并购，由此拉开中美贸易战序幕。随后，美国制裁中兴、华为等高科技公司。当前，中美关系跌入低谷，美国为维持自己的世界霸权地位，对中国的崛起实施全面封锁和打压。这一系列事件引发我们的反思：对于中国来说，核心技术是买不来、换不来的，必须自主研发；中国企业要想实现创新与跨越，必须在关键技术与核心零部件实现突破，形成高端自主知识产权；其中特别要加大关键零部件的研发投入，培养关键技术的研发能力，在重点领域形成自主知识产权。

据世界知识产权组织发布的数据，2019年中国成为《专利合作条约》

（*Patent Cooperation Treaty*，PCT）框架下国际专利申请量最多的国家。若仅从数量来看，中国似乎已成为世界创新大国。但事实果真如此吗？答案是否定的。尽管我国专利申请数量庞大，但专利质量并未出现同步提升。考察申请专利的领域，很容易看出差距所在。例如，中国在数字通信领域提出了大量的专利申请，但在尖端技术领域却表现一般。中国企业和个人在高新科技领域的发明专利并不多，即便有，多数也不是核心技术。虽然近年来我国专利数量快速增长，但质量不容乐观，导致一定程度上出现专利“泡沫”现象，弱化甚至扭曲了中国经济的增长（张杰和郑文平，2018）。毛昊等（2018）发现，实用新型专利对我国经济增长的正向效果明显减弱，甚至会产生负向影响。我国大多数专利是通过专利代理机构完成申请的，很多企业只是为了上市才申请专利，这种浮躁与短视行为导致代理机构忽视申请专利的质量而盲目追求数量。“有数量，缺质量”，是中国从产品到技术都普遍存在的问题（杜恒峰，2016）。

过去几十年我国经济增长模式可以概括为“三依靠”模式：增长依靠投资，投资依靠信贷，信贷依靠货币。“三依靠”模式在当下已难以持续，其根本原因是我国经济的传统比较优势（低劳力成本、低资源成本和低环境成本）正在快速消失，而新的比较优势却尚未形成，投资平均收益率或边际效率必然随之下降，制造业不可避免地陷入低速增长甚至衰退（张豪等，2017；王家庭等，2019）。唯有彻底改变“三依靠”模式，改变低水平重复竞争的市场模式，改变依赖“以市场换技术”的发展策略，改变“赢了制造，输了研发；赢了生产，输了利润”的国际产业分工模式，中国制造业才可能占领全球产业链和价值链的高端（向松祚，2013）。在新的历史阶段我们必须改变要素驱动的经济增长模式，深化体制机制改革，经济发展要不断由模仿创新向自主创新转变（刘伟和范欣，2019）。

1.2.2 经济全球化对科技的影响

全球化促进了世界各国的沟通和联系，加快了信息、技术、知识等资源的快速扩散和流通，全球科技竞争更加激烈。全球化为后发国家的学习创新带来了便利。Dodgson 等（2014）认为，中国式创新的特点是重视开发的创新，而基于研究的创新较少。苏敬勤和高昕（2019）从中国的技术追赶、技术并行到技术赶超这一过程出发，认为中国的创新发展过程经历了“以市场换技术—深入嵌入—并购—产业孵化—正向牵引”的演化过程。在这一过程中，经济全球化扮演了重要角色，借助全球化浪潮的推力，我国实现了经济的快速发展。但随着科技的不断发展，要实现从创新跟随到创新超越的跨越，必须通过自主创新实现科技发展的引领作用（裴长洪和刘洪愧，2018）。

外资企业在中国所设立的研发实验室不仅是中国本土市场发展的重要触媒，也是促进国内科技发展的一种重要资源。Von Zedtwitz（2004）调查了大量的外资企业，认为外资企业在中国的研发确实改变了中国过去几十年对于科技的旧观念。经过改革开放 40 余年的发展，中国部分企业在研发上已经能够跟世界先进企业展开竞争。

过去我国依靠吸引外资而获得外来技术，但由于我国要自主发展技术，在技术学习逐渐成熟后，外资对我国经济的拉动作用效果不断降低（王一鸣，2017）。近年来我国科技政策尽管带有一定的技术民族主义色彩，但企业和政府所推进的创新路径实际上反映了技术全球主义的影响，其原因在于：第一，若要成为全球经济的重要角色，就不能脱离这个体系；第二，通过国际合作建立标准，可推动我国创新系统走向国际（苏敬勤和高昕，2019）。从演化经济学的角度来看，通过实施自主创新战略实现技术赶超更符合我国的基本国情，政府在通过出台产业政策来加强企业核心技术能力进而提升我国经济在全球价值链地位的过程中作用重大（贾根良，2018）。

1.2.3 开放背景下强调自主创新的必然性

和欧美发达国家相比，我国科技创新落后的原因很多，但根本上还是体制机制问题，尤其是几千年的封建制度，是科技进步的极大障碍。从先秦到宋代，人们对自然、社会的认识与西方差别不大，科技发展走在同时代世界的前列。但明清以后，专制制度达到了巅峰，封建统治者重农抑商并采取闭关锁国政策，科技发展止步不前。据英国学者 Jack Challoner 统计，从旧石器时代到 2008 年，全球总共产生了 1001 项改变世界的重大发明；其中，中华民族奉献了 30 项，占 3%，但这 30 项均出现在公元 1500 年之前，占 1500 年前全球 163 项重大发明的 18.4%；而在 1500 年之后到现在的 500 多年里，全世界 838 项重大发明中，没有一项来自中国①。而恰恰在这一时期，西方出现了文艺复兴、思想解放、宗教改革，接着工业革命开始，这直接导致中国与西方在科技、经济、社会发展上逐渐拉开差距。《财富》2024 年发布的世界

①2017 年 7 月 4 日张维迎教授在北京大学国家发展研究院毕业典礼上的演讲。

500 强排行榜中，中国上榜企业 133 家，美国有 139 家，两国在数量上大致相当，但在科技板块只有 5 家中国企业上榜，占比很低，更多上榜的中国企业属于金融和服务业。显然，这是我们必须要正视的差距。

从全球范围来看，科学技术越来越成为推动经济社会发展的主要力量，创新驱动是大势所趋。中国经济快速发展主要依靠投资，过去奉行的“以市场换技术”战略，实践证明是低效的，难以真正将外国技术与知识转移到中国。自主创新，建设创新型国家，离不开当今经济技术全球化这个大背景。放眼世界，任何国家都不可能关起门来搞创新（路风，2020）。二战后日本、韩国跻身科技创新强国行列，与它们大力加强技术引进、消化、吸收再创新密切相关。自主创新并非是狭隘的、单一的创新行为，原始创新、集成创新和引进消化吸收再创新共同构成了自主创新三大要件。从这个意义上讲，开放是自主创新的内在要求。强调自主创新，并不排斥必要的引进吸收，两者对立统一才能实现再创新。我国具有后发优势，在全球化背景下，自主创新是实现赶超的有效途径，而更深、更广的对外开放，则是不可或缺的（吴晓波和吴东，2018）。

在当今开放的时代，联合与联盟变得更为重要，开放创新是必然的选择。各经济体通过“合纵连横”在资源、技术和能力等方面寻求互利互惠，从而克服彼此的缺点或劣势。这种做法的好处是能够减少不确定性和交易成本，分担风险和成本，分享资源和知识等（陈劲和吕文晶，2017）。

海外并购是促进自主创新发展的另外一条重要途径。通过海外并购，我们可以获取技术创新的关键资源、降低创新成本、产生示范和竞争效应，进而促进产业技术创新的发展（吴先明和张雨，2019）。海尔董事局主席张瑞敏指出，关键不在于我们拥有多少技术，而在于我们利用了多少技术，更在于我们整合了多少技术。

总之，中国在面临全球化、产业结构转型升级与内需市场不足的压力下，致力于制度变迁，实施自主创新战略，具有历史的必然性。2018 年 12 月 18 日召开的庆祝改革开放 40 周年大会上，习近平总书记再次阐述了自主创新和开放创新的关系，他指出：“开放带来进步，封闭必然落后。中国的发展离不开世界，世界的繁荣也需要中国。”“实行积极主动的开放政策，形成全方位、多层次、宽领域的全面开放新格局。”

1.2.4　自主创新战略的提出

自主创新战略，是我国为制定国家中长期科学技术发展规划而进行的战略研究的结果，是党中央基于对国际环境、我国发展阶段以及科学技术发展趋势三方面的判断而做出的（陈轩瑾等，2014）。在2006年1月9日举行的全国科学技术大会上，党中央向社会发出了坚持走中国特色自主创新道路、建设创新型国家的号召。2006年2月9日国务院发布的《国家中长期科学和技术发展规划纲要（2006—2020年）》提出“自主创新战略”和“建设创新型国家”的目标。2007年党的十七大明确提出“提高自主创新能力，建设创新型国家……要坚持走中国特色自主创新道路，把增强自主创新能力贯彻到现代化建设各个方面”，并强调要加大对自主创新的投入，着力突破制约经济社会发展的关键技术。2012年党的十八大提出实施创新驱动发展战略，重视科技创新的作用，坚持走中国特色自主创新道路，结合全球化的背景，重视协同创新，提高我国原始创新、集成创新和消化吸收再创新的能力。2014年两院院士大会上，习近平总书记指出：实施创新驱动发展战略，最根本的是要增强自主创新能力，最紧迫的是要破除体制机制障碍，最大限度解放和激发科技作为第一生产力所蕴藏的巨大潜能；要坚定不移走中国特色自主创新道路。2015年，《中共中央 国务院关于深化体制机制改革加快实施创新驱动发展战略的若干意见》发布；同年《深化科技体制改革实施方案》发布，部署了到2020年要完成的143项改革任务。2016年5月，中共中央、国务院印发《国家创新驱动发展战略纲要》，提出分三步建成世界科技创新强国，明确了“到2050年成为世界主要科学中心和创新高地”的目标，这个文件是国家实施创新驱动发展战略的顶层设计。2022年党的二十大进一步明确，“必须坚持科技是第一生产力、人才是第一资源、创新是第一动力，深入实施科教兴国战略、人才强国战略、创新驱动发展战略”。

1.2.5　政府介入自主创新的必要性

政府在科技创新中能否发挥作用，受到国内外学者普遍关注。已有研究表明，政府在促进创新发展中起着重要作用，即使是实行资本主义市场经济的欧美发达国家的政府对本国科技地位的提升也都发挥了极大的作用（Stiglitz，2015）。对于发展中国家而言，由于缺乏必要的科技基础，在创新发展过程中更需要政府的支持（Cimoli & Porcile，2009）。由于创新活动具有高风险、高成本以及技术外溢等特点，市场在调节经济个体行为的过程中可能出现“市场失灵”的情形，这就需要政府的介入（吴非等，2017）。科技发展有赖其在科技（创新）资源的投入，创新所产生的效果可分为企业与社会两个方面。企业的目标在于追求回报最大化，而社会目标则是生活质量的提高与就业率的增加。然而，在科技发展与产业结构变迁中，公、私部门的角色和功能会随之改变，政府有必要明确科技政策干预科技创新的正当性，以平衡并优化国家创新系统的效能。Salmenkaita 和 Salo（2002）指出，政府介入的四大理由为市场失灵、系统失灵、结构僵化、预期短视，如表 1.1 所示。

表 1.1 政府介入创新的主要理由

介入理由	政策例子	原 因
市场失灵	支持大学进行特定研究	决定未来竞争力的技术或科学领域未获得适当的资源
系统失灵	支持产学合作计划	未能有效利用目前的研发力量
结构僵化	没有私人创投时，政府提供创投资金；建立“卓越中心”的创新系统，更新并强化合作集群	严重限制了寻求新机会的可能性
预期短视	产官学研共同参与决策过程	缺乏远见，从众行为

资料来源：Salmenkaita & Salo（2002）。

市场是自主创新的主导者，但市场不是万能的，在市场经济条件下，自主创新具有很强的外部性，仅靠市场机制很难使创新活动处于社会需求的最优水平，即市场经济条件下的自主创新存在着一定程度的市场失灵。事实上，中国现阶段科技资源配置中市场失灵和政府失灵同时存在。前者是市场竞争机制不完备所导致，后者则是由于政府频繁越位、缺位和错位所引发（程建国，2013）。政府介入（如补贴）降低了企业创新风险，对于新兴市场国家促进创新具有重要的激励作用（钟凯等，2017）。

自主创新要取得经济学意义上的效率，必须符合三个条件：①市场机制；②政府介入市场失灵；③政府建构市场规则。只有符合经济学上的效率，政府的角色才具备“合理性”。环境因素（政治、经济、社会、文化）与“全球化”共同决定了政府角色的“可行性”。政府对于自主创新的积极推动是发展中国家的必然选择。发展中国家与发达国家之间的差距主要是由各自创新能力的差距所决定的。因此，相对强势的政府行为是发展中国家或地区的一种“后发优势”资源。

1.2.6 研究意义

当前，我国已进入创新驱动发展、经济转型升级的重要阶段，新形势下对如何正确处理政府与市场的关系、如何有效促进各类创新主体协同互动、如何完善激励自主创新的运行机制和政策法规等方面都提出了新的更高要求（中国科学技术发展战略研究院课题组，2016）。必须清醒地看到，我国企业的体制创新先发优势和低成本制造优势等原有支撑经济增长的条件正在弱化，如何在新的发展阶段重新激活发展潜力，成为企业亟需解决的难题。在从投资拉动型、资源消耗型发展模式向创新型发展模式转变过程中，我国企业不仅受到资源、能源、环境、人口的压力，而且还面临着人才、知识创造能力等创新要素的制约。创新的制约因素已经由最初的政策、技术与资金决定的浅层，进入了由制度、知识和文化决定的深层。

在自主创新上升为国家战略的大背景下，为实现经济增长和社会发展从“资源依赖”向“创新驱动”的重大转变，政府对自主创新的引导应该到位。在自主创新战略实施过程中，政府应该扮演什么角色？当前，有必要明确政府在支持自主创新上如何“科学有为”。笔者认为，政府支持自主创新，既不能盲目作为，也不能无为而治。一方面，政府在弥补市场失灵、构建创新体系、营造创新环境上有着不可替代的作用，这就要求政府转变传统的科技行为模式，发挥引导和推手的作用；另一方面，中国自主创新的丰富实践也为建立和完善创新发展理论提供了一个良好的机遇，为重新解读创新发展的机制提供了鲜活的案例和千载难逢的机会（文一和佛梯尔，2017）。

本书从理论上探讨政府在自主创新中的角色，率先提出市场经济条件下“政府科技行为”的概念并作了深入探讨和完整概括。在实践调研和文献梳理的基础上，本书对“市场失灵”和“政府失灵”条件下政府推进自主创新的科技行为模式进行了深入探讨，旨在揭示市场经济环境下自主创新需要怎样的制度条件，政府科技行为推动企业自主创新的机理，构建新型政府科技行为模式和科技治理框架，厘清治理机制，具有较大的理论价值。在实践上，本研究成果对政府科技管理部门具有重要的指导和借鉴作用，对于建设创新型国家、创新型广东具有重要意义。

（1）本书从理论上对政府科技行为加以明确界定，进一步揭示政府推动企业自主创新的理论基础。对于市场失灵、公共产品外部性以及单个企业无法解决自身矛盾等问题，政府必须在政策调控、搭建服务平台甚至直接投入研发等方面发挥其应有的作用。

(2) 从理论上明确政府在支持企业自主创新中的定位，继而明确政府干预企业自主创新的范围和方式。只有政府定位准确了，政府干预的范围和方式才有依据，政府行为才不至于错位。

(3) 通过对政府推动企业自主创新的科技行为进行分析，为政府实施创新驱动战略提供政策思考。本书从理论上明确政府推动企业自主创新各种政策工具之间的分工与配合并厘清各自的作用机制，进而形成合力促进经济的高质量发展。

(4) 明确政府支持的范围，解决传统上政府干预企业行为缺位、越位并存的问题，探索推动企业自主创新的政府行为哪些是有效而且必需的，哪些是应该由市场主体来完成的，这有利于将公共财政体制引入政府推动企业自主创新的事业中来，完善政府的公共财政制度。

(5) 本书通过构建新型政府科技行为和科技治理框架，厘清科技治理机制，对政府科技管理部门具有重要的借鉴和指导作用，实现“有效市场”和“有为政府”的有机结合，从而降低治理成本，提高治理效能。这在实践上有助于正确落实科学发展观，从而有利于提升自主创新能力，增强可持续发展后劲。

1.3 概念界定

1.3.1 自主创新

1. 创新

何谓创新？自著名经济学家熊彼特（Schumpeter J. A.）提出创新经济学以来，国内外学者对创新问题进行了大量系统而深入的研究，到目前为止，已形成诸多概念。熊彼特认为，创新是指一种赋予资源创造财富的新能力，它可以是一项新的产品或服务，新的工艺技术，新的管理系统和结构，组织成员的一个新项目等（Schumpeter，1934）。德鲁克（Drucker，1985）则认为创新是“赋予资源创造财富的新能力，使资源变成真正的资源”，即运用新知识为顾客提供其所需的新产品或服务，包括发明与商业化。Tidd 等（2001）指出，创新不仅要有好的 idea（想法），更强调将这些想法付诸实际应用的过程。斯坦福大学谢德荪教授指出，创新可以分为两类，一类是“流创新”，指能改善现有价值链的创新活动；另一类是“源创新”，是指通过新理念，组合现有资源来满足欲望的创新活动（谢德荪，2012）。权衡（2017）认为创新的重点是将研发投入、科学、技术等潜在的创新要素通过一定的机制转变为创新过程和创新活动，培育创新机制。

综合来看，创新可以是一种概念、实践或具体的事物，或任何可被人或组织认可的一种新的事物（Rogers，1995）；创新有多重含义，可以是一个过程，也可能是一个结果，还可以是一种内在的反应或者外在的改变（Damanpour，1996）。创新不只是知识研究、技术开发、新产品推出，它还包括新服务、新流程、新组织方式、新产业、新制度与法规，以及产业、企业、政府、教育体系等成员在这些创新活动中更细致的分工与互动。创新是通过重组资源、分工和差异化，达到创造新经济价值、应对挑战、满足需求以及提升生活质量的目的。创新效果可用市场认可程度来衡量，以市场上是否有人愿意购买或者接受的程度来判定某一创新是否成功。

2. 自主创新的内涵

自主创新是具有中国特色的概念。国外并没有专门的自主创新概念，当前国内关于自主创新的研究仍处于探索阶段。20 世纪 90 年代以来，我国关于创新管理的研究逐渐形成以“技术创新”、“R&D”（research and development）、“创新能力”、“高新技术”、“战略”、“制度创新”、“自主创新”为中心的七大研究主题（吕一博和程露，2011）。自主创新战略提出后，该问题才正式成为学术界研究的议题。

国内最早提出自主创新概念的学者是陈劲教授，1994 年他提出了“自主技术创新”的概念，指在引进、消化以改进国外技术的过程中，继技术吸收、技术改进之后的一个特定的技术发展阶段（陈劲，1994）。此后不久，杨德林和陈春宝（1997）提出“企业自主创新”的概念，指依靠自身力量独自研究开发、进行技术创新的活动。柳卸林（1997）指出，自主创新是创造了自主知识产权的创新，强调的重点是“自主知识产权”。而傅家骥（1998）强调自主创新的重点是“自身努力”，即企业通过自身努力攻克技术难题，产生有价值的研发成果，并通过自身的能力完成研发成果的商业化。周寄中

（2005）提出，所谓自主创新是指通过提高科技原始性创新能力、集成创新能力和引进消化吸收能力，因而拥有一批自主知识产权，进而提高国家竞争力的一种创新活动。安同良等（2012）认为自主创新是创新主体主导下的具有自主知识产权的创新。肖利平和谢丹阳（2016）认为自主创新强调的是将“自主”与“创新”有机结合，依靠自身力量的投入和努力获得技术的新变化。

总之，自主创新不仅是一个具有浓厚发展色彩的概念，还是一个具有明显中国印记的创新方式（程建国，2013），即在自主创新活动中占据主导地位、发挥主导作用的社会组织或社会角色不是企业，而是国家，也就是以国家创新系统为载体（平台）的国家行为（程建国，2009）。当前国内学术界对自主创新的定义较多，本书基于研究的需要，采纳如下定义：自主创新是相对于技术引进、模仿而言的一种创新活动，是创新主体主要依靠自身资源进行研究开发，并在此基础上实现创新成果商业化的过程，主要包括原始创新、集成创新和引进技术再创新等形式。自主创新的成果，一般体现为新的科学发现以及拥有自主知识产权的技术、产品、品牌等。

3. 自主创新的发展路径

自主创新不是自我创新，更不是关起门来单干，而是要积极主动融入全球创新网络。同时，自主创新并不排斥模仿。实际上，创新往往从模仿开始，模仿是企业开展自主创新的一种有效方式。在自身条件有限的情况下引进外国先进技术，取其精华加以消化吸收、模仿，无可厚非。世界各国科技发展的规律表明，创新的路径大多是从模仿开始的。通过对外来先进技术的模仿与学习，能为落后地区带来后发优势，实现创新和经济的追赶（肖利平和谢丹阳，2016）。模仿不一定意味着对外国产品或技术的非法伪造或克隆，它可以是合法的，既不剽窃专利，也不侵犯对方的诀窍（朱军，2017）。曼斯菲尔德（Mansfield，1984）的研究表明，有六成的专利发明在它们前四年的引导期内是被合法模仿的。此前中国企业自主创新战略的滞后、核心技术的缺失，并非全是模仿惹的祸，而是在模仿时片面注重对产品外观的模仿，而忽视了对其核心技术的借鉴和核心竞争力的学习（方家平，2006）。对于新兴市场国家而言，一般都经历了从模仿到创新的发展路径，如图 1.1 所示。

如何缩短技术追踪径路，尽早跨入自主创新阶段？通过对国外先进技术的消化、吸收、改造和再创新，提高本土的创新能力，是发展中国家快速迈

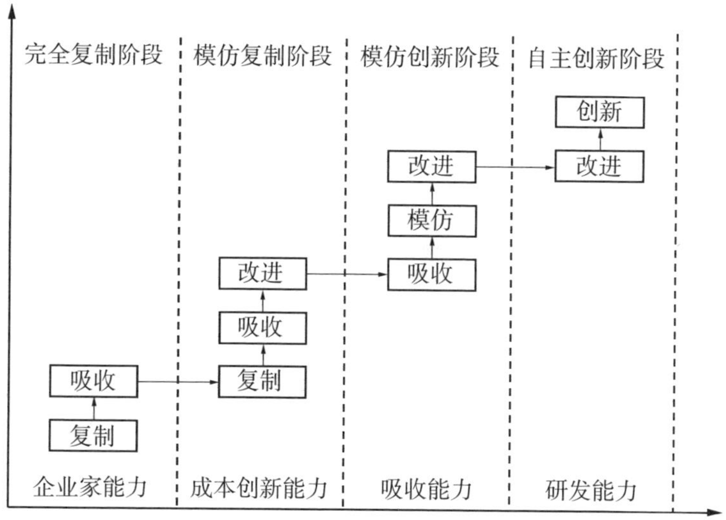

图1.1 新兴市场国家从模仿到创新的发展路径

资料来源：参考2012年7月13日陆亚东教授在“广东干部培训大讲坛”的演讲《国家竞争力、区域竞争力、企业竞争力：兼论政府机关的新定位、新角色、新作用》整理绘制。

入新兴工业国家的捷径，韩国、日本等通过模仿创新实现赶超为我们提供了有益的经验（肖利平和谢丹阳，2016）。韩国学者金麟洙（Kim L.）通过200多家韩国企业实现赶超的例子，分析了汽车、电子、半导体三个行业如何模仿美国、日本的先进技术，通过改进实现自己创新并走向世界一流水平的过程（金麟洙，1998）。随后，他又与著名经济学家尼尔森（Nelson R. R.）合作，探讨了新兴工业化经济体（特别是东亚国家或地区）在过去的30年是如何转变的，企业（主要是电子和汽车产业领域）在微观领域如何动态积聚技术能力，国家层面的公共政策如何塑造技术进步的进程（金麟洙和尼尔森，2011）。虽然充分利用后发优势，通过模仿和借鉴能够降低创新活动的风险和失败率，但值得注意的是，随着可追赶空间的减少，依靠后发模仿的道路就会变得越来越困难（张晓晶等，2018）。在国内，陈劲教授通过内外分析、中外对比、定性与定量相结合，既总结了科技强国建设实践经验，又立足国情构建具有中国特色的自主创新理论体系，探索中国未来30年强国之路（陈劲，2020）。

黄凯南和乔云波（2018）将企业分为保守企业、创新企业和模仿企业，他们认为产业技术存在三种演化学习机制，三种企业分别对应没有学习、随机试错学习和模仿学习类型。政府应通过产业政策帮助企业和产业解决高成本问题，摆脱“新技术陷阱”。借助后发优势能够加快创新进程，但始终只能停留在创新追赶阶段，要想实现创新赶超必须借助自主创新。周其仁（2017）围绕“原理—技术—产品”提出从产品出发的上行创新和从原理出发的下行创新，他认为这两条都是创新发展的有效路径。

在学界和实务界广为人知的“微笑曲线”在一定程度上掩盖了制造在创新发展中的作用，制造虽然处于微笑曲线的低端，但是在制造的过程中能够形成创新成果，制造与研发的结合构成了制造创新，这是“灰度创新”的一大战场——工程化创新，制造与市场的结合形成了“灰度创新”的第二大战场——商业模式创新。林雪萍认为“微笑曲线”应该走向包含灰度创新的“兔耳朵曲线”①，如图 1.2 所示。

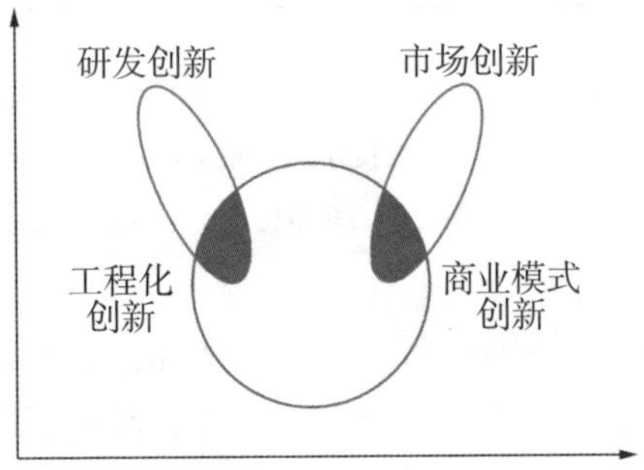

图 1.2　灰度创新的兔耳朵曲线

资料来源：林雪萍 2019 年在《知识自动化》公众号发表的“告别微笑曲线｜中国式的灰度创新”。

1.3.2　政府科技行为

1. 政府与创新的关系

政府并非创新的直接主体，但却是推动科技创新的重要力量，其主要作用体现在引导、支持与服务等方面。成功的创新有赖于技术供给和市场需求。政府为实现特定的社会目标和经济目标，会通过制定产业政策对产业的形成、发展和调整进行规划、干预和指导，调整产业结构与组织形式，使供给与需求结构实现有效的对接（何熙琼等，2016）。从供给角度看，新产品开发及其流程取决于三种要素投入的适当程度：①科技知识与人力资源；②有关创新的市场信息及确保成功研发、生产和销售所需的管理技术；③财力资源。政

①林雪萍：“告别微笑曲线｜中国式的灰度创新”，微信公众号：知识自动化，2019 年 1 月 10 日。

府可以通过直接参与科技创新过程，或通过改善三种要素，或间接调整与R&D相关的经济、政治及法规环境，以符合创新的需求。从需求角度看，政府可以在国内外市场直接或间接地改善创新所面临的经济、政治及法规环境。

（1）政府与产业创新

现有的创新管理理论强调，不同于发达国家的工业化是基于技术创新，后进国家的工业化发展是来自技术学习，尤其是起始于学习先进国家所扩散的技术（Amsden & Chu，2003）。然而，要实现这个目标，后进国家的产业（企业）必须具备一定的技术能力，才能够吸收国外技术，并将该技术加以改进以便符合本地的需求（贺俊等，2018）。但对多数厂商来说，由于创新活动具有公共产品属性以及存在技术扩散等问题，企业无法享有全部创新收益，导致其缺乏对较高风险和不确定性技术的投资意愿，或因无法充分获得技术投资收益等限制，实际上企业难以从事自主的技术能力构建和创新（林菁璐，2018）。对此，有的学者主张须由政府介入来矫正这种后进国家产业技术发展过程中市场失灵问题（金麟洙和尼尔森，2011）。除了通过保护政策或财政补贴等方式（Amsden & Chu，2003），有的学者强调后进国家的政府应设立公共研发机构来协助本国产业的技术发展，通过设立公共研发机构来获取国内产业或厂商发展所需的技术知识（Mazzoleni & Nelson，2007）。但是，中国高铁的经验表明，政府介入产业创新的有效性不仅取决于政府是否具有引导产业创新发展的恰当激励，而且还取决于政府是否具备制定有效的战略和政策并高效实施的能力，对政府干预效果的完整理解需同时纳入激励和能力两个维度（吕铁和贺俊，2019）。

创新系统理论及其他产业发展因素理论指出，企业追求科技创新与发展需要系统地利用各种资源。哈佛商学院波特（Porter M. E.）教授提出的“钻石模型”阐明了国家如何影响产业发展及支持企业经营的活动，他总结出六个环境因素：生产要素，需求条件，相关产业及支持产业，厂商策略、结构与竞争程度，这四个直接因素之间形成双向强化的“钻石模型”；两个间接影响因素是机会与政府，政府通过政策工具与手段改变“钻石模型”中的四个直接因素（Porter，1990）。Furman等（2002）提出了国家创新能力的概念来解释先进国家之间在创新能力上的差异。创新能力除了科学与技术的先进，还包括将新技术商业化的能力。创新能力不仅依赖于经济体中整体技术水平与劳动力，也依赖于政府的政策选择和企业的投资方向。

在波特的钻石模型中，政府政策被视为一个外部间接影响因素，而政策资源不是企业可以管理和操控的。但是，在创新系统观点下，政府是创新网络结构中的一员，政策工具是政府发挥影响力的手段，政策成为影响企业与产业发展创新能力的直接因素。换言之，政府政策对产业研发创新有直接的影响。

（2）政府与产学研合作创新

从知识转移的角度看，创新在学术与产业之间有着各种各样的交流。对企业而言，大学与科研机构是外部技术来源，可缩短研发时间。然而，W. H. A. Johnson 和 D. A. Johnson（2004）的研究却发现，只有少数企业能成功利用大学或科研机构，在合作与知识转移中获利。企业与大学在知识生产和移转过程中重在建立长期关系，将资助者的角色转变为伙伴关系。Lee 和 Win（2004）比较了新加坡三所大学的技术移转绩效后发现，政府在技术移转中协助研发中心的运作、提供经费及其他资源等，是大学研究机构与企业合作能否成功的重要因素。孙早和许薛璐（2017）探讨了不同研究类型对创新能力的影响，他们认为基础研究在促进自主创新中发挥着重要作用，政府应该加大对基础研究的支持力度，为产业的发展提供重要的知识基础。Inzelt（2004）探讨了匈牙利政府如何扮演促进学术与产业合作及知识移转的角色，研究发现政府提出的相关配套措施和合作发展计划，能有效推动产学研之间的合作。

许文秀（2002）通过研究台湾地区产业创新模式指出，有效的创新机制是政府、企业、学界形成了研发伙伴关系，以消除三方之间由于信息不对称所产生的问题。而建立伙伴关系在于督促学界加速知识的获取与传递，以利于产业创新知识的扩散。可见，政府、学界与产业界形成互动、互补和合作的创新模式，需要政府主动筹划与推动，并在配套措施上提供适当诱因，以催化产学研伙伴关系的形成与维系，促进产业界有效运用产学研伙伴关系进行产业创新。

综上所述，在产学研合作创新的关系中，政府虽然不是主要参与者，但它的介入对于产业界与学研界而言，对解决因创新取向不同、步调不一致导致的问题可起到重要的协调作用。政府可借助适当的政策措施，扫除不利于合作的某些障碍。

（3）政府与创新的关系总结

创新系统理论强调知识流与技术流是创新的关键，创新与技术发展是在包括企业、大学、研究机构及政府等频繁交往互动关系中所产生的结果。政策制定者了解该系统的运作机制将有助于改善创新绩效和提升产业竞争力。创新系统的目的在于改善系统成员之间的网络运作，增强企业的创新能力

（OECD，1997）。

Rothwell（1992）观察了创新演进过程的五种模式，从传统的技术推动、需求（市场）拉动两种模式到第五代的系统整合与网络连接模式，强调创新过程中跨组织的互动关系与合作。

综上所述，政府与创新的关系在于产、官、学、研的互动，推动产业技术升级，如图1.3所示。

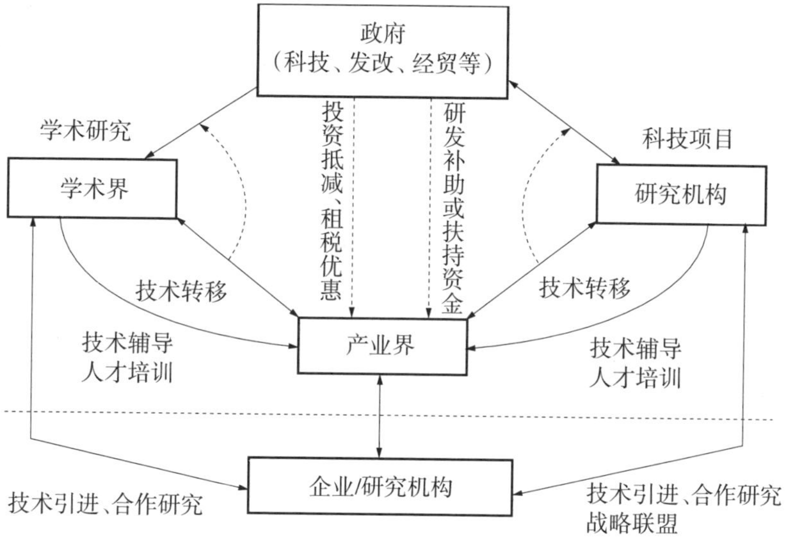

图1.3 政府与创新的关系

当前我国正在经历从后进国家的科技追赶迈向创新引领的转型阶段。在影响后进国家的科技学习和创新上，作为国家机器的政府是最重要的影响因素，科技政策、产业政策、资金的分配方式等，深刻影响金融体制及产业结构的发展，而这些不同因素之间的组合，也进一步影响企业的技术学习和创新。技术学习与创新对任何国家的经济发展都十分重要，但发展中国家与发达国家面临的问题有所不同。一般而言，发展中国家是追赶型工业化，科技创新的特点是通过投入、购买和改进发达国家研发出来的技术来实现技术追赶（金麟洙，1998），其技术追赶和学习有明确的目标，即期望在工业化过程中缩小与发达国家的差距。

发展中国家的政府天生具有领导科技发展的责任，它不仅能引导科技发展，还可以通过建立政策网络，将重要信息传递给民间来发展产业。国家机器、金融体系和产业结构相互影响并互相补充，构成不同的学习和创新体制。

当然，政府科技行为除了能够直接帮扶企业解决在自主创新中遇到的资源缺乏、风险较大的问题外，还能够产生信号作用，鼓励社会资源的投入，进而促进企业的自主创新意愿（郭玥，2018）。

政府的支持对于产业创新与产学研合作创新均具有重要作用。分开来看，产业和企业创新的重心偏向于技术开发以解决实践中的问题，而高校和科研机构的创新活动偏向于科学研究，致力于基础知识的开发和未知领域的探索。但政府支持的力度不能过高或过低，必须控制在一定的范围之内，以防政府支持对技术开发产生抑制作用。政府应不断提高对科学研究的支持力度，以调动市场的内在驱动力和企业自主创新意愿（叶祥松和刘敬，2018）。

2. 政府科技行为的含义

政府行为是指政府依据应有的职能，通过管理机构，为实现一定目标而对政治、经济、文化、社会等各方面事务进行管理的活动（孙晓峰，2006）。周兆透和王立生（2007）通过对政府科技行为的历史、目的、范围和方式等四个方面的考察，揭示并说明科技发展过程中的政府行为规律。

综合以往相关研究的观点，笔者认为政府科技行为是政府在管理科技创新活动领域的行为，主要包括指导行为、组织行为、协调行为、服务行为和控制行为。

1.3.3 科技治理

科技治理是国家治理的重要组成部分（朱旭峰，2019），科技治理体系和治理能力现代化是国家治理体系和治理能力现代化的重要内容。从传统的“科技管理”向“科技治理”转型已成为新时代发展的必然要求，从政府单一主导的科技管理到倡导多元主体参与、充分协商的科技治理，进而逐步形成政府、市场和社会和谐共生的治理模式。科技治理体系涉及科研组织模式、资源配置机制等，其本质特征是共同治理（方力和任晓刚，2020），具体表现为围绕科技创新对政府、市场和社会三者的系统组织安排，包括治理结构和治理机制两大方面。

当前，科技创新空前活跃，我们应顺势而为、抓住机遇，加快建设和完善科技治理体系，为推动经济高质量发展提供重要支撑。蔺洁和陈凯华（2020）呼吁，我们要加快构建需求导向和问题导向的国家科技治理体系。科技治理体系和治理能力现代化是一项复杂的系统工程，需要通过全面深化科技体制改革来推动（万立明，2019）。但传统的科技体制，在很大程度上制约了科技创新能力的快速提升，难以适应新的战略需求。加快建立科学有效的政府科技治理体系是建设创新型国家的必然要求，也是治理体系和治理能力现代化的集中体现。

1.4 自主创新战略实施：回顾与反思

中国经济在过去40年所取得的成就主要依靠改革开放和创新。改革，就是制度松绑释放出活力，提供激励（包括企业家套利和个体的赚钱欲望）；开放，就是改变市场的边界；创新，既包括技术的创新；也包括制度创新、管理创新和商业模式创新等软要素的创新。中国现在要从中等收入国家向发达国家转型，尽管资源动员还有一定的空间（钱颖一，2016），但体制活力和套利空间已变得非常有限，创新是推动持续发展的根本力量。“中等收入陷阱”的背后是发展中国家的“技术能力陷阱”，培育本土的创新能力和创新主体，形成独立的产品平台、研发体系和实验体系，是后发国家在技术层面跳出“中等收入陷阱”的赶超路径（谢伏瞻，2019）。

实施创新驱动发展战略是复兴之道、强国之举，引领中国悄然发生着根本性变化（杨俊，2018）。不可否认，我国科技创新取得了重要成就，企业创新主体地位得以强化，创新支撑体系进一步完善，有力助推了社会经济的快速健康发展。科技创新能力实现了历史性、整体性、格局性重大变化（吴月辉，2018）。自主创新战略实施已近20年，我国培育出创新能力了吗？我国创新能力的真实水平究竟如何？麦肯锡全球研究院主任Jonathan Woetzel对于中国创新能力的分析结果表明：中国的创新能力远胜于世界对它的估计，在一些领域，其创新能力已经达到了引领全球的水平。① 需要引起注意的是，过去业内对我国创新能力的看法往往比较悲观，如今却出现了一股盲目乐观的倾向，“我国已成为有全球影响力的科技大国”之类的报道时常见诸媒体（包括官方媒体）。在一片喝彩声中，工业和信息化部副部长、国家制造强国建设领导小组办公室主任辛国斌在“2018国家制造强国建设专家论坛”上表示，我国的制造业取得了举世瞩目的成就，但不可否认的是，我国的制造业

---

①麦肯锡深度解读：中国真实的创新能力2016中国经济的十大走向，http://www.360doc.com/content/16/0220/21/9140939_536042887.shtml。

创新能力依旧薄弱，在全球价值链中处于中低端。工业和信息化部（下文简称“工信部”）对国内30多家大型企业的调研发现，130多种关键材料中，32%的材料在国内存在空白，52%依靠国外进口；在高端专用芯片、装备制造领域，绝大多数依靠进口。[①] 中国与先进国家相比还有很大的差距，必须树立危机意识，大力推动创新驱动，实现我国创新能力的提升与赶超。在集中力量办大事的举国体制下，中国确实屡创奇迹，例如两弹一星、载人航天等。但我们必须同时看到，举国体制依赖于国家、地方“一把手”出色的知识、远见与组织实施能力，而且举国体制对可不计代价、不计成本的事项较为有效，对芯片这种需要产业化、市场化的产品来说，成本是一项十分重要的竞争力，即使我们能研发出跟国外技术水准相当的芯片，如果成本比别人高，仍不具有市场竞争力。因此，搞自主创新不能只依靠举国体制，而应更多的依靠全社会、全民参与，特别是要有市场意识和理念。我国的自主创新目前只是取得了阶段性成果，与美国、日本等科技先进国家相比仍有相当大的差距。中美贸易战、科技战便是最好的例证。面对西方在高新技术方面对我们的围追堵截和封锁，我们必须明白一个道理：核心技术是买不来的，必须正视自身存在的短板和差距。经过40余年的追赶，我们与美国的差距虽然缩小了，但关键核心技术仍然差得甚远。

显然，依靠引进模仿国外先进技术的发展模式已进入瓶颈期，我们需要不断提高自主创新能力才能实现新的超越。在此过程中，我们必须逐渐把推动创新发展的力量转移至市场内在驱动力上来，解决好创新活动外部性风险和创新方式转变可能导致的问题，此时需要政府通过不断完善和优化制度环境，通过一系列行之有效的激励机制激发创新主体的自主创新动力。在培育自主创新能力过程中，政府与市场是两股重要推动力量。作为发展中国家，政府更有介入科技创新的必要性和迫切性。为了鼓励创新主体之间进行网络式联系和交互学习，政府需要采取比促进公共研发投资范围更广泛的政策手段；为了促进研究者的流动，需要改变企业、大学和政府资助的研究机构的劳动力管理方式和补偿机制；为了便于信息流动和技术/知识的转移，需要严格保护知识产权（金麟洙和尼尔森，2011）。

政府是创新系统的重要组成部分，政府科技行为在自主创新过程中起着

①工信部：130多种关键基础材料32%在中国为空白，52%靠进口，http://www.sohu.com/a/241289717_115479。

不可替代的作用，合理的政府科技行为能有效促进自主创新，而不当的政府科技行为则会阻碍自主创新。在新的历史条件下，政府虽然不是自主创新的直接主体，但却扮演着自主创新的引导组织者和协调服务者的角色，针对自主创新对政府科技行为提出的新要求，政府需要进行科技行为模式转变。

中共十八届三中全会提出，“经济体制改革是全面深化改革的重点，核心问题是处理好政府和市场的关系，使市场在资源配置中起决定性作用和更好发挥政府作用”，同时，还要“深化科技体制改革”。从“基础性作用”到“决定性作用”的改变，不仅仅是提法上的简单改变，更重要的是它体现了中央以更大决心和魄力推动政府向市场放权，理顺政府与市场的关系，推动市场化改革实现新突破。那么，在自主创新问题上，政府和市场应该是什么关系？我们认为，自主创新不是规划/计划出来的，而是靠千万创新主体（企业、高校、科研机构等）共同推动，在自由的氛围下构思、开发并靠无数大众参与促成的。无论是自主创新，还是产业结构转型升级，政府的积极倡导和介入，都十分必要，但具体怎么做，还是要遵循市场规律和社会发展规律。

1.5 自主创新中的政府科技行为

1.5.1 自主创新与政府定位

政府作为国家创新体系的有机组成部分，应通过政策制定及职能转变，适时推出一系列推动科技创新发展的调节机制和激励措施，以推动创新活动的开展和创新资源的优化配置（张宏丽等，2016）。除了直接通过资金支持来促进企业的技术创新，政府更大的作为在于创新环境的营造和创新文化的培育，即政府通过制度建设和政策制定，激发企业自主创新热情，并致力于降低企业的创新成本。可见，政府在企业的自主创新过程中发挥着指导和协助的辅助作用。政府应正确理解企业的需求和产业发展的特点，正确引导企业创新，将优质资源和政策精准投入企业创新所需领域。政府要做到“科学有为”，必须进行正确的定位，克服完全或大部分由政府直接投资进行科学技术研究，或完全依靠市场机制的观念（郑明彩，2006）。

张志彤等（2014）以深圳LED产业系统为例指出，在产业创新系统中政府处于支持和引导地位，其角色包括提供政策环境的支持和保障、完善技术供给环境和技术需求环境。在我国的国家创新系统和区域创新系统中，政府的角色定位应是创新体系建设的主导者与推动者，既要通过制度设计为发挥市场在创新资源配置中的决定性作用而构建制度基础，又需要通过公共要素的投入，维持创新系统内部供给与需求的相对平衡，纠正市场失灵（周勇，2016）。刘磊和刘毅进（2012）指出，应根据不同创新需求特性来选择不同的政府行为：在公共产品领域，政府要起主导作用，而对于私人物品领域，政府则应加强创新环境建设和制度建设。在明确政府功能定位的基础上，政府应加强创新研发投入，合理使用财政激励政策、风险资本政策、专利政策等创新政策工具（宋河发和张思重，2014）。

1.5.2 政府科技投入与自主创新

政府科技投入是反映政府科技行为的一个重要指标。在科技投入方面，发达国家政府在引导科技投入的主要特点和功能以及科技投入社会化的制度安排方面值得我们借鉴（陈昭锋，2002）。我国要加快构建市场经济条件下多元化、多渠道的科技投入体系，创新财政科技投入管理体制，以提高科技经费使用效益，提高科技投入的绩效。

吴芸（2014）发现，政府科技投入一方面能显著促进科技创新，另一方面也存在资金使用效率较低的问题。在投资对象选择方面，政府科技投入的公共价值溢出高于私人价值溢出，政府对非排他性和非竞争性的纯公共物品支持回报相对较高，对科技成果转化的作用也比较显著（孙玉涛和刘凤朝，2011）。政府对高校、科研院所的研发资助会对企业 R&D 支出产生杠杆效应，对企业的研发资助则存在显著的挤出效应（肖丁丁等，2013）。在具体投入方式上，于源和苑德宇（2016）认为，在市场经济下，政府不应直接干预企业资金的用途。唐书林等（2016）进一步指出，在政府激励企业自主创新的工具中，税收的影响要优于政府补贴。有研究表明，我国科技资源投入和自主创新产出之间存在长期均衡关系，短期内科技资源投入变化对于自主创新产出变化不具有当期影响，资金投入波动对于自主创新产出变化存在正影响并具有两期滞后性（陈春晖和曾德明，2009）。也有学者表示，政府干预与经济规模效率呈倒 U 形曲线关系，在产业发展后期，适度减少政府干预会产生更好的效果（李小静和孙文生，2015）。

在地方政府的科技投入行为方面，潘镇等（2013）以财政分权背景下的地方政府为研究对象，他们发现地方政府的科技支出决策呈现出策略性行为特征，财政分权促进了地方财政中科技的投入，地区间竞争的压力削弱了财政分权对科技投入的正向作用，而市场化的发展进一步强化了分权下地方政府提高科技投入的倾向。为了避免地方政府科技投入效率低下，建立科技投入合理性判断标准很重要。赵建强（2012）将地方政府作为理性经济人，采用成本收益法分析地方政府科技投入的决策过程，阐明了地方政府科技投入的动力机制，并将地方科技投入行为分为三种模式。总之，影响政府科技投入绩效的因素有很多，需要充分考虑创新环境、投入对象和方式等因素。

综上所述，近年来国内外研究者从不同角度、不同行业层面对政府科技行为与创新的相关问题进行了探讨，提出了若干对策建议。总体来看，现有研究大多停留在以定性分析为主的离散化理论探讨阶段，尚缺乏立足于当今时代背景和国家战略高度的深度阐释，以及从政府与企业创新系统互动的角度对自主创新的内涵、机理、影响因素、制约瓶颈、支撑条件等进行多维度的深入剖析以及典型案例的比较分析。对于政府如何在新形势下转换科技行为模式、转换治理思维，以更有效的方式推进自主创新的政策（对策）研究也还不够深入。

1.6　自主创新实践存在的问题

改革开放 40 余年来，我国科技创新领域取得的巨大进步主要得益于对外开放和稳定的社会环境、民众对高品质生活的追求、国防建设对科技创新的需求以及各级政府的积极扶持与激励等。统计数据显示，2023 年我国研究与试验发展（R&D）经费支出 33 278 亿元，比上年增长 8.1%，占国内生产总值的2.64%；其中基础研究经费2212 亿元，比上年增长9.3%，占 R&D 经费支出的比重为6.65%；截至2023 年末，纳入新序列管理的国家工程研究中心207 个，国家企业技术中心 1798 家；国家级科技企业孵化器 1606 家，国家备案众创空间 2376 家；全年授予发明专利权 92.1 万件，比上年增长 15.3%；PCT 专利申请受理量 7.4 万件；有效发明专利 499.1 万件，比上年增长 18.5%；全年共签订技术合同 95 万项，技术合同成交金额 61 476 亿元，比上年增长 28.6%（国家统计局，2024）。

2024 年 9 月 26 日世界知识产权组织（WIPO）在日内瓦发布的《2024 年全球创新指数》显示：中国科技创新能力全球排名第 11 位，较 2023 年上升 1 位，是前 30 名中唯一的中等收入经济体（世界知识产权组织，2024）。自 2013 年起，我国全球创新指数排名连续 11 年稳步上升，报告显示：我国在制度环境、人力资本和研究、市场成熟度和创意产出等指标排名靠后，均低于中国总体排名（第11位），尤其是制度环境指标，排在第44位，与世界先进水平有较大差距。与世界头号创新强国——美国相比，我国创新的基本格局是数量指标接近，质量差距明显。从国际创新体系分析常用的指标来看，我国在研发人员、科技期刊论文、工程技术论文、专利申请量、高科技产品出口等数量型指标方面领先；美国在国际论文、研发经费、PCT专利、国家创新指数、世界100强大学、世界500强企业、世界500强品牌等质量型指标方面领先。对此，我们必须有清醒的认识，既不能夜郎自大，也不要妄自菲薄。以专利为例，我国绝大多数专利无法变现，往往在开始申请的时候，申请者想的只是获得授权，拿到证书就完事。其实，专利并不是以授权作为前提的，专利要考虑变现。有专家指出，我国申请专利企业的劳动生产率与专利之间没有关系。①

从宏观视角来看，我国大致形成了一种制度解构中的“推拉型创新模式”，其主要特征是：①存在两股主要驱动力量：“推”——来自政府的推动，“拉”——来自市场的拉动；②处于旧制度不断被打破、扬弃和新制度不断确立的制度环境之中；③以追赶为目标，以效率为导向；④以应用性创新为主要形式，高投入、高产出。这种模式取得的成就有目共睹，但存在的主要问题是：原始创新能力不强，创新体系整体效能不高，科技创新资源整合不够，科技创新力量布局有待优化，科技投入产出效益较低，科技人才队伍结构有待优化，科技评价体系还不适应科技发展要求，科技生态需要进一步完善②。特别是，原创性成果不多，关键核心技术领域的突破少，能直接支撑产业发展的有限。虽然在某些领域与世界先进水平的差距在缩小，甚至进入并跑、领跑阶段，但与发达国家相比，差距仍然是明显的。例如，我国在超导研究、量子研究、人工智能、人造太阳等领域处于世界领先地位，但重大原创成果却比较少，两者形成巨大反差；在产业方面，我国在高铁、电子信息制造、装备制造、互联网及大数据开发应用等产业发展很快，似乎很先进，但如果上溯产业链，如芯片、高端装备、新材料等环节，就会发现几乎都是短板③，“卡脖子”问题依然突出。我国全球创新指数中最薄弱的因素是

①许成钢：《什么样的制度能够有效激励创新？（下）》，凤凰卫视《世纪大讲堂》，2017年6月24日。

②习近平在中国科学院第二十次院士大会、中国工程院第十五次院士大会、中国科协第十次全国代表大会上的讲话，2021年5月28日。

③祝宝良在2020华夏基石产业峰会青岛管理高峰论坛主题演讲。

制度，包括法制薄弱、创业困难、监管不力等。总结起来，我国自主创新存在的问题主要包括以下几个方面。

1.6.1 创新文化不够浓厚

从文化的视角看，当下我国社会发展存在的主要问题是科学精神欠缺，尚未形成自由、宽松的创新氛围。构成中华传统文化主体的儒释道三教文化本质上都属于“关系”思想，主要讨论人与人、人与社会、人与自然（环境）的关系，旨在教人“如何做人”，而缺乏对于自然界客观规律的探索。正如物理学诺贝尔奖得主杨振宁教授所指出的：中国的传统思想里头，没有西方所谓的“Natural Philosophy”（自然科学）①。著名数学家陈省身教授在接受采访时也表达了类似的观点，他说，中国人对于自然界的了解不太有兴趣。中国传统文化里缺乏真正的科学思维和科学精神。经过改革开放以及多年的发展，虽然有一定程度的改善，但总体上仍不尽如人意。

从长远来看，我们必须塑造创新文化，尤其是培育科学精神。首先，在教育方面，当下的教育理念、模式与科技创新、创造的要求尚有较大差距。美国之所以成为获得诺贝尔奖人数最多的国家，与它的教育理念和创新文化密不可分。美国从小学就开始培养国人的科学精神（批判性思维、质疑精神）。而我们的教育在很大程度上还停留在实用主义阶段，教育（或受教育）是为了找一份好工作、出人头地、光宗耀祖等。其次，在我国，大学、科研机构及科学家共同体内“学而优则仕”的氛围尚浓，很多有潜力的科研人员被提拔到行政领导岗位，进而逐渐疏远甚至荒废了科学研究。最后，在社会层面，功利主义严重伤害了创新。当今社会普遍存在功利主义，但是，从科技和创新的本质来看，创造原本都是非功利的。从科技史的角度来看，绝大部分的重大发现、发明、创造都是发明者（或发现者）怀着超越功利之心才实现或达到的。过去几年，中国与美国在科技领域的差异明显，页岩气技术开发、韦伯太空望远镜升空、可控核聚变、室温超导、脑机接口、火箭回收、人工智能等颠覆性创新都发生在美国，反观我们，却热衷于快递、外卖、抖音这类互联网应用，热衷于商业模式以及广告、放贷等短、平、快项目——这种差异在埃隆·马斯克（Elon Musk）与国内一些企业家的对话中表现得非

①参见杨振宁1999年12月3日在香港中文大学新亚书院举办的“金禧讲座”上发表的演讲——《中国文化与科学》。

常明显。总之，转变观念，构建宽松、自由的创新文化，我们任重而道远。

1.6.2 体制机制存在诸多弊端

从某种意义上讲，当前我国科技创新领域的主要问题已不再是经费不足的问题，而是体制机制层面还存在许多制约创新驱动的“绊脚石”，使得整个创新体系的效能不高。科技创新内驱力不足，创新机制亟需由外部牵引或压迫产生的驱动转变为内生自发驱动。

1. 科技管理行政化

现有的科技创新体制基本上仍由政府主导，仍是封闭式的，而非开放式的，政府主导的“立项—研究—结项—报奖—评奖”格局至今没有根本性的改变，加之研究成果的评价标准往往仅单纯考虑或侧重知识本身的价值，科研系统在很大程度上仍然是一个自给自足、自娱自乐的系统。当前，政府对科技活动的调控能力空前提高，但管理手段却基本停留在传统方式。

2. 科技与市场脱节，未从根本上解决“两张皮”问题

从资助者的角度看，当行政部门控制的科技资源（经费）成为研究经费的主要来源时，评判科技项目的指标不是科技本身的内在价值，也不是其市场价值，因为那些都不是行政部门决策的基础（陈志武，2010）。从研究者的角度看，科研院所和高校大多围着基金、论文和职称转，没有太大的动力去研究真正面向市场的问题。不少科技成果，最终只是为各种展会增加了一件展示品，或者仅仅为单位或个人多了一条所谓的成果记录而已。斯坦福大学前校长、“硅谷教父”、图灵奖得主约翰·汉尼斯（Hennessy J. L.）教授指出，技术发明转化为市场产品的关键在于让技术的研发者参与到转化的过程中来，而非单纯的技术转移。① 长期以来，中国科技创新的资源配置和政策设计的逻辑框架基本上源于成果转化②，进而形成了从基础研究、应用研究到成果转化（产品开发）的线性科研模式（李国杰，2019）。这种模式总体上讲是技术推动（push）模式，而（市场）需求拉动（pull）的成分较少。成果转化的基本思路是从技术出发找市场，但由于研究与市场脱节，导致成果转化率低。虽然政府积极推动产学研合作，但存在产与学二者的动机、目

①约翰·汉尼斯：《创新背后的要领》，2020 年 5 月 10 日。

②周路明：《中国创新的“深圳功夫”是怎样炼成的？》，公众号《隆中对策智库》，2019 年 9 月 11 日。

标和方向不一致的问题，导致大学研究成果转化市场应用存在连接瓶颈。科技成果转化难、效果差，其根源在于四个错位（何小敏，2020）：①单项技术与技术体系的错位；②隐性技术与显性技术的错位；③技术交易与技术市场资源配置的错位；④供需对接错位。此外，科技成果转化在实际操作上还面临着政策风险。由于缺乏完善的市场化机制，科技成果的价值往往难以认定，其商业化过程中存在很大的风险，导致成果所有者不能放心去做转化。当今的科研范式正在发生深刻的变化，科技创新要解决的问题越来越复杂，基础研究、应用研究、成果转化三者之间的非线性互动和交叉融合日益深刻，促进跨学科交叉融合日趋重要，这一趋势倒逼理念和体制机制的转变。

3. 科技评价导向扭曲科研生态

现行的科技评价没有围绕“知识价值”展开，缺乏分类评价的制度设计。科技评价体系中的官本位思想，使得科研项目往往被按行政思维来对待，评价者在时间节点、成果产出上对科研项目做过多硬性要求，不尊重科研自身的规律。尤其是，科技评价功利化，注重论文而不注重实践，把科研项目、发表SCI论文当作对高校和科研单位最主要的考核指标（高旭东，2016）。而高校和科研单位又“传递性”地把项目、SCI论文当作教师和科研人员最主要的考核指标（例如职称晋升）和分配资源（及报酬）的主要依据。

功利化评价导向的另一个问题是轻视工程技术和实践，以应用为导向的研究比较薄弱。我国在芯片制造、光刻机以及工业软件领域长期被“卡脖子”，是我们没搞懂科学原理，与发达国家有差距吗？其实不然，主要原因还在于工程技术、工艺技术落后。我国改革开放的伟大成就之一是我们建立了完整的产业链，但在关键核心技术，特别是关键工程技术、工艺技术方面，与发达国家相比仍有相当大的差距。

现行的科技评价导向扭曲了科研生态，进而抑制了创新能力的提升。科技创新被严重地数量化、工具化、市场化，偏离了科学研究探索发现真理、推动社会进步的宗旨。当前高校、科研院所的评价机制大多重量不重质，未能创造出“十年磨一剑”的科研环境。在年年都要考核的环境下，科研人员倾向于选择短、平、快的项目。短期、高频率的考核机制严重抑制了科研人员自由探索的能动性，这是原创创新成果偏少的一个重要原因。在科技创新领域，简单地套用市场机制（即竞争机制）是不可行的，因为竞争有一个前提条件，即竞争的标的一定是相同或相似的，不相似的东西无法竞争，而创造性是很难竞争的。因此，当一个机制依赖于竞争时，往往会引导人们去做相似的、趋同的东西。当竞争机制在研究领域占支配地位时，就会严重伤害创造性（许成钢，2004）。此外，现行科技评价十分看重项目（包括项目的级别），实际上，项目本身仅代表经费投入，这是成本，不是产出。论文发表数和专利申请数是科研的中间结果，并不是最终影响。把论文发表在顶尖期刊作为评价标准，极大误导了科学研究。评价科研成果应该看国民获得的实惠、企业竞争力的提升和国防实力的增强（李国杰，2019）。

4. 研究体系依然带有一定的“小农经济”色彩

总体来看，当前的科研方式以“单干”为主，罕有实质性分工与合作的团队，研究的组织化程度低。尽管很多地方、很多部门不断设立所谓的重大项目，经费很多，但通常的做法是将大项目切块，分成若干子项目，子项目又进一步分成若干子课题，最后依然是各干各的，项目结题时把所有论文或专利简单地拼在一起。这种“拼盘式”科研，缺乏学科之间的交叉融合，甚至学科内都缺乏交流与互动，导致很多研究实际上只是低水平的重复。因此，一些重大项目没有取得重大成果也就不足为奇了。此外，研究机构缺乏整合性。现有的研究机构基本上延续前苏联的研究机构模式，行业划分精细化，缺乏类似德国弗劳恩霍夫（Fraunhofer）协会和台湾地区工业技术研究院这样的机构来进行整体技术的研发与扩散。

5. 创新体系建设不到位

从地方到国家，经过几十年的建设，我国的区域创新系统和国家创新系统都已建立起较为完善的框架。一方面，各级政府相当重视创新体系的建设，积极投入相关资源，使创新体系的建设迅速发展；另一方面，也存在过度介入创新体系各个要素的实际运作，而对创新规则的制定与环境的塑造不够的情况。技术转移体系不健全，导致科技成果向现实生产力转化不畅、效果不佳。创新要素的知识流动机制尚未有效建立，并且存在区域发展不平衡的情形，这是我国国家创新系统中最薄弱的一环。

1.6.3 扶持政策不完善

当前，各级政府积极支持企业开展创新活动，出台了不少扶持政策，但总体来看，政策出台存在不系统、不完整、碎片化的问题；在实施中，各级政府又往往各自为政，导致难以形成共识、形成合力。现有扶持政策一般偏重于大中型企业，忽视对小微企业的创新激励，这将制约科技创新整体环境的塑造与长远发展空间。政府虽然开始重视对科技产业的资金投入问题，相关的财政税收优惠制度也逐渐形成，但是金融部门对推动科技创新的支持仍比较有限，大多数银行对高风险科技创新缺乏评估能力，尚未形成完整的科技创投与风险投资机制。此外，创新扶持政策的系统性、统一性、协调性不够，甚至互相矛盾。而且，受传统条块分割的影响，创新政策缺乏总体设计，系统性和协调性差。科技、发改、经贸等投入主体各自出台政策，“政”出多门。

另一个问题是扶持不足与过度扶持同时并存。一方面，某些需要政府扶持的领域，由于种种原因，政府不愿意扶持或扶持力度不够；另一方面，在“政绩”的驱动下，政府对某些领域、某些产业则又过度介入、过度扶持。近年出现的孵化器热，众创（创客）空间热，园区热，技术中心评级热，上市热（尤其是在创业板、中小板、科创板），机器人热、大数据与AI（人工智能）热，等等，都明显带有政府的影子或意图，而实际效果并不理想。例如，有些地方把技术研发实力薄弱的企业技术中心人为地拔高，将其评为省级甚至国家级企业技术中心；让很多靠包装显得“华丽”的公司轻易上市。这些“拔苗助长”式的做法，除了使这些企业获得直接利益（资金支持）、享受到某些好处（政策扶持）之外，于整个社会并无明显的益处。

1.6.4 科技资源配置效率低

2000—2022年我国研发经费和研发强度的增长情况如图1.4所示。

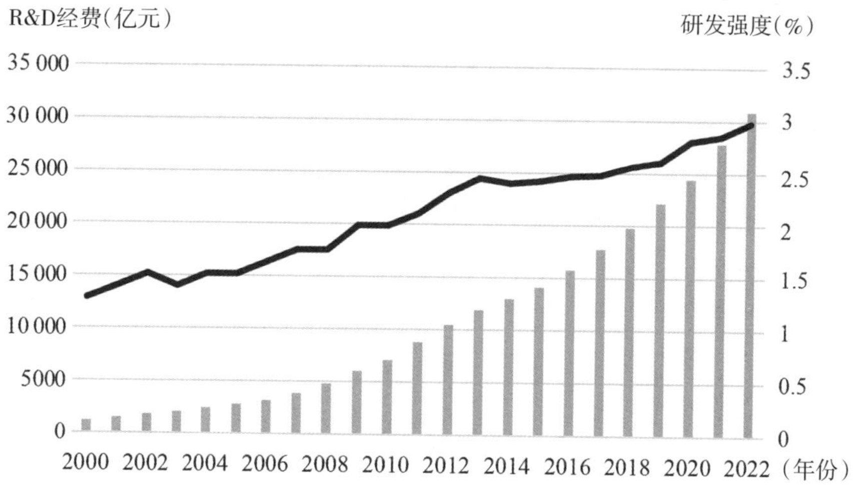

图1.4 2000—2022年我国R&D经费和研发强度增长情况

从图1.4可以看出，近十年来，在创新驱动战略的指引下，从国家到地方，科技投入增长迅速。研发经费可用来考察一个国家或地区的科研实力和发展潜力。值得注意的是，2022 年我国研发经费投入强度比上年提高了 0.12 个百分点，明显高于“十三五”以来年均增幅（陆娅楠，2023），达到了中等发达国家水平。尽管我国科技经费投入持续保持稳定增长的势头，国家财政科技支出稳步增加，目前 R&D 投入总量仅次于美国，但我们也要清醒地看到，如果在增加投入的同时，不重视科研体制改革，这种投入很可能加剧科研行政化，不利于提高科研创新能力（熊丙奇，2013）。

我国科技资源配置带有明显的“计划”色彩，行政机构在科技资源配置上拥有绝对的权力，这在很大程度上影响了科技资源的有效配置和管理效率。长期以来，以各种“项目”“工程”为抓手的资源配置方式，造成科研活动的扭曲。此外，科技资源配置上存在相当严重的交叉重叠。在现行科技资源配置体制下，过度资助和资助不足同时并存。由于经费主管部门缺乏有效的沟通与整合，导致“钱出多门”，造成投资分散和投资重复等问题层出不穷。例如，有的申请者（个人或单位）将内容相同或基本相似的申请书在各个“口子”申报项目且均“命中”，这样可以“拿多份钱，干一份活”，造成重复资助。科技领域虽然不提倡搞“雪中送炭”，但过度的“锦上添花”只会浪费纳税人的钱，加之缺乏有效的项目管理机制，导致科技投入产出效益较低。特别是许多所谓的“重大项目”，并没有取得相应的“重大成果”。

1.6.5 科研经费管理漏洞大

近年来，媒体曝光了科技主管部门和高校系统发生的多起贪污、挪用科研经费腐败案，其数额之大，令人触目惊心。以广东为例，近年相继出现了广东省科技厅厅长、副厅长，广州市科信局局长等贪污、违纪或违法案件，核心问题就是贪污、挪用科研经费或收受贿赂。科研经费是纳税人的钱，没有理由让少数人中饱私囊。但在现行的科技管理体制下，科技资源（主要是科研经费）越来越向少数人、少数单位集中，出现了很多“项目大户”，但他们往往不是“成果大户”。企业界也有类似的情况。

从某种意义上讲，我国当今的科研经费并不短缺，主要问题在于浪费与低效。2015 年发布的《转型中的中国科研》白皮书指出：中国在科研投入方面不存在强度太弱的问题，也不存在资金缺少的问题，而是在砸下巨额科研费用之后，技术创新为何却收效甚微？（自然出版集团，2015）。当前，科研项目经费管理的漏洞、弊端层出不穷，科技管理部门由此发生权力寻租，滋生腐败的情况也时有发生。很多企业挖空心思获得政府对科技创新、技术改造的扶持经费，一些企业甚至连起码的研发部门都没有，只是临时拼凑所谓的研发部门，却以各种名目向主管部门申请经费，有的企业一年可以搞到几百万元的经费，比其经营所得利润还要多得多。在此情况下，企业哪还会有心思搞创新、谋经营？他们唯一的动力就是去搜索政府部门的网站，寻觅是否有沾得上边的项目可以申请。例如，新能源行业骗补已成为行规，这一点连业界人士都不得不承认。“汉芯一号”的阴影还未褪去，随即又曝出山东常林集团8年骗取科研补贴15亿元后破产的事件①，其手段与“汉芯一号”如出一辙。这种并不高明的把戏为何竟能屡屡得手？其中原因值得深思。更糟糕的是，事情发生后缺乏实质性的惩处措施，当事人得以逍遥法外，于是闹剧继续上演。例如在芯片领域，“汉芯一号”之后又相继曝出武汉弘芯千亿项目、济南泉芯598亿项目烂尾事件。层出不穷的烂尾事件反映出政府的处罚措施太松、太软，对投机分子完全起不到震慑作用。

目前的科研经费管理主要依赖“发票控制”，由于过于关注过程的合规性，而忽视了绩效评价，导致科研人员疲于找发票（张静，2013）。前些年中关村大街小巷公开叫卖发票，由此可见一斑。近年来笔者已多次看到一些科研管理部门发出的“关于加快使用某某项目经费的通知”，通知催促项目负责人尽快使用经费，否则到期没用完将被收回。有理由推测，许多科研院所都有类似情况。项目大户们的经费花不完，需要加快花钱的进度，而大量的中青年科研人员却缺少经费。许多“大项目”由于经费过多，存在严重的浪费现象。我国还是发展中国家，并不富裕，有限的科研经费却被浪费，没能充分发挥作用。这些问题如果不解决，创新能力将难以有实质性的增强。

1.6.6 企业的创新主体地位没有真正确立

发达国家的技术创新主要由企业实施，并在企业层面直接转化为生产力，从而形成强大的创新动力，进而形成创新投入和经济效益增长的良性循环。但在我国，由于企业创新主体的地位没有真正确立，企业创新的动力和能力仍然不足。技术供给的成本主要还是由政府买单，这导致技术供给方热衷于迎合政府的意图或兴趣。由于政府的目标取向具有较浓的行政色彩，与企业和市场的要求往往有差异，导致政府主导下的科技成果或脱离现实市场的需

---

①《8年补贴15亿，竟然还破产了!》，http://www.sohu.com/a/308676221_716097。

求，或通过政府组织的鉴定后被束之高阁。总之，由政府“买单”的成果难以通过企业转化为生产力（陈自芳，2008）。

在某些尖端领域如超级计算机、航空航天等领域，我们可以不计成本，举全国之力投入，达到世界领先水准；但在民用中高端领域，则存在投入不足、扶持力度不够的问题。例如，我国是世界第一钢铁生产大国，但至今还生产不出圆珠笔的笔尖钢，需要依赖进口。这折射出制造业面临的困局——企业缺乏自主研发的动力。企业没有踏踏实实做实业的长期打算，喜欢赚快钱，静不下心来做研发。当仿冒成了企业间竞争的常态，就没有人愿意花费高昂的成本承担风险去搞创新。在当今民营企业中“不创新等死，创新找死”，成了一种普遍的心态。

创新获益是自主创新的根本动力，但目前高企的房价抑制了创新的积极性。很多企业的心思不在创新上，而是靠炒房地产赚钱，这样钱来得快、来得轻松。这种扭曲的局面若不改变，自主创新将失去最基本的动力源泉。例如，受“短平快”互联网思维的误导，一些创业者只想赚快钱而不愿意脚踏实地创新、创业。

1.7 研究内容与研究方法

1.7.1 研究内容

本书共九章，研究架构如图 1.5 所示。各章内容概述如下：

第一章：绪论。介绍本书研究的背景及意义，初步分析政府与创新的关系，探讨政府介入自主创新的必要性及其扮演的角色；界定自主创新和政府科技行为的概念内涵，初步探讨自主创新与政府科技行为的关系；分析当前自主创新面临的困境；提出本书的研究内容、研究方法。

第二章：创新理论回顾。对国家创新系统理论、区域创新系统理论、三螺旋模型、创新网络理论、知识转移理论、技术转移理论及市场失灵与系统失灵理论等进行概要的回顾。

第三章：促进创新的政策分析。回顾政府科技行为的分类，介绍不同类型的政府科技行为的内涵；探讨政府科技投入的重要性、投入的领域以及对企业研发投入的影响；然后分析我国现行创新政策存在的主要问题；最后，总结先进国家创新政策的经验与启示。

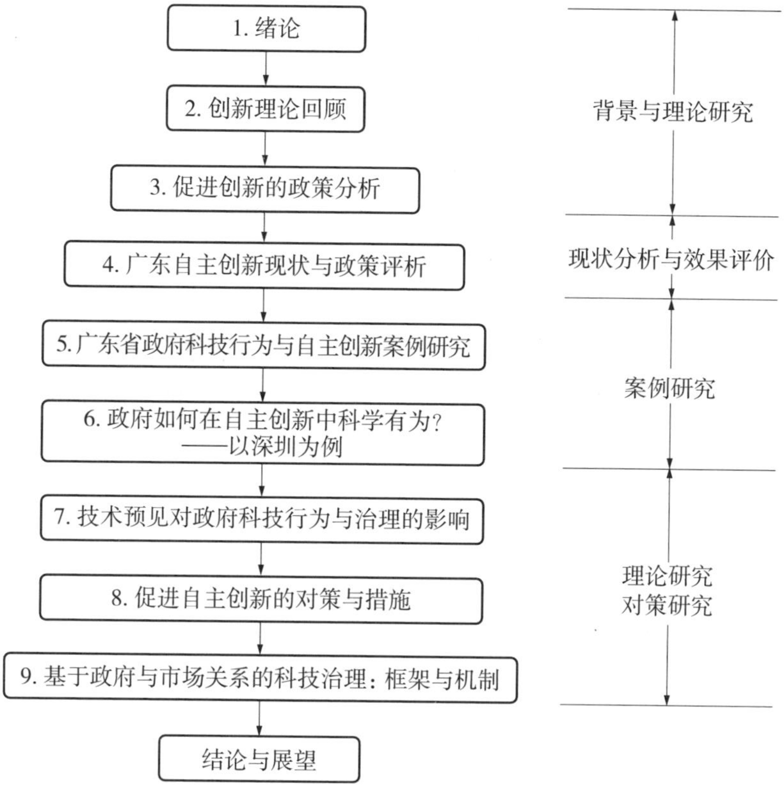

图 1.5　本书研究框架

第四章：广东自主创新现状与政策评析。回顾广东自主创新发展概况，从自主创新条件、政策水平、人才队伍建设、科技创新能力等方面进行自主创新的现状分析及评价；实证分析政府科技投入对企业自身研发投入的影响；系统总结广东推进创新体系建设的主要做法和经验。

第五章：广东省政府科技行为与自主创新案例研究。从政府的视角对政府促进自主创新的两个典型案例进行研究。案例一：广东省科技厅科技行为模式的变革与探索；案例二：广东省工信厅（原广东省经贸委）探索放大财政资金效应的新路子。

第六章：政府如何在自主创新中科学有为？——以深圳为例。选取深圳为案例，对深圳市政府在促进自主创新中的科技行为进行分析。介绍深圳取得的创新成果并提出深圳创新的模式；探讨深圳在推动自主创新发展过程中进行的内部体制改革；从市场主体、市场环境、市场要素三个方面分析深圳市政府如何充分发挥对市场的支撑作用；最后提炼出政府如何科学有为的经验，剖析“深圳模式”的本质内涵。

第七章：技术预见对政府科技行为与治理的影响。本章将探讨技术预见与现代科技治理的关系，政府科技职能转换方向，技术预见及其共识形成机制，技术预见对政府科技治理的影响。

第八章：促进自主创新的对策与措施。首先对促进自主创新的政府科技行为模式进行总结，构建出政府科技行为的整合框架，从完善科技治理体系、做好产业/战略规划、构建创新生态系统、确立企业的创新主体地位、培育和营造市场环境、优化基础设施建设等六个方面提出促进自主创新的对策与措施。随后，根据我国自主创新的现状和特点，提出促进自主创新的政策方向、政策重点以及公共财政科技投入制度创新的总体思路。

第九章：基于政府与市场关系的科技治理：框架与机制。基于决策视角探讨政府与市场的关系，描绘政府与市场关系演变的路径与趋势，构建政府科技治理的“三层市场结构”模型，并提出不同层次政府的着力方向。从政府、企业、学研机构与市场四方的关系出发，提出政府科技治理的基本框架，从过程、决策、激励、对话参与等多个视角探讨科技治理机制。最后，提出科技治理改革的总方向。

结论与展望：对全书的研究进行总结，概括研究结论，并展望新的科技形势，提出需要进一步研究的问题。

1.7.2 研究方法

针对研究内容的特点，本书主要采用如下研究方法：

（1）文献研究。为探讨自主创新与政府科技行为的关系问题，本书收集、整理了大量相关文献资料，从理论基础、问题的解决方法及实际应用等方面，加以归纳比较，以明确概念及其相互关系。

（2）实证研究。本书根据广东省企业创新实践的相关资料，实证分析政府公共财政投入对企业创新活动的诱导效应。

（3）案例研究。本书将研究三个典型案例。省级政府主管部门视角的自主创新案例两个：广东省科技厅科技行为模式的变革与探索，广东省经贸委探索放大财政资金效应的新路子。市级政府视角的案例一个：政府如何在自主创新中“科学有为”？——以深圳为例。通过这些案例研究，从多部门、多视角探讨推动自主创新的政府科技行为模式及其效果。

第 2 章　创新理论回顾

创新理论多种多样，内容非常丰富。为了能够对创新理论有清晰的认识和把握，本章对国家创新系统理论、区域创新系统理论、三螺旋模型、创新网络理论、知识转移理论、技术转移理论及市场失灵与系统失灵理论等进行概要回顾，为后续相关研究奠定理论基础。

2.1　国家创新系统理论

2.1.1　国家创新系统的概念

20 世纪 80 年代以来，国家创新系统（national innovation system，NIS）受到广泛关注，其起源可追溯到熊彼特的创新学说。熊彼特提出经济发展是以技术创新为核心的论点，他认为技术是推动社会进步的力量，而市场只是最终产品的接受者。这一观点对后来的国家创新系统有着深远的影响。由于熊彼特学派过于强调作为一种创新过程的复杂互动，而忽视了国家特有因素（刘信良，2003），因此，之后的新熊彼特学派研究者开始关注国家角色，考虑社会制度和文化背景等因素。

英国学者弗里曼（Freeman C.）在 1987 年首先提出国家创新系统概念（Freeman，1987）。他认为，所谓国家创新系统是由公共部门和私人部门中各个机构所形成的网络，而机构本身的活动及机构之间的互动会促进新技术的创造、改进与扩散。他特别强调政府政策、企业及其研发、教育与培训、产业结构等四个因素的重要作用，如图 2.1 所示。弗里曼运用国家创新系统的概念解释日本在第二次世界大战后何以成为经济强国，并指出经济发展并非只来自技术创新，还深受制度的影响。

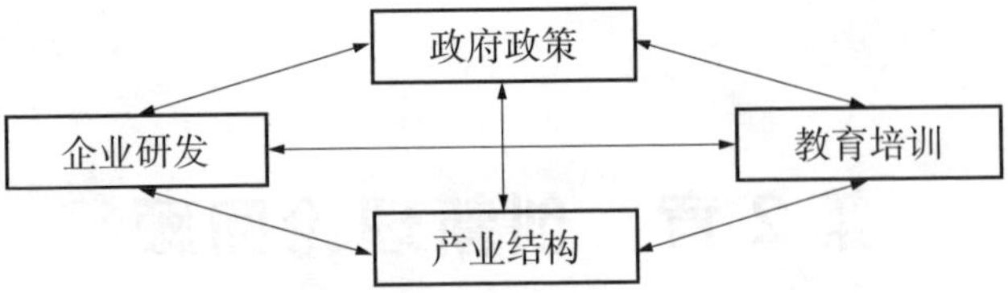

图 2.1　弗里曼的国家创新系统结构

资料来源：柳卸林（2000）。

随后出现了国家创新系统的制度学派。纳尔逊（Nelson R.）强调制度的重要作用，通过比较分析美国、日本等国家的创新系统，将其定义为“相互作用并决定着一国企业创新绩效的一整套制度”（Nelson，1993）。伦德瓦尔（Lundvall B. A.）将国家创新系统分为狭义与广义两种，狭义为“任何与搜寻及探索知识有关的组织和机构”，如研发单位、大学等；广义为“因产出、扩散及利用经济上有用新知识的互动，而产生的关系和要素所形成的系统”（Lundvall，1992）。伦德瓦尔的国家创新系统框架（图 2.2）的优势是从微观视角分析创新过程。这是一种更深层次的研究，但其不足是研究较抽象，缺乏对具体问题有价值的分析。

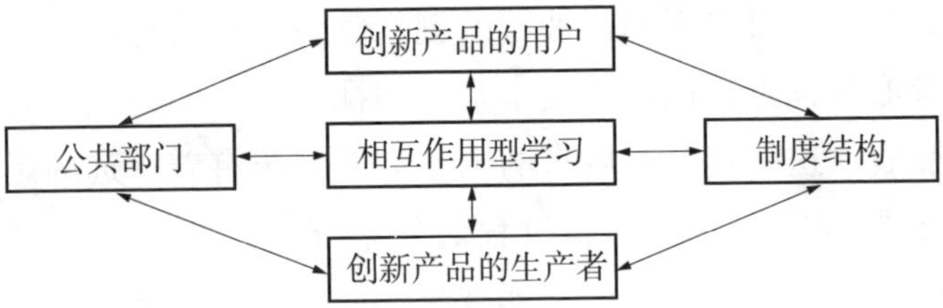

图 2.2　伦德瓦尔的国家创新系统结构

资料来源：王春法（2003）。

1996 年，经合组织（OECD）将国家创新系统定义为“由公共部门和私人部门各种机构所形成的网络，这些机构的活动和相互作用决定了一个国家扩散知识和技术的能力，并影响国家的创新表现”。OECD 对国家创新系统的研究，不仅关注技术创新，而且还关注知识在经济中的作用，重视知识的产生、传播和应用。这种结构是由产业界、政府和科学界在发展科学和技术中互相联系与交往而形成的，如图 2.3 所示。

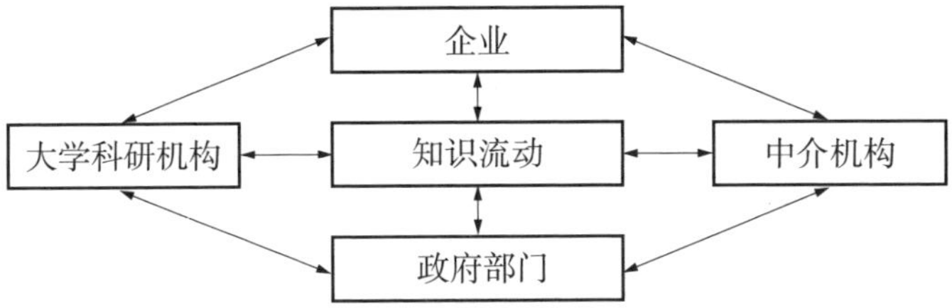

图 2.3　OECD 的国家创新系统结构

资料来源：柳卸林（2000）。

波特提出的钻石模型与国家创新系统具有紧密的联系，国家竞争优势强调政府政策对产业竞争优势提升的重要作用（Porter，1990）。政府角色对于钻石模型中的四个因素（企业战略、需求条件、生产要素、相关支持产业）所产生的影响，成为国家创新系统研究的一项重要内容。王春法（2003）对钻石模型研究后指出：国家的竞争力建立在产业的优势上，国家的角色不在于直接介入产业的发展，而在于塑造一个良好的创新环境，协助产业发展。因此，钻石模型中的每个要素都受到政府的影响。

由此可见，国家创新系统是协调各个机构活动、参与者之间的互动关系，包括公共部门与私人部门，而这些协调与互动将有益于国家从事创新活动的效果，同时提高知识和技术的普及率。科技的发展与创新需依靠国家组织结合产业、学术、研究机构，通过相互合作与交流的方式，进行知识的扩散与应用。所以，国家创新系统的能力有赖于系统间各要素的协调与整合。

综上，国家创新系统是由不同部门成员（企业、研究机构、高等院校、政府与海外机构）所构成的组织和制度网络，经由个体或合作形式进行知识创造、扩散与增值活动，在这一架构中，政府通过制定和执行政策来影响创新过程（潘冬晓和吴杨，2019）。必须指出，国家创新系统是一个比较宽泛的概念，其关注的焦点在于一国经济中创新产生与扩散的过程，特别重视创新在国家范围内如何被引入与扩散，为何国家经济体之间存在差异，以及创新对于经济增长的重要性。

自国家创新系统概念提出以来，学者们进行了许多探讨，并提出各自的观点。Nelson（1993）着重于国家制度和政策直接或间接地支持创新、扩散和技能的累积。Lundvall（1992）则强调动态的创新系统中用户与生产者关系的重要性，特别是对于集体的知识基础和普遍共享的行为与期望的发展。Patel 和 Pavitt（1994）强调对于技术累积和竞争力国家形态及其与企业创新策略之间的连接。此外，一些学者还分析创新、生产和竞争的行业中制度和组织的特殊性（Malerba & Orsenigo，1996）。

2.1.2 国家创新系统的构成

Kayal（2008）认为国家创新系统包含六个领域：科学与技术政策、创新策略、技术性人力支持服务、技术支持服务、财务资源流通与国际合作。国家创新系统是一个复合的系统，可由国家的科技能力系统、财务能力系统、社会能力系统与政府治理系统等构成。

图2.4所示为国家创新系统的一般架构，代表相关机构的互动，呈现企业系统与需求的双向影响，可将此双向影响视为“市场”与“科技”创新需求的驱动力，在这个双向的过程中形成市场机制；而图中架构条件与政治体系也是双向的互动，可将此双向箭头视为是政府通过制度去适应动态经济，经济的发展诱发政府制度的变革，可将此部分视为三大驱动力中的“制度”；而在国家创新系统的中间，分别为企业研发体系、中介机构和教育研究体系彼此的互动，企业研发体系与教育研究体系的互动，是通过公与私部门的协同合作或是产学研合作所创造出新的科学技术发展，企业与市场互相影响的

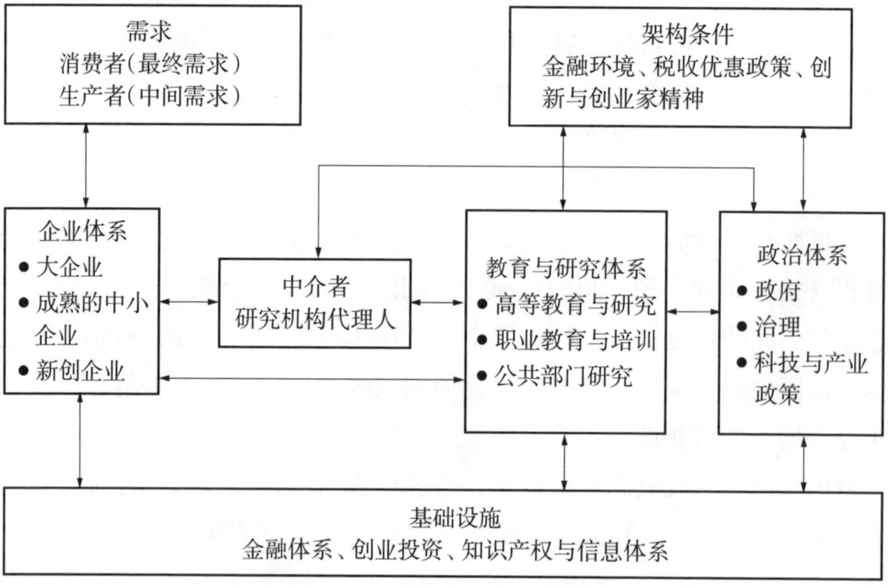

图2.4 国家创新系统的一般架构

资料来源：Arnold & Kuhlman（2001）。

过程同时也刺激了企业与产学研合作的诱因，有利于形成新兴需求市场和市场公平竞争环境的创新驱动力，可将此互动过程归类成驱动力中的“技术”；而需求与企业系统和公共建设三者的互动，可将其归类于市场与制度的互动，因此在科技与创新政策中的三大驱动力也彼此互相影响。

在国家创新系统中，参与的角色、执行的相关制度与政策、主要创新活动等因素互相影响，致使其建构的网络具有高度复杂性。Arnold 和 Kuhlman（2001）描绘了一个国家创新系统的标准模型，我们从中可以了解到，影响国家创新系统的因素非常复杂，一方面我们不仅需要注意核心的科学、科技创新政策领域，同时也要兼顾这些领域之外的角色运作情况；另一方面，国家创新系统中，关键参与角色因互动而产生新知识，并在系统中扩散，促使产生的新技术得以进一步运用与转化为经济增长成果（洪秀婉等，2011）。

国家创新系统理论侧重分析技术创新与国家经济发展的关系。该理论认为国家创新系统是政府、厂商、大学研究机构、中介机构等为寻求一系列共同的社会经济目标而建立起来的，将创新作为国家变革和发展的关键动力系统。以往关于国家创新系统的研究，焦点一般集中于国家层面的科学与技术机构和科技政策的角色，包括大学、研究机构、政府部门和政府政策等。所以，就系统的构成来看，国家创新系统是政府、产业和企业创新的整合。然而，强调国家创新系统的地位将使得创新政策大多着重于国家层面，而忽略由地方主导发展地方经济的可能性，也忽视了创新过程中地理区域的重要性。

总体而言，国家创新系统是一个制度、政策与环境相协调，政府、企业、高校、科研机构协同作用，共同推动创新发展的系统（孙飞翔和吕拉昌，2017）。其整体创新效率主要受下游商业化效率的影响（Guan & Chen，2012）。从长期来看，国家创新系统的竞争优势会随着时间、产业结构、国家机构及其他因素的变化而改变，必须根据时代特征与产业发展需求予以更新、调整与强化。

2.1.3　国家创新能力

自弗里曼（1987）提出国家创新系统的概念以来，国家创新系统及其能力的衡量就被政策制定者与研究者广泛探讨。不同国家应根据特有的情境建构适合本国的国家创新系统，以满足本国发展需要，国家创新系统的评价应考虑是否符合本国国情，适合的国家创新系统更能提高其国家创新能力（薛晓光等，2019）。在竞争日益激烈的市场环境下，产品生命周期不断缩短，必须通过持续的创新以带动经济发展，而国家创新能力的提升，常被视为促进经济发展的关键因素。以往的研究侧重于国家创新能力的重要性，与绩效指标、国家竞争力的关系（Solleiro & Castañón，2005），国家创新系统与能力的评估（Sharif，2006）。

国家创新能力包含三大部分：基础环境、产业集群以及二者之间的关系（王智慧和刘莉，2015）。国家创新能力是一个多维概念，包括科技能力、财务能力、社会能力与政府治理，如表 2.1 所示。其中，科技能力是指有利于知识发展与将知识外显与扩散的能力，包括 R&D 能力、ICT（information and communication technology）能力、教育与技能发展；财务能力是指发展创新的财务能力与资源；社会能力是指有利于创新的社会力量，包括社会价值与创造力；政府治理是与法律、规范、政府相关的指标，包括法律与规范、司法独立性、政府政策等。

表 2.1　国家创新能力衡量准则

能力	构面	指标
科技能力	R&D 能力 ICT 能力 教育与技能发展	政府 R&D 占 GDP 比例、企业 R&D 占 GDP 比例、计算机使用者数量、网络使用者数量、技术合作、教育系统、员工训练、劳工技能、科学学校质量、大学教育质量
财务能力	财务支持	银行与财务服务、财务机构透明度、财务风险因素、创投资本
社会能力	社会价值 创造力	机会均等、企业家精神、全球化态度、弹性与适应力
政府治理	法律与规范 司法独立性 政府政策	知识产权保护、贪污率、司法独立性、政策透明度、经商便利性

国家创新能力可从不同的侧面进行观察，以往的研究探讨了创新系统的架构（Chang & Shih，2004）及其决定因素（Furman et al.，2002）。然而，以国家创新系统的观念来探讨国家经济的发展，目前仍处于初始阶段。王智慧和刘莉（2015）对于国家创新能力评价指标的研究发现，国家创新能力的评价在不断地演进，从关注单一指标、选取客观指标、关注投入产出要素、宏观国家层面不断发展至关注更加全面的衡量指标、选取主观与客观指标相结合、更加关注制度环境以及政策与环境的匹配，此外还有微观层面企业的

创新活动。

2.2　区域创新系统理论

2.2.1　区域创新系统的概念

在全球经济一体化的环境下，区域成为经济活动的焦点和发展重心。区域创新系统（regional innovation system，RIS）是英国卡迪夫大学的库克（Cooke P. N.）教授于 1992 年提出的。此后，库克等人在一系列关于区域创新系统的研究中，对其进行了详细的阐述（Cooke，2002）。与国家相比，区域对于 R&D 和经济活动的反应更为机动、灵敏，通过区域内文化及地理上使用者和网络之间的接近度，进行信息交换，人员交流、互动，促进知识、技术的不断转移（赵炎和武晨，2018）。

Cooke（2002）把“区域创新系统”定义为组织与其他组织通过一个镶嵌的制度环境从事互动学习。区域创新系统内的创新过程依赖于组织内部及外部多种要素。它依赖的不仅是组织所创造的知识资产和制度，还包括这些组织间及其与环境间互动的方式。区域创新系统作为一种制度设置，旨在提升不同创新主体在集群内、网络内和多尺度空间创新系统内的互动效率（Asheim et al.，2011）。

2.2.2　区域创新系统的构成要素

区域创新系统由知识的供给面和需求面所组成，供给面包括知识创造的来源机构和负责训练、培育高素质劳动力的教育机构；需求面包括生产系统、厂商以及发展运用科学技术的产业组织。促进知识供需双方进行技术取得、扩散的创新支持组织，包括公立和私立实验研究室、大学或学院、技术转移机构、职业培训组织、创新融资机构等，彼此相互支持，带动区域发展（Asheim & Gertler，2005）。Doloreux（2002）指出，区域创新系统有四个基本构成要素：组织、制度、知识基础设施和政策导向的区域创新。

Autio（1998）认为，区域创新系统由两个子系统构成，即“知识应用子系统”和“知识产生和扩散子系统”。位于“知识应用子系统”中心的是厂商，其周围则是客户、供应商、合作者和竞争者。厂商与客户及供应商构成垂直网络，厂商与合作者及竞争者构成水平网络。“知识产生和扩散子系统”

则由技术中介机构、劳动中介机构、研究机构和教育机构等组成。在“知识应用子系统”和“知识产生和扩散子系统”之间，存在着知识、资源和人力资本的流动与相互作用。Todtling 和 Trippl（2005）根据 Autio 的理论，将政策纳入区域创新系统，政府在区域创新系统中提供相关法令和财务资源，以塑造良好的创新环境（图 2. 5）。

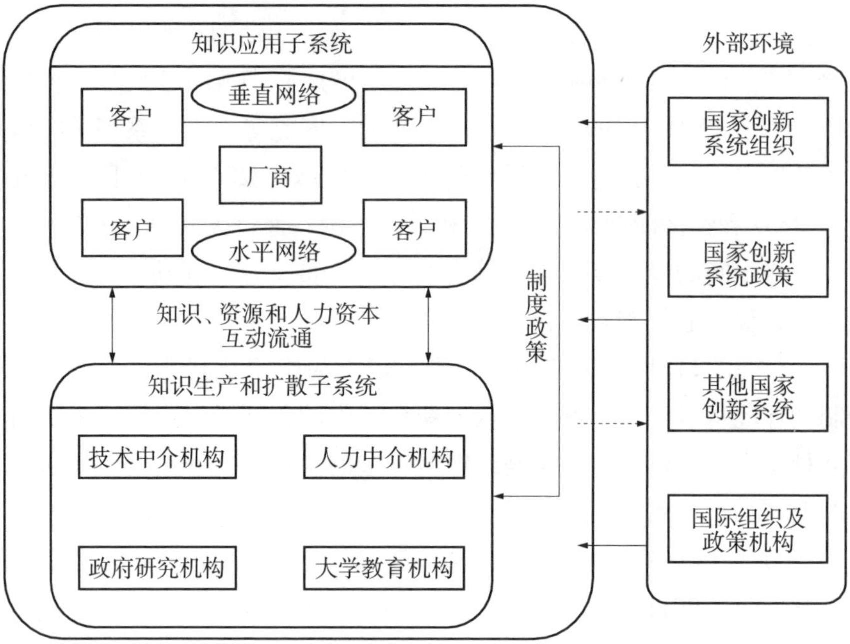

图 2. 5　区域创新系统组成

资料来源：Todtlmg & Trippl（2005）。

可见，区域创新系统是一个产业的创新体系，在开放的地理空间中运作，产业集群是其中“知识应用子系统”的核心要素。以“知识产生和扩散”为核心的创新集群，涵盖了研发机构、大学、中介机构等，侧重于人才流动与培养，提高交易效率，达到厂商互补分工的效果。创新集群的优势不仅在于新知识的产生，更在于如何将知识转化为经济价值。因此，除了各成员需要在空间上聚集，还需要相关的制度结构，才能促进知识产生、知识分享交流与知识商业化的发展过程。

2. 2. 3　区域创新系统发展的影响因素

Gertler 和 Levitte（2005）总结了有利于区域创新系统发展的四个影响因

素：信息与知识获取渠道、与其他相关机构合作、知识产权流动和资金可利用程度。首先，知识与信息的取得对企业研发能力的培养具有重要影响，Prevezer（2001）认为，由知识与信息互动所产生的知识外溢效果对技术是否能够商品化具有明显的影响，信息与知识取得渠道也会影响知识与信息的流动。其次，Fritsch 和 Schwirten（1999）研究发现产学研合作和公共研发机构是区域创新系统的主要参与者。Tomes 等（2000）的研究表明通过中介机构实现新技术开发者和产品制造商的连接，有助于技术创新和转移。Cooke 和 Morgan（1993）也认为企业与邻近地区的企业互动，有利于其创新活动的进行。另外，在以知识为基础的创新系统中，创新绩效与知识流动密切相关。OECD（1997）在创新系统衡量与评估中，特别注重知识或信息流动。以专利数作为衡量知识产权流动的替代变量（Zucker et al.，1998），Jaffe（1989）发现，大学研究成果移转到企业过程中产生了知识外溢效果的流动情形。此外，创新资金的投入对创新活动及其绩效表现是一项不可或缺的影响因素，如果企业拥有充足的创投资金作后盾，就拥有了实现创新目标的资金资源。Powell 等（2002）指出，具有丰富产业经验的创投公司会与技术研发公司合作，以提供专业化服务来辅助公司运作。

2.2.4　区域创新系统的研究概况

区域创新系统可看作是区域发展的手段，能激活潜在资源和信息，优化区域创新环境。区域创新系统是国家创新系统的基础，具有国家创新系统对应的结构与功能，可以看成是国家创新系统的向下延伸（Amir et al.，2013）。目前，区域创新系统的运作与建立已成为国家科技发展中的重要议题。由于区域的不同特点，创新活动与政策也有明显的区域性差异。OECD 各国在政策方面着重于创新对经济增长的贡献，并积极建立区域创新系统整体性的政策架构，以引导科学、技术及创新的发展。通过相关系统的建立，强化产官学研之间的联系，以促进区域创新系统内的知识扩散（张书豪和樊晋源，2013）。

基于此，可以将区域创新系统视为一国重要的资源。无论是在学术上还是实践上，业内都开展了许多研究，并不断提出相关政策（Kauffeld-Monz & Fritsch，2013）。研究者对区域创新系统的体系与模式、绩效与影响等（刘明广，2013；赵炎和武晨，2018）进行了积极的探讨。由于创新系统运作十分复杂，区域创新系统经常赋予当地产业网络竞争力，并作为创新政策重要的参考来源，同时，它也在全球化经济中成为创新和竞争力的关键。Asheim 和 Coenen（2005）认为，创新政策的区域化，将更准确地考虑区域特定环境中产业结构、机构设置和知识基础方面的具体背景和情况，以指导更有效率的实践。对于区域而言，创新系统必须依赖经济体中各产业具备的知识基础，并在其范围内进行创新活动，因为企业的创新过程在很大程度上受到其特定产业知识基础的影响。

2.3 三螺旋模型

创新系统理论提供了科技创新要素组成的分析架构，以系统观解释国家之间因为创新能力差异而造成经济发展差距，强调系统的有效运作依赖各子系统及个体成员之间密切的协调、沟通，并努力提高系统互动连接网络的创新效率。但是，关于系统中各部门间连接的地位关系，互动发展动态，却未有深入的探讨。

早期提出的线性创新模式仅注重市场供求，对于知识与技术的转移则缺乏关注。而且，在制度创新与官、产、学之间知识转移接口组织的建设方面还缺乏研究。对此，Etzkowitz 和 Leydesdorff 提出了“三螺旋模型”（triple helix model），以厂商为主要创新能力节点，加强大学在创新系统中的作用并重塑官、产、学三者之间的关系（Leydesdorff，2000）。三螺旋模型主要构成要素包括大学、企业和政府。该模型描绘出三者间的网络关系以及每一个要素的转变方向。大学以教学为中心，进行人才培养和知识生产，需提升其在刺激商业生产活动和促进区域（产业）集群发展方面的角色定位，带动企业合作及资源共享；企业在反映市场需求的基础上，与大学密切互动，加强技术与科学的整合；政府主要是对知识转移过程中的冲突进行协调，为企业发展提供适当的环境，并刺激互动网络的产生（Etzkowitz & Leydesdorff，2000）。三螺旋模型重点在于说明产、官、学三者中，其中一方与另两方有交叉关系，期望在此关系中建立沟通网络与合作组织。在三螺旋模型中，知识提供者和知识生产者成为创新活动的重要角色，技术研发与网络拓展成为重要内容，丰富了创新活动的发展环境（叶鹰等，2014）。

在三螺旋结构中，研究机构被看作是创新的动力源，其对新知识和科技创造与扩散的能力高低，对三螺旋创新的能力与绩效有决定性的影响力。然而，创新系统理论是以产业科技创新活动为核心，虽然在国家创新体系架构下，厂商被视为主要的创新源动力，而在三螺旋模型中则以学术机构为主，但二者都强调创新机构间的互动关系为创新体系中的重要环节。三螺旋理论产生后引起了学界广泛的探讨，借助三螺旋结构能在技术预测中发挥重要作用，政府通过不断获取科技情报，高校通过基础研究形成科技论文等科技信息，企业和产业在实践中不断研发专利，三种科技信息的有效互动构成了技术预测的信息基础（王兴旺等，2019）。

三螺旋理论的背景是，知识作为推动经济增长与研发创新的重要推动力，其发展关键在于政府政策的引导、学界知识的贡献与产业资源的投入。与国家创新系统理论相比，它更重视产业、政府、学界三大主体的均衡发展。根据三螺旋理论，产业并非推动创新的唯一主体，产业、政府、学界三方均可成为创新主体中的主导者或参与者，三方主体各自作为独立发展的个体，但又与其他方维持相互协作、共同推进创新的关系，并在此体系下共同促进经济与社会的发展。三螺旋理论主要应用在一个国家或者地区内的产学研合作，各个部门之间通过相互协作实现技术的进步和创新发展。根据三螺旋模型，大学应不断改进人才培养模式，培养产学研合作所需的专业人才（易海博和聂哲，2019），注重产学研合作中的科技孵化问题（徐示波，2018），政府通过产业政策等做好协调指导，实现知识的生产、扩散和应用，促进地区创新发展。当前，学者们在三螺旋模型的基础上不断拓展，肖国华等（2016）认为中介机构在促进产学研合作中的重要作用，能够有效提高技术转移效率，将中介机构加入三螺旋模型中，形成了包含中介机构的四螺旋模型，也有学者将三螺旋模型拓展至五螺旋（吴姮和于丽英，2013）等多主体参与的多重螺旋模型。纵观三螺旋模型的研究，政府在其中发挥着重要的信息提供者、指导者、协调者等角色。但就我国的实际情况而言，我国政府在产学研合作中的参与度相对较低（庄涛和吴洪，2013）。

2.4　创新网络理论

在资源有限的情况下，企业向外寻求创意与创新资源具有迫切性。为了创新，组织需要不断与外界进行物质、能量和信息的交换，并在创新过程中与外部相关组织发生联系，交换知识或信息等资源。因此，组织必须通过特定的渠道，以获取和分享其他组织的创新资源。为达到这一目标，创新活动的跨界形式明显增多。创新网络是多个企业为了获得和分享创新资源，在所达成的共识或默契的基础上相互结成的合作创新体系。创新网络是企业独立研发与向外购买技术之间的一种协作和配套的技术交换协同，它从根本上改变了传统企业技术创新的封闭状态（盖文启，2003）。此外，创新网络能从整体上提升网络的竞争力和抗风险能力，最终使网络所有成员共同获益（Gemunden et al.，1996）。美国加州大学伯克利分校教授萨克森尼安（Saxenian A. L.）从社会网络和创新的共享文化角度，对网络在硅谷的形成、发展和持续繁荣中的作用作了开创性研究（Saxenian，1991），指出硅谷的成功得益于区域内大大小小的企业、大学、研究机构、中介机构等形成区域创新网络（Saxenian，1994），并强调跨界流动的人才所建构的创新网络，是研究后进国家科技产业发展最重要的分析单元（Saxenian，2006）。这一主张引导激发了后续学者致力于跨国技术社群和跨界创新网络的研究，也影响许多国家政府为发展高科技产业所制定的政策。

创新网络由企业、政府、大学、科研院所、用户、中介和金融机构等多种主体构成，是一种混合型网络，既包括创新企业与上下游的供应商与用户之间形成的垂直合作网络，也包括创新企业与政府、大学、科研机构或竞争对手之间形成的水平网络。对于创新网络的研究主要是探讨企业、政府、大学及研究机构之间的网络关系，强调人与网络中的知识流与技术流是创新活动的关键，关注企业、大学、政府、研究机构之间的交错互动所产生的结果。其中主要的要素是知识的传递与应用，从这个角度来看，地理邻近性具有重要意义。近年来，区域创新系统研究文献强调网络连接对企业创新活动的重要性（Love & Roper，2001）。企业间的合作提供了区域内互动学习和知识传播的机会，企业通过网络的连接取得外部资源，弥补自身内在条件的不足，以提高创新能力和成效。Capello（1999）认为，区域内的行动者在网络连接过程中不断学习，促进区域创新网络和创新环境的互动，进而实现企业的空间聚集和新产业区的持续发展。

创新网络的结构关系比较复杂，建立在与许多相关网络共同的基础上，图 2.6 揭示了组成创新网络的四个方面的角色。以企业为中心，上游包括原材料供应商或中间制造商的新技术要素的运用，以取得原材料或新型产品来源，政府机构对企业的政策补贴、资金补助和相关的法律管制，将影响企业的战略和经营形态。此外，创新网络重要的源头——研究单位和培训机构对技术研发和高素质人才的培训，也是促成产业未来发展和稳定成长的基石。中游方面，协作厂商提供互补的专业技术和解决问题的能力，形成各取所需、共荣共衰的共生结构。下游包括对购买者新需求的了解与开发，产品销售及市场接受度的问题解决甚至经销商需求的变化的衡量等。一个创新网络不仅解释了企业本身与外部环境的结构关系，还可以对外部产业的相互关系予以解释。

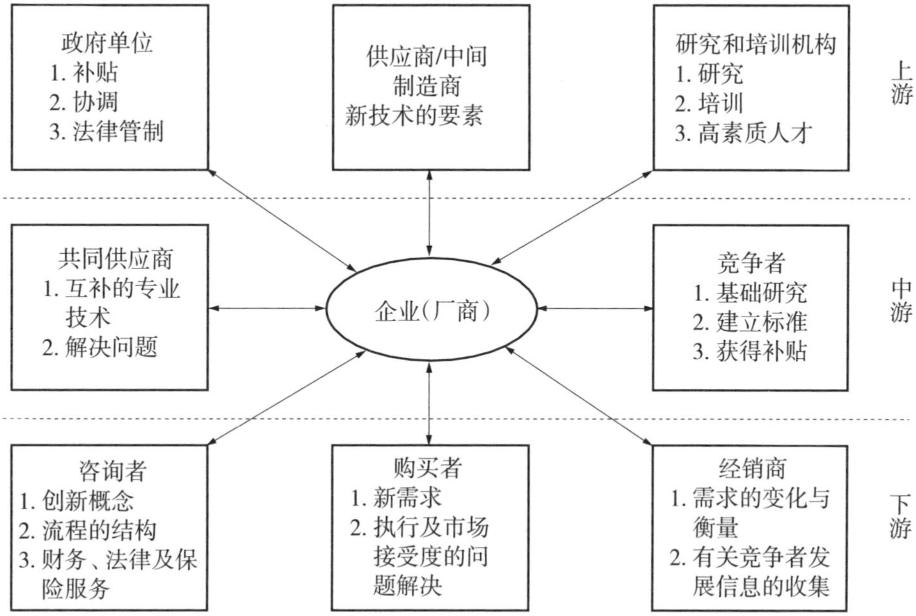

图2.6　创新网络的结构关系

资料来源：整理自Gemunden等（1992）。

2.5　知识转移理论

以往研究强调创新活动者基于资源缺口而产生一连串的知识转移（Zack，1999）。不论从何种角度探讨，许多学者认为知识转移的主要目的在于将知识成功地转移给接受者（Cummings & Teng，2003）。目前的研究对知识转移结果的检验大致分为以下几种：首先，将转移成功定义为知识在某一段特定时间的转移数量（Hakanson & Nobel，1998）。其次，计划管理研究导向，即在既定时间与预算内，完成一项令人满意的转移。再次，技术转移和创新导向，强调接受者获得知识后再创新的程度，将知识转移视为通过动态学习过程，组织持续与顾客和供应商互动进行创新及具有创造力的学习模仿（金麟洙和尼尔森，2011），从这个角度看，知识转移包含接受者对于所获取知识的再创造。最后，制度导向，主要探讨接受者进行获得、转移知识时对知识拥有的程度。

1. 知识资源获取

知识获取的渠道通常包括：一是通过聘用专业人才，或与其他组织形成合作伙伴关系或向其他组织寻求帮助等方式“购买知识”；二是雇用咨询专家，从顾客、供应商、学术界获得帮助或与其他组织订立契约等方式“租赁知识”；三是将员工送到组织外培训、发展组织内部教育培训、雇佣组织外的训练者进行内部训练来传播、分享资源等方式“发展知识”（Liebowitz & Beckman，1998）。

2. 知识转移渠道

对创新主体来说，除了持续获取与积累知识外，知识如何转移也是相当重要的课题。探讨知识转移的文献包含转移知识的渠道（Bozeman，2000）、知识转移的活动者（Badaracco，1991）和对转移知识的规范性研究（Howells，1996）。组织内的知识转移是通过多样化的渠道进行的，包括人员活动（Almeida & Kogut，1999）、沟通（Levine et al.，2000）、观察（Nonaka，1991）；技术转移、专利授权、技术许可、供应商和顾客互动（Von Hipple，1988）及与其他组织形成的联盟（Baum & Ingram，1998）。实际上，创新主体跨组织合作的多元形态包括内部发展、协助内部发展、市场采购、厂商间合作、购并、技术授权、联盟、共同研发合约等；此外，也有学者以知识网络、信息网络和合作网络等网络观点来描述知识获取与扩散的渠道（吴思华，1998）。可见，知识转移渠道具有多样性。

3. 知识转移的活动者

知识转移活动者，即担任知识转移的“人”，应具备的条件包括公开知识的意愿和能力（Grant，1996）、具有吸收知识的能力（吴思华，1998）。Nonaka 和 Takeuchi（1995）认为组织的中层主管是知识取得的主要角色，理由是，高级主管不一定懂得知识本身，而低层员工则没有能力或职权来扩散知识。Freeman（1987）根据创新系统的观点认为政府、半官方组织、研究机构、大学等均可将技术与知识扩散至其他组织。

4. 影响知识转移的因素

影响知识转移的因素除了知识本身的属性和组织吸收外来知识的能力，

还包括成员间的学习默契、互动和经验、组织本身的技术与知识能量、组织所拥有的网络关系及基本的环境背景（Saliola & Zanfei，2009）。知识转移的成功取决于：①研发机构获取所需知识的来源；②伙伴共享知识、资源的程度，以及接受者之间的互动程度；③接受者可获得的知识来源所参与的连接过程。

2.6　技术转移理论

创新系统并非各种创新要素的简单组合和集聚，不受产业链和国界的限制，而是基于技术知识和能力联系，促进技术知识产生、发展、转移和利用的社会经济网络。因此，技术转移是技术创新的核心环节。考察我国技术转移实践，不难发现两大现象：一是经过改革开放 40 余年的探索，我国科技成果转化率并没有得到明显有效提升；二是在引进技术实践中，“以市场换技术”战略没有取得预期效果（张玉臣，2009）。技术转移与科技成果转化并不是自然发生的事情，它有着自身特定的规律和机理。

1. 技术转移的定义

技术转移理论起源于技术传播理论，当前技术转移理论的发展受到熊彼特技术扩散理论的影响。目前，理论界对技术转移尚无统一定义，主要说法有三种（高峰，2005）：①系统知识的转移，即从产生知识的地方向使用知识的地方的转移；②技术运动各环节之间的转移，如基础研究→应用研究→试验开发→商业化各环节间的转移；③现有技术的新应用。对技术转移内涵的理解，比较典型的理论是把技术的转移活动解释为三种知识的移动：一是有形知识体系的移动；二是无形知识体系的移动；三是存在于国家、地区、企业组织与个体之间的宏观和微观的信息流动。结合当前国内外学者的讨论，技术转移的概念取得了一些共识，即技术传播和技术扩散是技术转移理论产生的基础，转移的内容主要是科技成果或技术，主要发生在不同国家、领域、组织之间的流入和流出活动（许可等，2019）。

2. 技术转移的构成

一般而言，技术转移包含三方面的内容：一是技术转移部门，它是技术转移的实体，主要的技术转移实体包括国家实验室、大学科研机构、公司研发部门等；二是被转移的技术，包括科技发明、专利、商标、R&D 成果、营销策划等；三是技术转移方式，包括版权转让、授权、许可证协议、技术援助、人员流动、合作 R&D、合作生产、交钥匙工程等。技术转移三方面之间的关系是指技术转移部门通过一定的技术转移方式把技术成果转移给技术接受部门。

3. 技术转移的效率

技术转移的效率与一个或多个机构或利益相关者对于投入转换至产出的参与相关。有研究者指出，在评估技术转移过程中最常使用的投入要素是 R&D 支出和发明披露数，而产出要素则包括授权收入、产业的研究合同数量及收入、专利授权数及新创公司数等，这些因素均会影响技术转移的效率，如图 2.7 所示。Oliveira 和 Teixeira（2010）认为，要提高技术转移效率，必须考虑一些政策的设计，例如不同部门间的合作研发、研究经费、研究绩效、大学政策的改变、公共创新政策等，但是适当的政策支持并不是唯一的因素，其他因素如内部结构、流程、研究目标及大学文化等均会影响技术转移及其效率。此外，Rothaermel 等（2007）也指出，技术人员、技术性质、大学制度及环境因素等都会影响技术转移的效率。

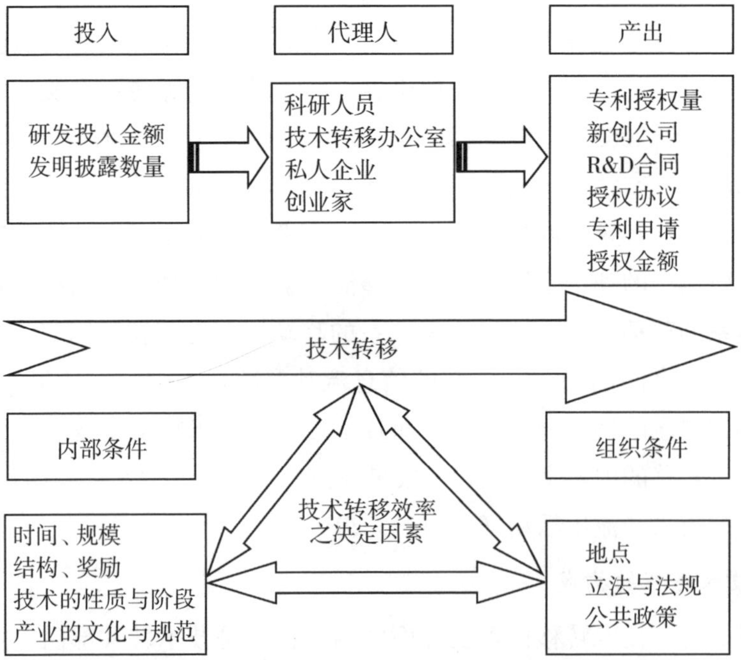

图 2.7 技术转移效率的影响因素

资料来源：根据 Oliveira 和 Teixeira（2010）整理。

4. 现有研究的局限性

当前关于技术转移的研究大多集中于国际技术转移，基本上着眼于技术从发达国家向发展中国家的转移，研究的焦点是技术转移的机理、模式、过程与技术转移对发展中国家的作用，并取得了大量的成果（斋藤优，1988）。但从现有的研究成果看，存在两个方面的不足：一是几乎所有的研究都单纯以发达国家作为技术供应方的单向技术转移为研究对象。这是不全面的，技术转移过程实际上是一个双向的过程，既有发达国家作为供应方，也有发展中国家作为技术的供应方，但对后者研究几乎是一个空白（魏江，1997）。二是对于国家/地区内的不同区域创新系统甚至同一区域创新系统内技术转移机理、过程、模式及效率等问题的研究不够，未能给区域创新系统提高创新效率和效益提供有效的指导。

2.7　市场失灵与系统失灵理论

2.7.1　市场失灵理论

市场失灵（market failure）理论是指市场机制及其作用因多种原因具有局限性，难以发挥作用，市场无法提供公共物品，市场上存在着信息不对称，市场在垄断的情况下阻碍市场机制的作用等。换言之，市场失灵是指市场力量使研发投资低于社会福利最大化的情况（刘尚希和李成威，2018）。

由于市场失灵，市场经济中发挥政府的管理职能是必要的。英国著名经济学家庇古（Pigou A. C.）强调市场机制有时会导致失灵，完全依赖市场力量有其危险性。罗马俱乐部（Club of Rome）学者 Alexander 和 Bertrand（1991）指出，市场力量不适合处理长期影响、代代相承的责任和人类共有资源的问题。著名经济学家萨缪尔森（Samuelson P. A.）（1999）认为，尽管市场经济体制是一种高效率的体制，但市场不是万能的，它存在着功能上的局限和缺陷，即“市场失灵”。根据经济学者的一般看法，造成市场失灵的原因有四种：外部性、公共产品、信息不对称与独占性。

2.7.2　市场失灵的表现

在科技创新领域中，市场失灵主要表现为研发投入和成果具有高度的不确定性及公共产品的非排他性，即失败的风险必须自己承担，若成功，却无法独享收益。若依靠市场机制运作，常常不能使其数量、质量达到最符合经济效率的程度（Arrow，1962）。尤其在产业萌芽期，私人企业投入所获得的报酬，往往对企业毫无吸引力。自主创新中的市场失灵主要表现在以下两个方面。

（1）创新基础条件平台建设问题。创新基础条件平台对于促进科技资源开放共享具有重要作用。但如前所述，由于它具有公共产品特性，一般情况下，私人往往不愿意投资建设这种低收益甚至无收益的基础条件平台。

（2）产业共性技术的研发投入问题。产业共性技术是对整个行业或产业技术水平、产业质量和生产效率都会发挥迅速的带动作用，具有巨大经济和社会效益的一类技术。产业共性技术处于政府、非营利机构和以企业为代表的营利机构关注的中间地带。由于产业共性技术既不是经济学意义上的公共产品，又不具备商业上的独占性，因而很容易出现营利机构和非营利机构都不愿供给的局面。产业共性技术这种兼有公共产品和竞争性产品的特性，决定了这类产品的生产和供给应该由政府和企业的合作来完成。如果共性技术得不到实质性的突破，企业就会面临巨大的创新障碍。区域创新是一项长期、系统的任务，共性技术攻关程度往往决定着整个区域创新产业的发展方向，支持共性技术研究还有助于突破关键和重大技术领域的瓶颈，缩小技术差距，形成技术优势。面对共性技术研发投入上的市场失灵现象，政府应该认清形势，促进共性技术的供给，弥补市场不足。这就需要运用“有形之手”引导有能力的企业参与，共同完成共性技术的攻关，带动民营中小企业踊跃参与创新活动。

当市场运作发生问题时，政府必须介入以矫正市场失灵。但当市场机制能顺利运转时，政府必须尊重市场机制，避免对市场的运作过度干预。对于需要长期战略或与资源分配有关的科技问题，不是单靠市场机制所能解决的，只有政府介入才有办法解决。例如美国的曼哈顿计划、阿波罗计划等，由于这些大型研究计划项目具有上述特征，依靠市场机制难以有效配置资源，这时政府的介入就有其必要性。正因为如此，Saxenian（1994）指出，美国政府在国防上的研发经费对硅谷的崛起有着关键性影响。

2.7.3 系统失灵理论

早期科技与创新政策干预的理由以市场失灵最具代表性，Arrow（1962）

认为在完全竞争的市场中知识创造的程度是次优的。因此，政府必须补贴知识创造的活动（如研发活动）与建立知识产权保护制度。传统市场失灵的政策，遵循的是线性创新思维模式，因而产生了对研发活动的补助，以期望研发成果能顺利地产生，但是对补助对象与补助多少却无明确的答案。

创新系统中各单位通常会追求各自的最佳技术行为，但总体上却未必能达到系统的最佳绩效，故成为政府干预的逻辑。政府可以借助政策工具激励产业与学术单位或研究机构进行合作、联盟，促使科技创新行为发生。创新系统可以视为是一种制度（institutions）的集合，这些制度的互动会影响其中参与创新的行为者的绩效（Nelson，1996）。如果个体组织的行动、诱因都达到最佳水平，而整体创新绩效却是次优的，即为“系统失灵”（Andersson，1998）。可见，创新系统的整体效能依赖于企业、政府和大学之间的互动（Metcalfe & Georghiou，1998）。当互动的创新系统内有缺陷时，表明系统失灵正在发生（Lundvall et al.，2002），即使有充分的投资、研发，仍可能发生系统失灵。

此外，科技人员或研究机构往往都有“惯性”，在彼此联系的创新系统中，任何一个组织的变革都需要其他组织相应的改变，而这种跨部门的结构性功能需要政府的介入（黄仟文，2010）。当创新系统的发展受制于体制或组织层次的路径依赖时，政府的干预有利于拓展新的发展途径。即创新政策的变化应寻求建立系统的变化性和弹性，以克服潜在的结构僵化所造成的系统失灵。创新系统中各制度是高度相互依存的，例如，美国硅谷的创投产业依赖特定机构提供法律服务，与当地大学紧密合作，崇尚流动性工作团队的文化（Saxenian，1991）。此外，如创新系统中的行为者不试图寻找获利的机会，或他们不根据所拥有的洞察力采取行动，则创新系统可能变成“预期短视”。预期短视不仅仅限于政府机构，公共和私人机构都有可能采取消极的态度面对未来的机会（Salo，2001）。

系统失灵通常有“网络失灵”和“体制失灵”两种具体形式（Carlsson et al.，2002）。而 Smith（2000）提出了创新系统的四种失灵：①技术基础设施建设投资与供给的失衡；②系统转型的失灵，Andersen 和 Teubal（1999）称这种失灵为市场演化的失灵，要求政府一方面扮演扶植新兴服务业的角色，另一方面扮演高科技制造业、传统制造业及产业服务化转型促进者的角色；③锁定（lock-in）失灵；④制度失衡。

根据开放式创新理论，企业的创新不再仅仅由公司内部的研发所决定，而必须通过公司外部的技术搜寻、技术外包、技术转移与快速的技术整合，才能快速地开展创新，建立优势。因此，制定科技政策，必须构建以创新网络为核心。另外，民间技术中介机构的大量兴起，增加了创新系统的有效连接。值得注意的是，当今科技政策导向渐渐从“胡萝卜加大棒”（stick-carrot）的制约行为，转向支持企业建立创新能力与所需资源的思维。

第3章　促进创新的政策分析

科技创新具有外部性，是一种典型的公共产品（Arrow，1962），考虑到创新的风险性，如完全由民间企业投资，则会产生投资不足的现象（Salmenkaita & Salo，2002）。为解决市场失灵这一问题，多数国家对创新活动采取扶持政策。创新政策不同于传统的科技政策，它不仅着眼于科技创新活动本身，更关注科技和经济的有机配合（王胜光，1993）。创新政策能够发挥对企业创新的引导作用，若缺乏政策引导，则不利于激发企业的创新意愿（Aghion et al.，2015）。本章主要分析促进创新的主要政策及其效果。

3.1　创新政策及其形成的理论基础

3.1.1　创新政策的含义与功能

创新政策是指一个国家或地区政府为了促进创新活动的涌现、创新效率的不断提高、创新能力的不断增强而采取的公共政策的总和，其最终目标是通过创新提高竞争力，以实现经济的持续增长（陈劲，2013）。柳卸林（1993）把创新政策看作是以促进创新产生、利用和扩散为目标的一系列公共政策的总和。蔡宪唐和黄世政（2016）认为，创新政策是政府主导的政策，用于提升区域经济或促进产业技术升级的政策工具、机制、制度等。也有学者认为，创新政策是政府干预经济发展的重要手段，通过税收优惠、研发补贴、奖励等诱因与机制（Musacchio et al.，2015），对稀缺资源的配置产生影响，在一定程度上能够解决市场失灵、产生溢出效应（Kline & Moretti，2014；王克敏等，2017）。创新政策比较关注经济的整体绩效，在促进企业创新上具有引导性、针对性和长期性等优势。对于政府主导的创新政策，如税收优惠、研发补贴、奖励等诱因与机制有助于企业进行具有较高风险的研发投入或创新活动。作为发展中国家，我国政府主导的创新政策更是扮演着催化剂的角色，起着重要作用（Liu et al.，2011）。

以往对于创新政策的研究，大多以政府或公共部门的角色来探讨，主要是通过政府提供政策或资金上的诱因来强化区域创新系统，旨在强化产业技术升级和提升企业创新能力。过往的研究指出，创新政策本质上是政府干预区域经济或创新系统的一种机制或方式，以政府作为引导者与推动者，解决创新过程本身存在的市场失灵问题。政府的创新政策大多以制定相关政策，补助大学或科研机构的研究计划，或以租税优惠等政策工具鼓励企业从事新技术或新产品的研发，诱导国家资源投向创新活动（蔡宪唐和黄世政，2016）。

一般而言，创新政策包括科技政策与产业政策（Rothwell，1982）。科技政策是指政府为促进科技有效发展，以达成国家经济建设目标所实行的各种重要制度和施政方针。产业政策是指通过政策性工具将资源导入政府想要发展的产业或经济活动上，强调以政府的力量改变企业的生产成本、产业结构与资源配置，进而创造产业发展的有利条件（Aghion et al.，2015；杨兴全等，2018）。在供给面，主要方式是以提供企业优惠融资、租税减免等措施刺激企业从事研发。在需求面，包括政府采购及以技术移转方式将技术扩散到民间，以技术生根为主要政策目标。当前，越来越多的国家努力将其产业政策与科技政策加以整合，希望二者相互配合，成为有机的整体。魏世杰（2017）按照政策目标将创新政策分为鼓励创新行为、激励创新主体、营造创新环境三类。

如何强化创新研发与应用来促进科技商业化的能力，成为创新政策关注的焦点。Furman 等（2002）认为，国家创新能力是一个国家长期积累而形成的，也是持续生产与商业化创新技术的来源，而国家创新能力所凭借的是国家创新基础设施的优势及二者之间的连接强度，同时，在形成一个国家的创新能力中，公共政策起着重要作用。在创新系统中，政府掌握着科技资源并且拥有分配权，而企业则是作为进入市场、创造财富的角色。因此，有关政府与企业的合作关系，成为制定创新政策的重要议题。但在促进社会资本进入公共产品领域时，必须对政府边界进行清晰界定，防止出现“公共品负担”（龚强等，2019）。

创新政策是能激励与促进科技发展、应用的政策，并以计划评估、技术预见、科技评估，结合相关科技资源投入与价值创造作为决策的工具。在制定创新政策过程中，不同资源与目标将影响创新政策渗透的层面与范围，只有在其推动过程中，辅以科技政策、基础建设政策、区域性政策和教育政策等（Edquist & Hommen，1999），具备均衡、灵活与连接等特性，才能体现出创新政策的完整内涵。创新政策可看作是各国为推动科技政策而制定出的行动指南，并且扮演着促进经济增长与社会变革的角色。

3.1.2 创新政策形成的理论基础

创新政策隐含着政府介入科技与研发活动，与经济自由化的思潮有所冲突，故被不少学者（主要是推崇自由市场思想的学者）反对。但是，在市场失灵的情况下，如果听任市场机制自由运作，那么研发的数量、质量可能无法达到最适水平，并使国家（或地区）在科技领域上丧失竞争优势。尤其是科技资源较有限的国家，必须审慎配置这一资源，朝有利于国家（或地区）的方向来配置，故需要一套有前瞻性的创新政策。此外，中小企业自身特点的局限性，也是要由政府通过规划来导引民间科技发展的重要原因。

根据系统失灵观点，政府应该设置某些机构或制订特定的规则，以实现促进创新行为、改善科研机构与企业的互动关系、鼓励厂商培育自身创新能力、提高企业技术扩散和吸收能力的目标。换言之，由于存在系统失灵，政府在创新政策上应调整其行为模式，除了采取减少市场失灵或政府失灵的政策措施外，更要形成一个使整个创新系统效能最大的制度和诱因。总之，这种强调建立国家/区域创新系统的理念，是以调和市场功能与政府政策为目标，强调政府应该提供有助于提高企业创新活力的环境。

创新系统的功能可以区分为创新的发展与扩散两个方面。创新的发展方面包括供给面与需求面。供给面协助企业取得创新所需的人力、资金和技术；需求面创造新产品的需求与市场，使创新产品或服务有生存的条件。同时，还要有适当的竞争与合作机制使企业维持长期竞争力。在创新扩散方面，则强调建立创新系统各个关键构成要素之间的网络关系，通过网络连接与互动来促成创新扩散，达成知识的分享与共创（陈意文和王美雅，2015）。

Edquist 和 Hommen（2008）通过对国家创新系统的跨国比较研究，提出了一个包含四大构面、十项活动的分析框架，如表 3.1 所示。该框架在许多相关研究中被采用（Edquist & Zabala-Iturriagagoitia，2015）。有学者强调，当今创新政策的思维应该通过诊断一国创新系统的各项活动，从中找出该系统的弱点或问题，然后制定相应的政策工具（Edquist，2011）。

表3.1　创新系统中的关键活动：四大构面与十项活动

类型	创新系统中的关键活动
创新系统的知识投入	1. 通过研发创造新知识（特别是自然科学和工程领域） 2. 通过教育和培训创新与研发活动所需的人力来建立产业能力
需求面活动	3. 新产品市场的形成 4. 从需求面形成新产品所需的质量要求
创新相关组织与机制	5. 创造和改变需要发展新领域创新的组织，例如提升创新精神来创造更多新事业、提升企业内部创业精神、建立新的研究机构及政策机构等 6. 经由市场机制或其他机制形成网络关系，包括创新过程中跨组织间的互动与学习 7. 创造并改变制度，如知识产权法、税法、环境及安全法规、研发投资例规等，这些制度通过提供创新诱因或克服障碍而影响创新组织与流程
支持创新企业的服务	8. 创新孵化活动，提供创新所需的设施和行政支持等 9. 提供创新流程以利于知识的商品化 10. 创新过程所需的顾问服务，如技术转移、商业化及相关的法律咨询等

资料来源：Edquist & Hommen（2008）。

先进国家的经验表明，良好的国家创新系统和适当的创新政策能有效促进创新活动（Laranja et al.，2008）。因此，政府在创新政策的制定与实施上要因地制宜。例如，供给面的创新政策通常是：加大人才与团队引进力度，为企业创新提供金融与资金保障，搭建平台为企业创新活动提供载体，构建有效运作的制度环境与市场环境。需求面的创新政策通常是：根据不同产业做好资源配置，扶持低能耗、低污染、高附加值的产业，加大新兴产业产品的采购力度，促进新兴产业的良性发展，对企业的研发投入给予税收优惠，对消费者给予消费补贴等（蔡宪唐和黄世政，2016）。

3.2　创新政策分类

Edquist 和 Hommen（1999）指出，创新政策可以区分为供给面工具和需求面工具两类。Rothwell 和 Zegveld（1981）认为有效的创新政策包括：利用政府的市场需求吸引产业发展技术，政府直接参与新技术的研发、政府利用法律影响产业创新，政府补助非营利机构的研发、辅导中小企业的研发活动等。根据 Rothwell 和 Zegveld（1981）的整理，科技创新政策可分为供给、需求及环境三个层面，如表3.2所示。①供给政策：影响技术供给因素的政策，如财务、人力、技术支持、公共服务等；②需求政策：针对技术的需求，创造技术市场，从而影响科技发展的政策，如科技产品的采购、合约研究等；③环境政策：间接影响科技发展环境的政策，如专利、税收及各项法规。从西方国家的实践来看，各国所使用的创新政策主要就是这三种（柳卸林等，1997）。

表3.2　Rothwell 和 Zegveld（1981）创新政策分类

分类	政策工具	方式
供给政策	财务支持	补助、融资、创投基金
	人力支持	教育、培训
	技术支持	公营事业、公共研发、信息服务
需求政策	创造需求	合约研究、合约采购
	干预市场	技术标准、贸易代理
环境政策	激励创新意愿	税收优惠、专利保护、奖励
	引导创新规范	经济管制、技术管制、贸易管制、外资管制
	建立产业基础设施	公共服务

资料来源：Rothwell & Zegveld（1981）。

随着创新理论与政策实践的演进，不同学者从不同角度对创新政策进行分类。Ergas（1987）根据演化观点将创新政策分为两大类：①任务导向政策，指集权型的创新政策的规划与执行，一般仅针对少数既定技术和重点支持大型企业的技术开发；②扩散导向政策，指通过健全技术发展基础设施、鼓励技术转移及产学研合作，以加速产业技术的扩散。Salmenkaita 和 Salo（2002）认为政府介入技术商品化过程的方式有被动式与主动式两大类。其基本思想是，公私部门各有其本质特征，各自应在最能发挥作用的领域扮演相应的角色。一般而言，私人部门较能掌控经济效率，而公共部门则适合于承担不确定性较高的风险。

Nauwelaers 和 Wintjes（2002）检验欧洲11个地区40种创新政策（表3.3），探讨其政策理论基础、工具目标、效果等，结果发现：①缺乏使用者导向、协调性综合效果考虑的工具；②以研发补助与微调式工具较多，缺乏影响系统本质与策略性、文化性的政策。因此，他们认为在不同区域、不同发展时点，需要不同的政策组合，不存在“万能型”的政策工具。

表 3.3　Nauwelaers 和 Wintjes（2002）的创新政策分类

协助的目标层次	协助创新的形式与焦点	
	被动式工具	主动式工具
厂商导向	• 传统厂商研发补助与贷款 • 风险资本 • 训练补助 • 支持“硬件”孵化器 • 研究中心 • 传统“被动式”技术中心 • 大学里的转移单位	• 资助中小企业雇用创新经理人 • 贷款以开发 • 管理建议 • 支持“软件”的孵化器 • 商业创新中心 • “主动式”技术中心 • 审核、监测需求 • 创新辅导 • 创新管理训练与建议
（区域性）系统导向	• 研究与产业的机动体制 • 高等教育机构与产业的合作体制 • 资助研发合作计划 • 资助以促进企业服务使用 • 集体的、使用者导向的技术或创新中心	• 主动代理人，促成配对 • 群集政策 • 支持厂商网络 • 保护体制 • 当地的策略性方案 • 教育创新的体制

资料来源：Nauwelaers & Wintjes（2002）。

Edler 和 Georghiou（2007）试图同时刻画需求和供给面的创新政策分类（表 3.4），强调不仅针对研究与创新的政策，其他更广泛的政策也会影响这些活动。需求面的创新政策是指通过增加创新需求，促进创新或加快创新扩散的所有公共政策。需求面政策可以分为四大种类：系统性政策、管制、公共采购和促进私人部门需求。

表 3.4　Edler 和 Georghiou（2007）的创新政策分类

创新政策分类	政策工具
供给面	/
A. 资金	/
资产帮助	政府创投基金、混合式或受政府补助的私人创投、损失承保、租税诱因
财务抵免	研发活动抵减公司税、员工的所得税抵减、研发人员的个人租税诱因

续表

创新政策分类	政策工具
资助公共部门的研究	大学基金、研究室基金、合作基金、产业界战略计划、资助研究合约、设备共享
资助训练与移动性	公司训练课程、训练创业精神、资助派遣进修、业界研发助学金、协助招聘研发人才
产业研发奖金	研发奖金、合作奖金、无偿借贷、研发创新奖励
B. 服务	/
信息中介	媒合平台、媒合活动、咨询服务、国际科技展望、专利资料库、标杆评比
建立网络	支持社区、建立共同愿景、孵化器代管、科学园区
需求面	/
系统性政策	群聚政策、供应链政策
管制	实行管制以设定创新标的、协同发展的技术平台
公共采购	研发采购、政府采购创新产品
促进私人部门需求	需求的补助与租税诱因、企业需求的衔接、培训、刺激性采购

资料来源：Edler & Georghiou（2007）。

Naseem 等（2010）则将政策工具分为降低研发成本、促进基础研究，以鼓励溢出（推力），以及通过改善或创造有利的市场条件以增加研发预期报酬（拉力）两种（见表 3.5）。

表 3.5　Naseem 等（2010）的政策工具分类

政策机制	类型	例子	对私人部门研发的预期影响
公共部门研究	推动	资助基础科学研究	无定论
税赋政策	推动	抵税、免税期	正向的滞延效果
研发补助	推动	竞赛奖金	无定论
科技商品化计划	推动	研发合作协定	正向
管制系统改善	推动	测试与认证	无定论
科学园区群聚	推动	提供邻近大学的土地和基础建设	正向
产官合作	推动	公共部门种子发展、私人部门种子分布	无定论
第三方中介	推动	非营利组织	无定论
增强创新能力	推动	组织跨领域改革、组织之间合作	正向

续表

政策机制	类型	例子	对私人部门研发的预期影响
研发的市场与规模	拉动	整合国际市场为更大的区域市场	正向
知识产权	拉动	专利、商标、商业机密	无定论
贸易自由化	拉动	禁运	无定论
预购承诺	拉动	预定购买的承诺	无定论
奖励和荣誉	拉动	研究发现的奖金	无定论

资料来源：Naseem et al.（2010）。

推动（push）机制：旨在减少成本以进行新产品研发。该机制的形式是直接或间接补贴投入成本，包括：鼓励上游或基本公共研究的外溢效应，降低研发的资金成本，降低满足法规要求的成本，降低产品责任风险，提供研发的税收优惠，对重点研究的投入项目提供进口关税优惠，或者提供研发补助。

拉动（pull）机制：旨在鼓励企业通过增加预期报酬或降低研发风险方式，使研发投资创造更有效、更稳定或更大的市场。这些"拉力"或需求诱因通常是赋予企业研发产出的垄断控制权以激励其研发，增加交易的市场机会。拉动机制对政策制定者具有吸引力，因为一般不需要事前的资源投入，而只要奖励创新成功的产出即可。

3.3 主要创新政策工具

3.3.1 一般创新政策工具

讨论政府刺激企业创新的科技政策的现有文献，大多以直接补助和税收优惠作为探讨重点。较多文献对直接补助和税收优惠两项"直接"政策工具进行了量化分析（Guellec & Van Pottelsberghe，2003）。但当前的研究尚存在争议：两项政策工具对于企业研发到底产生替代效果还是补充效果？两个政策工具之间是互补关系还是互斥关系？笔者未见有跨越不同政策工具的综合分析文献，相关文献一般是对个别政策工具的探讨，并集中在对"直接补助"政策工具下，从微观厂商层次去评估某一专项计划的执行绩效。常见的创新政策工具主要包括：政府直接补助、公私部门的研发合作、创投基金、企业研发融资贷款、税收优惠、新创公司与衍生公司、引进国外研发资金和人才等七个方面。

3.3.2　产学研合作政策工具

大学、科研机构与产业之间的合作有许多好处，例如，能使研究活动达到一种群聚效应或转折点，能够克服因距离和规模所形成的碎片化，能够汇集不同的观点、经验、能力和知识，打破专业孤岛的组织限制，促进跨学科互动，鼓励知识转移与人才流动，促进产学研相互理解等。然而，产学研合作并非可以自然产生，它需要政策的介入，以建立适当的机制来鼓励和支持合作。政策介入的理由在于市场失灵，即大学和产业间的合作障碍与动机不一致。

在制定产学研合作政策时，需要考虑合作的背景与当地产业的特点，从而选择有效的政策组合。政策组合是指政府为推动产学研合作而采取的政策工具。OECD（2019）曾整理产学研合作 21 项政策工具，可分为财务补助、法规调适与营造氛围三大类：①财务补助：这是传统但有效的政策工具，例如研发创新的补助、以资金支持中介组织发展、以产学研合作为重点的税收优惠等；②法规调适：指的是为参与产学研合作的双方提供合适的法规制度，驱动双方合作意愿，例如有利于科研人员兼职的法规、有利于知识产权保护的专利管理法规等；③氛围营造：这是一种干预性较弱的政策工具，旨在提高产学研合作认知、建立产学研合作网络以及订立行为标准或准则。

3.4　政府科技财政投入及其效果

3.4.1　公共财政资助企业研发的必要性

政府科技投入所起的作用，除了提升创新能力外，也是后进国家引导有限资源配置的指标（胡美智和 Mathews，2006）。政府除利用财政资源投入外，同时还可利用各项政策措施以诱导民间积极投入。对公共财政科技投入影响企业 R&D 投入的研究始于 20 世纪 60 年代末，西方学者主要从三个层次进行研究：①微观层次：侧重分析政府科技投入对企业研发行为的影响，发现政府科技资助与企业投入之间存在正的杠杆效应；②中观层次：侧重分析政府科技投入对行业研发活动的影响；③宏观层次：主要集中于产业层面和国家层面探讨政府公共研发对产业或企业总研发支出的影响。国内在该领域的研究起步较晚，大多讨论政府科技投入的主导作用（陈玲和杨文辉，2016；李伟等，2016），少数学者则探讨了政府科技投入的挤出效应（黎文靖和郑曼妮，2016）。为促进社会研发投入的最大化，政府促进企业研发投入的渠道和作用机制显得十分重要，政府通过公共财政对企业研发进行资助具有必要性，主要体现在以下几个方面。

1. 市场失灵

国内外学者大多认为，企业 R&D 活动存在市场失灵现象，而政府资助企业 R&D 投入能够在一定程度上弥补市场失灵（周海涛和张振刚，2015）。根据《中国企业创新动向指数 2017 年报告》，80% 以上的企业家认为我国的市场竞争秩序较为混乱，企业间存在的无序竞争和不规则“模仿”不利于企业的创新（中国企业家调查系统，2017）。企业为实现利润最大化，增加产品附加值，不断走向“微笑曲线”的顶端是在激烈竞争环境下的必然选择。由于研发活动本身具有知识外溢、信息不对称等特点，当市场机制实现资源最优化配置的功能被扭曲时，由政府弥补市场失灵就显得尤为重要。

2. 知识的溢出

Griliches 和 Regev（1995）基于“投资报酬率”的观点，发现 R&D 投资的社会报酬率可比私人投资报酬率高数倍，如果完全凭借市场机制，依靠企业自身，为技术知识或信息的生产而进行的 R&D 投入就会不足，低于社会最佳水平。R&D 市场的技术溢出有三条途径：一是人员的流动，市场的激烈竞争必然加剧人员的流动，进而促进知识和技术的快速扩散。二是模仿，模仿的成本要远小于自身投入研发所耗费的成本。三是企业间的溢出，某个拥有技术优势的企业在与上游供应商和下游客户发生联系时，这些伙伴可能通过业务联系从该企业免费获得某些先进产品或技术的知识，从而产生溢出效应。

我国企业创新风险主要表现在融资风险、知识产权侵占、创新竞争等方面，而企业家往往采取多方收集技术信息、申请产权保护、购买或模仿已有技术等措施应对风险（中国企业家调查系统，2017）。在研发领域，研发项目所需的高额投入，在研发过程中和研发成功之后都可能产生外溢现象，此时相关企业就会倾向选择等待接受创新企业的技术外溢策略，而不是自己开展技术创新投入，当所有的企业都选择了这种等待策略时，技术创新投入将陷入停滞状态。

3. 信息不对称

信息不对称是指交易双方，即委托人和代理人之间拥有信息量的不对称。通常，代理人拥有较充分的信息，而委托人拥有较少信息。企业在进行研发融资或研发成果转让时常常会遇到信息不对称问题。一是投资方与企业之间存在信息不对称，二是知识产权交易双方存在信息不对称。

4. 发挥公共服务职能

萨缪尔森将公共产品定义为具有非竞争性和非排他性的产品（Samuelson，1954）。由于公共产品存在“搭便车”现象，不能由市场自发提供，否则会导致市场供给不足，因而需要采取某种集体行动的方式来提供。在公共产品市场，企业按照正常的市场机制定价、生产、运作并不能符合经济发展的需要。R&D 活动是生产技术知识或信息的活动，而知识产品具有公共产品的性质，即知识一旦创造出来，有需要者都可以使用。R&D 消费上所具有的非排他性及非竞争属性，远不同于一般私人投资（Arrow，1962）。信息的公共产品特性，使生产者无法完全获得利益，故导致可能投入的研发资源过少。而且，企业的研发创新不仅需要支付私人成本，还包括社会成本（洪银兴，2010），研发成果的溢出效果间接地提供了公共产品，帮助政府履行部分职责。因此，政府应该给予企业必要的补偿，以激发其创新的积极性。

3.4.2　财政投入对企业研发投入的影响

如前文所述，政府的研发激励措施可分为“税收优惠”与“研发补助”两大类。对企业而言，二者并没有互斥的效果。但对政府而言，如何合理搭配使用这两项政策工具，使各种措施不至于因彼此互斥而削弱整体效果，需要认真考虑。

1. 政府税收优惠的效果

以往探讨有关税收优惠政策效果的文献，按照研究方法的不同可划分为三类：一是通过问卷调查方式进行研究，政府通过税收减免等优惠措施激励企业增加研发支出，带来企业研发经费增加的效果。Mukherjee 等（2017）对 1990—2006 年间美国各州企业所得税变动分析发现，降低所得税率有助于企业的创新行为。Mansfield（1986）随机选取美国 1980—1983 年间 110 家公司的资料，得到的结果却是，利用投资税收抵扣措施以诱发企业增加研发投入的效果甚微；他以相同方法研究瑞典 1981—1983 年间 40 家企业的资料，发现其影响效果仍不显著。二是采用虚拟变量法对政策实施前后的变化情形进行探讨，Berge（1993）选取美国263家企业1975—1988年间的数据，回归分析结果显示，税收诱因刺激研发支出之效果较为显著；而McCutchen（1993）以1975—1985年间20家制药企业的数据，并利用与Berger（1993）相同的设定虚拟变量方式进行分析，结果表明，政府研发支出投资抵扣的税收减免优惠奖励措施仍有效果。三是运用要素需求价格弹性法，如Bernstein（1986）以加拿大27家大型企业1975—1980年间的时间数列和横断面数据进行研究，结果发现，研发资本的价格弹性为－0.32。近年来，国外学者对税收优惠与企业研发投入的关系研究更倾向于税收优惠的激励作用（Lokshin & Mohnen，2012）。

国内学者对税收优惠与企业创新投入的关系也进行了一些探讨，周海涛和张振刚（2015）从微观层面调查了广东1002家高新技术企业，发现作为间接资助的税收优惠更容易产生“杠杆效应”，对企业研发资金的投入和企业创新绩效具有显著的激励作用，且税收优惠对规模较大企业的创新绩效具有显著的影响。陈远燕（2016）通过对20万户非上市公司的研究发现，税收优惠对企业研发投入具有互补效应，能够激励企业的研发投入，但税收政策的激励效果低于政府直接补贴。梁毕明和孔一名（2017）对医药生物领域上市公司的税收优惠、研发投入与企业业绩的研究中，发现政府的税收政策能够影响企业的研发投资行为，税收优惠能够显著地激励企业的研发行为，且不同地区税收优惠政策的效果存在显著的差异。冯海波和刘胜（2017）建立了所得税与投资风险偏好的理论模型，发现所得税对创新的影响取决于政府对创新风险的分担程度，政府对风险的分担程度越高，激励创新作用就越好，反之则不利于创新。杨旭东（2018）选取我国的中小上市公司为研究对象，发现税收优惠能够显著正向影响企业技术创新投入，同时，税收优惠与企业的技术创新投入受环境不确定性的影响，环境不确定性越高，税收优惠对企业创新投入的激励作用越强。

综合前述学者的研究结果可以发现，税收优惠作为间接性的政府激励措施，有助于激励企业的研发投入，研发投资抵扣的税收优惠措施有可能增加公司的研发支出，但效果大小可能不同。

2. 政府直接资助的效果

国内外学者关于政府直接财政投入对企业研发投入的研究尚未取得一致

的结论。Higgins 和 Link（1981）研究发现，当政府研发补助经费增加时，私人部门自行筹措的研发经费支出却相对下降，因此政府研发补助将会排挤企业自发性的研发支出。后来，Link（1982）分析了同一年（1977 年）接受政府研发经费补助的 275 笔制造商资料，却得到相反的结果。Lichtenberg（1984，1987，1988）分析了政府合同研发计划与民间自行投入研发计划之间的关系，并将政府合同研发补助当成企业决策的内生变量。Lichtenberg（1984）分析“政府研发补助占销售额的比重”与“企业自行研发经费占销售额的比重”之间的关系，结果发现二者具有替代效果；但是，将政府采购因素排除后，却发现政府补助的效果并不显著（Lichtenberg，1987）；此后，他还发现若将工具变量内生化，其结果呈现为具有净替代效果（Lichtenberg，1988）。可见，以往的研究夸大甚至严重高估了政府研发补助（研发投入）对于私人部门研发投入的互补效果。Wallsten（2000）以美国小企业创新研究计划（Small Business Innovation Research，SBIR）为研究对象，选取 1990—1992 年间 81 家企业，以企业的存续时间、资本规模、专利数、1990 年的研发支出及其他虚拟变量作为控制变量，利用三阶段最小平方法（3SLS）做回归分析，发现政府的经费补助显著降低企业的自行研发经费支出。Lerner（1999）研究 1983—1997 年间接受政府创投基金及申请 SBIR 的企业资料，随机抽取 300 家企业，结果显示政府创投基金的影响有限。

综观世界各国，政府普遍采用政府直接资助的措施，积极促进本国科技与产业的发展。但直接资助研发的政策效果如何？总结已有的研究，有以下两种观点。

观点 1：正向关系，即互补、刺激效果。有的文献称之为外溢效果，意指政府资金刺激民间研发投资的现象。

Guellec 和 Van Pottelsberghe（2003）的研究结果认为，政府对企业的研发补助对研发能力有正向影响。柯惠友（2002）的研究表明，政府研发补助与民间研发支出呈现“互补”关系，即政府的研发补助诱导了民间的研发投资活动。Busom（2000）以 1988 年西班牙 154 家厂商资料，分析研发补助的效果，发现政府资助可刺激私人部门增加 20% 的研发支出。而 David 等（2000）指出，约三分之一的文献认为政府资助研发与民间研发投资是负向关系，尤其是商业部门和企业层次的研究几乎有一半都是如此；其余文献则得到正向关系或不显著的结论。有趣的是，研究美国以外国家的文献，大体上显示政府协助创新对民间研发支出是正向的关系，这与 17 个 OECD 成员国近20年来政府资助企业研发所产生的影响相同；Sorensen等（2003）针对1974—1995年间丹麦六大制造业，分析政府协助创新对民间研发支出的结果也呈正向关系。David等（2000）指出美国约60%的文献显示政府协助创新与民间研发支出为互补关系。加拿大（Bérubé & Mohnen，2009）、西班牙（Arqué-Castells，2013）、新西兰（Jaffe & Le，2015）等国家的研究也有支持财政补助对创新投入具有正向激励作用的观点。

从中国情境的研究来看，相当多的研究支持了正向关系的观点。陆国庆等（2014）选取中国战略性新兴产业为研究对象，研究结果发现政府的财政补贴正向影响创新绩效，表明政府创新补贴具有积极激励作用。张杰等（2015）探讨政府对创新的资助如何影响中小企业的研发投入，研究发现，结果受到地区知识产权制度情况、资助方式等因素的影响，在知识产权保护较好的地区，政府财政补助能有效激励企业的研发投资行为，采用贴息贷款的方式能够产生挤入效应，同时此效应受地区金融市场水平发展状况的影响。苗文龙等（2019）根据企业技术创新密度的差异将企业划分为两种，分别是技术创新型和技术稳定型企业，发现政府对企业技术创新的资助和支撑能够有效促进和助推企业自主创新投入，同时这种关系受到企业技术创新密度的影响，当企业技术创新投入较高时，政府投入对企业研发投入的促进作用更强，证明了政府科技投入具有显著的外溢效果。王玉泽等（2019）选择沪深A股2010—2015年中的非金融类上市公司为研究对象，证实政府补助能够减少企业的负债水平，降低企业在创新活动中的杠杆率，有助于企业创新投入的增加，具有激励作用。邢会等（2019）从“寻租”的视角出发研究战略性新兴产业政策是否会影响企业的实质性创新，结果表明产业政策能够促进企业创新，政府财政补贴能够正向影响企业的实质性创新。

观点2：负向关系，即替代、取代或排挤效果。它指的是政府资金直接取代民间资金，厂商以政府资金替代原计划投入的研究支出。排挤效果则特指政府资金增加研发需求，经市场机制影响研究人员薪资上升而改变厂商对研发的投资行为（David et al.，2000）。

Kauko（1996）指出，在诸多探讨资助效果的文献中，主要有两种不同的研究方法：①对相关管理人员进行深度访谈的个案研究；②搜集二手数据进行计量经济模型的实证研究。但这两种研究方法所得出的结论并不一致，个案研究法大多是负面的结论，即研发资助并非刺激民间R&D投入的诱因。相反，通过计量经济模型的研究，所得到的结论大多认为政府补助与R&D投资存在正的共变关系。从厂商层次来说，研究美国的文献大多发现研发补助是替代效果，研究美国以外如欧洲、其他地区的文献则倾向于研发补助是互补效果。

Kauko（1996）认为计量模型主要是将研发补助视为政策性（即外生）变量，所以得出存在正向关系的结论；若考虑到该变量与其他变量的互动关系，如将它视为内生变量，则所得结论应与个案研究法的结论基本相同。Boeing（2016）选取中国的上市公司，研究 2001—2016 年间政府研发补助的作用效果，发现财政补助会对企业的研发投入产生挤出效应，尤其是补助的前期阶段。魏志华等（2015）从过度投资和融资约束视角看待政府财政补贴的作用效果，认为政府财政补贴在缓解企业融资约束的同时也可能会导致企业为获取政府补贴而进行过度投资，成为财政补贴“陷阱”。毛其淋和许家云（2015）认为政府的财政补贴需要控制在一定的范围内，企业为了获取政府补贴而采取的“寻补贴”行为会对企业的创新产生抑制作用，随着政府财政补助的逐年提升，可能会对企业的创新产生挤出效应。郭玥（2018）认为当前关于“挤出效应”和“杠杆效应”的差异可能受多种因素的影响，市场化程度、财政补助的对象、对政府补贴资金的监管等因素可能是造成差异的原因。

3. CAPM 探讨科技研发政策的不足之处

政府科技创新政策对产业的影响毋庸置疑，在某些情形下，企业的补助经费可能具有排挤效果，是一种替代性投入。事实上，有关政府财政补贴措施是否有效，是替代还是互补，始终争议不断。前述研究中，学者们大多把政府研发补助视为外生变量，即认为政府研发补助措施无法直接影响企业的研发决策；若要影响研发决策，假设政府研发补助措施为外生变量的情况下，经由政府研发补助措施促进民间研发支出的增加，却可能降低政府研发补助措施的效果。

过去在探讨政府研发补助措施内生化的文献中，Lichtenberg（1984，1987，1988）曾尝试将政府的补助契约予以内生化，结果发现政府补助措施有净替代的倾向（即政府的补助与企业的研发支出呈负向关系）。而多数学者分析时均以边际成本与边际利润互为因果关系进行探讨，只有 Carmichael（1981）对研发风险与报酬之间的关系进行了分析，他根据 Sharpe（1964）等人的资本资产定价模型（Capital Asset Pricing Model，CAPM）来确定公司的价值和政府研发补助措施对公司研发投入的影响，研究发现政府补助措施对公司研发投入具有替代效果，但效果很有限。

Carmichael（1981）发展了 CAPM 理论，用来解释政府科技研发补助的效果。但是，影响企业是否有意愿自行投入研发的因素，除了上述提供研发补助措施刺激企业自行投入从事研发外，也可能同时配套其他措施，各国均有诸如研发税收抵扣或开发成功产品予以税收优惠等措施。除了政府科技研发政策外，还可能有其他因素，如总体经济的景气或产业状况等，也可能刺激企业开展研发。若同时有研发补助相关的配套措施，还可能激励企业投入更多的研发经费，产生乘数效应。显然，不同的情形需要不同的模型来加以解释。

3.5 我国现行创新政策和治理的主要问题

我国的创新政策既包括传统的科技政策，也包括产业政策、财政政策、税收政策和金融政策等。自 2006 年《国家中长期科学和技术发展规划纲要(2006—2020 年)》和 2012 年《中共中央 国务院关于深化科技体制改革 加快国家创新体系建设的意见》发布以来，国家和地方先后制定了一系列的政策措施，形成了多层次、较完整的创新政策体系。基本实现了全面性与针对性相结合、普惠性与特殊性相结合、指导性与操作性相结合（魏世杰，2017）。但现有创新政策仍存在诸多问题。

3.5.1 问题表现

目前我国科研政策与创新政策尚未有效整合，故需要通过相关部门的协调整合，以建构整体性战略蓝图。下面仅就我国科学研究与创新政策主要问题，从政策规划、政策执行、成果评估三个方面加以简要分析，如表 3.6 所示。

表 3.6 我国现行科技创新政策主要问题

政策面	主要问题（表现）
政策规划	• 缺乏从最高层次的整体政策目标到最低层次行动计划的联系 • 各政策会议与国家科学技术发展计划整合机制不明晰 • 科技、产业白皮书自成一体系，执行机制不明晰

续表

政策面	主要问题（表现）
政策执行	• 创新政策范畴与资源措施很多，但达成总体目标的影响路径不明确 • 各级政府如何厘清创新政策措施权责不明确，跨部门政策间如何横向协调，如何加强分工合作，有待改进
成果评估	• 缺乏完整的整体政策效果评估机制 • 缺乏效果反馈、优化后续政策的机制 • 绩效评估或考核的内容、方法等，未能持续改进、完善

3.5.2 成因简析

1. 旧思维的延续

改革开放以来，我国对科技创新体制进行了许多改革，在一定程度上促进了科技和经济的发展。但总体而言，政府通过各项政策来塑造一个有利于科研机构、学术单位与企业研发的总体环境仍未形成，仍以旧思维来“领导”科学技术的发展。

我国目前仍是以资本投入（研发经费）的多少来衡量对科技创新的投入程度，但若仅以投入研发经费为标准，很难与其他国家在科技方面进行客观比较。实际上，发达国家是以研发经费的投资效率作为衡量标准。对于科技与创新来说，经费的投入只是一个方面。将资本与智力结合起来是欧美发达国家中小企业成功创新的动力来源。我国在这方面仅以资本投入的多寡来衡量创新，而没有结合上述要素进行有效整合与利用，使得创新的效率与效果大打折扣。

目前，在国家和地方层面政府发布的相关科技政策中各种“五年计划”“十年规划”“发展规划”表明政府仍以行政手段作为科技创新政策的核心，政府角色发挥重要作用。除企业研发外，我国的技术研发投入基本上都由各级政府部门（科技部门及其他部门的科技司、局、处等）掌控，采取“自上而下”的运作模式，虽有一定成效，却未出现大规模的创新，罕有“0 到 1”的突破性创新。中央政府层面的产业政策可能会导致地方政府偏离其自身优势产业，形成同质化竞争，降低政策对优势企业创新的激励效应（罗晓辉等，2018）。各种“科技计划”往往变成画地为牢。即便想建立高科技产业竞争市场，努力消除垄断，但行政指令往往影响最后的竞争结果。

2. 未处理好四大关系

我国创新政策的主要问题表现为未处理好四大关系：政府与市场的关系、效率与公平的关系、供给与需求的关系、制定与落实的关系（魏世杰，2017）。也正是由于这四大关系没有处理好，导致创新主体存在着不愿意创新、不敢创新及无能力创新等问题。

由于科技创新中存在市场失灵问题，市场机制的不健全，无论是对本国企业还是外国企业都将产生不良影响。在我国现行创新政策中，政府同时存在缺位和越位两大问题，导致市场无法真正发挥对科技资源配置的决定性作用（魏世杰，2017）。李钢和马丽梅（2015）指出，创新政策本应较多地使用非市场激励，却过度地使用了市场激励，本应发挥市场对创新的引导作用，却给予企业过多的保护。因此，创新政策往往表现为锦上添花多过雪中送炭，风险防范多过包容创新失败。在效率与公平的关系上，往往过多地考虑投入产出的效率，而对公平关注不够。过于注重效率的政策则往往表现为凡事一刀切。而一刀切的做法往往对强者有利，对弱者不利，人为制造新的不公。在供给与需求的关系上，传统的创新政策以增加供给为目标，而对需求方关注不足，导致支持创新需求的政策落后于支持供给方政策，而且未注意供求的转化，政策跑偏多。在制定与落实的关系上，政策制定的前瞻性和市场意识不够，配套措施滞后，导致政策制定容易而落实难。

3.6 先进国家创新政策经验借鉴

近年来，创新政策在国家关键技术和创新经济发展中起着关键作用，世界各国纷纷提倡创新并制定相关政策。科技与创新政策在国家关键技术和创新经济发展中扮演着重要作用，成为近年来各国政策推动的焦点。以创新实现现代化的国家，尽管历史文化、现实国情和发展水平存在着种种差异，但无疑都体现出创新的某些共同特点，即政府在其中所扮演的是积极的伙伴角色。先进国家的发展路径和经验对我国自主创新具有启发意义，值得我们学习和借鉴。

3.6.1 先进国家的创新政策经验

先进国家创新政策的基本做法和经验是：大多采用立法、项目计划、税收抵扣、政府采购等各种更加注重市场导向和适合市场经济特点的手段或方式，而且政府项目计划强调引导性、功能性和企业的主体作用（张于喆，2015）。就产业创新而言，主要是利用补助研发、辅导创业以及协助技术转移等政策工具，将推动产业创新的各阶段有效串联起来。单纯的研发补助已不能满足需要，只有加强研发与市场的连接，大幅缩短学术界的研发产出与产业界市场需求之间的差距，才能发挥创新的能量。

金麟洙与尼尔森（2011）关于科学、技术与创新的观点认为，每个国家理想的政策处方取决于该国经济和工业发展水平以及创新系统的特征，包括相关机构的规模、质量及相互的社会和经济关系。因此，要想真正提高我国的自主创新能力，必须学习先进国家（或地区）的经验，科学界定政府在自主创新体系中的角色与行为，充分发挥政府的推动作用，见表3.7。

表3.7 政府在推动自主创新中的作用比较

国家	区别点				相似点
	政府作用	政策效果	政策侧重点	阶段特点	
中国	宏观管理与微观调控	明确的、直接效应与指导性的概念效应并存	注重干预技术创新的供给和环境	20世纪80年代：科学技术计划；90年代：科技成果转化；1995年至今：技术创新工程	科技面向经济；最高层决策；增加科技经费；产业界主力军；各种形式的科技合作；重视高新技术R&D与应用等
美国	注重宏观调控	指导性的概念效应与持续的间接效应并存	加强技术供应	战后到20世纪60年代：发展基础研究、发展高新技术；70年代：具体政策、法规，私人企业技术创新；80年代："技术创新"深入人心	
韩国	监督调控、诱导激励	明确的、直接效应	与产业界保持良好的关系	技术引进→技术消化吸收→技术创新	
日本	政府主导	明确、直接	官产学协调	从逆向到正向创新体系	

资料来源：陈向东和胡萍（2003）。

1. 面对国际创新活动新趋势的挑战，更新、强化创新系统

目前国际创新活动趋势的主要驱动力包括：顾客导向、网络营运、开放式创新环境及服务创新等，政策核心是强调创新应用的需求导向，只有结合

技术推动与需求拉动，技术与社会预见研究及顾客需求导向策略的两种竞争性创新来源，更新、强化创新系统各环节，才足以引发创新促进社会经济发展。

2. 培育专业人力资源，弥补高科技专业人才缺口

世界各国争相利用各种优惠方式竞逐科技专业人才，造成高级科技人才供需失衡。制定专业人力资源发展政策时，政府应该扮演信息中介者的角色，除了扩大招揽海外人才外，还需要制订相关配套措施，才能对拥有丰富实践经验和技术诀窍的高级专业人才产生吸引力，为创新提供有价值的知识资产。

3. 利用配套措施促成官产学研之间的网络连接，推动建立知识社区

为建立创新、创业机制，扶持创新企业，可借鉴芬兰的模式，政府推动自主创新，不能仅有税收优惠和奖励措施，还应在建立知识社区中扮演促成者的角色。例如，利用信息优势，提供合作伙伴搜寻与媒介服务，以降低开放式创新的交易成本，促成参与知识社区的成员就创意与创新资源进行交流，降低学习成本。

4. 促进产、学、研互动合作

政府的根本任务是提高整个国家创新系统的运作效率。因此，需要强化合作诱因，扩大研究机构、大学研究人员直接参与产业界研发创新活动的方式与渠道，建构运用研发成果知识产权、制定利润分配及入股新创企业的配套制度，以强化产学研的协同创新。

5. 重视服务创新

科技创新政策应致力于促成知识密集产业与其他部门的创新网络。由于服务创新依赖合作与网络连接，因而不能以单一部门的角度来看待其发展。即政府不能忽视知识密集服务业所能扮演的角色。这意味着在产业发展决策过程中，政府必须破除硬件与软件、制造与服务泾渭分明的局面，建立、健全合作网络。

我国的产业发展政策向来“重硬轻软”，政府投入服务业创新研发的资金、人力非常有限，无法支撑产业的快速、健康成长。总体上，由于过去的产业政策重硬轻软，而且很多政策设计是以硬件或制造的角度为出发点，现行的产业转型升级、提供人才培训、研发税收优惠，大多以制造业为主，难以适用于服务业。推动科技创新政策的积极意义之一在于促使服务业与其他

产业形成紧密的创新价值网络。

需要指出的是，发达国家或地区促进创新的成功与失败往往循环往复，昨天成功的经验可能成为明天失败的基础。这是因为任何政策都有其边界及发挥效用的特定环境和时机。从这个意义上讲，发达国家或地区促进创新的经验并不具备直接的可复制性，因为他们的基础条件和背景环境跟我们不一样。为避免东施效颦，不仅要关注“成功故事”，更要关注“成功故事”背后的系统性支撑，不仅要懂得借鉴发达国家或地区的具体实践经验，更要懂得这些实践经验背后的基本理念（张于喆，2015）。

3.6.2　对我国创新政策的启示

科技创新政策应结合产业、学术及研发机构的力量，培育我国科技创新人才，提供产业竞争需要的关键性技术，协助产业转型升级。因此，必须持续优化我国科技创新政策，以确保国家竞争力。在以全球市场为竞逐舞台的高度竞争环境中，要提升到以创新推动经济增长的目标，必须要跳出以往政策制定的思维和框架。参考发达国家或地区科技创新政策与机制，对我国科技创新政策的制定具有如下启示。

（1）政策规划层面：科技施政应连接国家总体政策愿景；制定系统性推动架构与协调机制；设定具有弹性且适宜的政策推动方式。

（2）政策执行层面：创新政策的总体目标应先予厘清；创新政策应整合科技规划，然后再分别执行推动；持续推动开放创新，提升科技竞争力。

（3）政策评估层面：建立科技创新政策的整体政策评估机制；将政策评估结果落实于优化政策循环之中；改进政策绩效评估的内容和方式、方法。

第 4 章　广东自主创新现状与政策评析

改革开放以来，广东实现了从相对落后的农业省快速成长为我国第一经济大省和全球制造业基地的历史性跨越。自主创新是广东实现这一跨越的根本原因。近年来，广东企业自主创新意识不断增强，扶持政策和创新环境不断完善，自主创新能力和产出效益不断提高。为了准确地把握广东自主创新的整体状况，本章对其现状和政策进行总结与分析。

4.1　广东经济发展面临的问题

4.1.1　广东经济发展水平

改革开放 40 余年，广东首开改革之先河，凭借毗邻港澳的地缘优势和政策优势，形成了具有明显广东特色的外向型经济。《2023 年广东国民经济和社会发展统计公报》显示：2023 年广东实现地区生产总值 135 673.16 亿元，比上年增长 4.8%。其中，第一产业增加值 5540.70 亿元，增长 4.8%，对地区生产总值增长的贡献率为 4.4%；第二产业增加值 54 437.26 亿元，增长 4.8%，对地区生产总值增长的贡献率为 40.0%；第三产业增加值 75 695.21 亿元，增长 4.7%，对地区生产总值增长的贡献率为 55.6%；三大产业结构比重为 4.1∶40.1∶55.8；人均地区生产总值 106 986 元，增长 4.7%（广东省统计局和国家统计局广东调查总队，2024）。

4.1.2　广东面临的困境

从表面上看，广东是经济大省，经济发展一直保持良好势头，GDP 总量连续 35 年保持全国第一，但也存在一些问题。

首先是区域发展不平衡的问题，相对于珠三角地区，粤东西北的发展明显落后。广东区域发展不平衡，不仅体现在粤东西北地区与珠三角经济总量的巨大差距，更在于粤东西北地区经济发展水平、发展质量、发展潜力、产业结构，以及基础设施建设和基本公共服务条件的差距和不足。未来广东经济发展不仅要依靠珠三角城市群的发展，也要带动落后地区的产业发展，从而降低地区经济发展的不平衡。

其次，广东是我国人口最多的省份，常住人口达 1.27 亿。从人均指标来看，2023 年广东人均 GDP 为 107 193.9 元，在全国排第 7 位，落后于北京、上海、江苏、福建、浙江和天津。

最后，与发达国家或地区相比，广东发展的差距不仅体现在人均水平上，而且还体现在产业层次、资源利用效率和发展质量效益上。大多数中小企业的生产仅限于简单的工艺模仿和来料加工，真正具备研发能力的企业不多。作为经济大省的广东，虽然是世界制造业基地，却面临关键技术自给率低的严重挑战，许多部门和行业的核心技术受控于人。

制造原是广东的强项，但基本上为代工模式，即不搞技术研发，直接引进外国先进厂商的技术，采购国外的机器设备，甚至采取整厂设备输入的模式，以争取国外代工商机。这种模式的优点是能快速跨入新兴产业。但毋庸置疑的是，这种“拿来主义”模式，也使广东许多企业滋长了创新惰性，缺乏自主创新的动力，没有培育出自主创新的能力，形成了“引进，落后，再引进，再落后……”的不良循环（李惠武，2005）。

当前，广东发展凸显了高投入、高消耗、高污染和低效益、低层次的明显软肋，同时也受到资源与人才匮乏、环境污染等问题的严重制约，可持续发展面临严峻的挑战。况且，长期的外源型经济高度集聚导致珠三角与周边地区的发展差距日益扩大，在全国范围内广东是发展不平衡问题最严重的地区之一，区域发展不平衡问题在相当长的一段时期内将是广东经济的一块短板。毫不夸张地说，广东传统的集粗放型增长与外源型主导于一体的经济发展模式已经走到了尽头。

4.1.3　广东发展约束瓶颈的转变

进入新世纪，广东依靠低价优势发展外向经济的空间已十分有限，后发劣势显露，其发展面临一系列新的矛盾和问题：一是广东生产力发展水平总体上不高，长期形成的结构性矛盾和粗放型增长方式尚未根本改变；二是广东经济虽然保持平稳快速增长、实现了连续多年的高速攀升，但也付出了沉重的资源和生态环境代价，生态环境十分脆弱，对经济发展构成日益严峻和紧迫的瓶颈约束；三是影响自主创新的诸多体制机制障碍依然存在，激励创新的法治政策环境、建设公平公正的市场环境和尊重鼓励创新的社会文化环境等都面临深层次的矛盾和问题；四是当前世界经济形势的不确定因素增多，加大了广东发展的难度。当资源和劳动力价格不断上涨、环境日趋恶化、国际竞争日益激烈时，广东企业或者向价值链高端转移，或者被淘汰出局，此外很难有更多的选择。

目前，广东的体制创新先发优势和低成本制造优势等原有支撑增长的条件正逐渐弱化，如何在新的发展阶段再度激活自身的发展潜力，成为日益迫切的重大挑战。在从投资拉动型、资源消耗型发展模式向创新驱动型经济转变的过程中，广东企业不仅受到资源、能源、环境、人口的压力，而且还日益严峻地面临高端人才、知识创造能力等创新要素缺乏的制约。创新的制约要素已经由最初的政策、技术与资金决定的浅层，进入了由制度、知识和文化决定的深层，如图 4.1 所示。

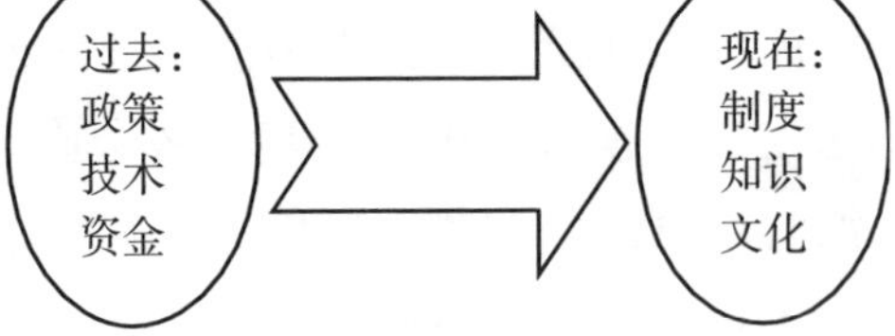

图 4.1　广东发展约束瓶颈的转变

4.1.4　广东区域创新系统存在的问题

1. 结构性问题

广东的结构性问题主要表现为：专利和新产品多，但附加价值低；产业与科技国际化连接的结构失衡；科技发展资源投入，尚未建立省级技术预见的运作机制；整体研发投入动能不足与结构失调；科技人才的质与量均不足；创新系统内的互动与连接有待提升，包括产学连接互动不足、研究机构扮演产学互动桥梁及技术服务提供者角色有待加强。

2. 系统因素

首先，官、学、研机构与产业缺乏共识与互动。从政策来看，政府提供了不错的创新政策，并期待企业朝前瞻性创新发展，但企业却有其生存及获利的考量，导致过于前瞻创新的技术，因其无法立即商品化量产，对以利润为导向的产业界缺乏吸引力。其次，政府欲扶持发展的项目（产业）

过于庞杂。由于科技资源有限，同时推动过多的产业，导致力量分散，效果大打折扣。最后，整体创新系统的淘汰与循环慢，技术进步大多仅为渐进式的创新，缺乏突破性创新。此外，产业间共生、共创、共享的观念还有待提升。

4.2　广东自主创新现状分析

4.2.1　广东自主创新战略的提出

2004 年 12 月，中共中央总书记胡锦涛同志视察广东，要求广东要把科技自主创新摆在突出位置。2005 年 9 月，广东召开全省科技创新工作大会，提出了建设“创新型广东”的目标。2006 年 9 月在深圳召开的广东省自主创新工作现场会上，广东提出在 2020 年基本建成创新型广东的目标。为了实现这个目标，2005 年、2006 年广东先后出台《关于提高自主创新能力提升产业竞争力的决定》《广东省促进自主创新若干政策》，并配套编制了《广东省产业技术自主创新“十一五”专项规划》。2008 年 9 月 26 日，广东省委、省政府在广州召开广东省科学技术大会，全面部署广东自主创新战略，正式吹响了“创新型广东”的建设号角。

习近平总书记对广东创新发展寄予厚望，多次作出重要指示、批示。2012 年 12 月视察广东时，习近平总书记要求广东大力实施创新驱动发展战略，加快科技成果向现实生产力转化；2014 年 3 月参加全国两会广东代表团审议时，习近平总书记要求广东充分发挥创新驱动作用；2014 年在中央有关会议上，习近平总书记强调广东要做创新驱动排头兵；2017 年 4 月对广东工作作出的重要批示中，习近平总书记明确要求广东要为全国实施创新驱动发展战略提供支撑。2018 年 3 月，习近平总书记对广东进一步提出了“在构建推动经济高质量发展体制机制、建设现代化经济体系、形成全面开放新格局、营造共建共治共享社会治理格局上走在全国前列”（“四个走在前列”）的要求。同年 10 月，习近平总书记在广东考察时指出：要有自主创新的骨气和志气，加快增强自主创新能力和实力。再一次发出了推进自主创新的奋斗号令。2020 年 10 月，习近平总书记在广东考察时强调：以更大魄力、在更高起点上推进改革开放，努力在全面建设社会主义现代化国家新征程中走在全国前列、创造新的辉煌。2023 年 4 月，习近平总书记在广东考察时强调：要深入实施创新驱动发展战略，加强区域创新体系建设，进一步提升自主创新能力，努力在突破关键核心技术难题上取得更大进展。

4.2.2 促进自主创新的相关扶持政策

实施自主创新战略，关键是增强自主创新能力，破除体制机制障碍，激发科技作为第一生产力蕴藏的潜能。除了市场的作用，政策的适当性、系统性，以及执行是否有效，也是影响创新能力提升的环境因素。当前，广东正处于工业化后期，面临着人口资源等方面的制约，要保持广东的核心竞争力，必须以创新寻求新的增长动力。实施自主创新战略是支撑和引领广东创新发展的核心战略，是建设创新型广东的关键抓手与重要突破口，也是提升全省核心竞争力的现实途径。近年来，广东省委、省政府高度重视科技创新工作，强化"抓科技就是抓经济、抓科技就是抓发展、抓科技就是抓未来"的理念，把科技创新摆在发展全局的核心位置，完善政策，整合力量，进一步提升广东经济核心竞争力和发展后劲。

针对广东的实际状况，广东省委、省政府出台了一系列的政策措施。2005 年 10 月 28 日，广东省委、省政府出台了《广东省委、省政府关于提高自主创新能力提升产业竞争力的决定》（粤发〔2005〕14 号），指出要提升广东省产业竞争力，就必须加快实施自主创新战略。14 号文件是广东经济转型时期一个承前启后、具有深远战略意义的里程碑式的文件。文件表明自主创新是关乎广东前途命运，是应对国际环境严峻挑战，继续在国内经济处于领跑地位的重要举措。为深入贯彻落实 14 号文件精神，广东制定了如下促进自主创新的若干政策：①大幅度增加科技投入；②实施激励企业自主创新的税收政策；③引导金融业加大对自主创新的资金支持；④实施促进自主创新的通关政策；⑤建立健全促进自主创新的政府采购制度；⑥大力开展引进消化吸收再创新；⑦努力创造和保护知识产权；⑧积极推进产学研合作；⑨加强科技创新基地与平台建设；⑩培养和引进自主创新人才；⑪不断优化自主创新环境。

2008 年 9 月，广东省为贯彻落实党的十七大和全国科学技术大会精神，探索具有广东特色的自主创新道路，加快建成创新型广东，制定了《广东自主创新规划纲要》（粤府〔2008〕74 号），提出了未来 5 ～ 10 年建设创新型广东的目标。2008 年 12 月，国家发展和改革委员会颁布了《珠三角地区改革发展规划纲要（2008—2020 年）》，将着力推进科技进步、增强自主创新能力、率先建立创新型区域列为指导思想之一，并将提高自主创新能力作为其中重要的发展目标。随后，广东又先后制定了《广东省建设创新型广东行动纲领》、《广东自主创新促进条例》（注：该条例于 2016 年 3 月进行了修订）、《广东改善创新环境五年行动计划》等重要政策文件。2009 年，广东省委、省政府出台的《关于加快高新技术产业开发区发展的意见》提出要发展高端创新集群，使之成为广东自主创新的重要平台。遍布广东的高新技术产业区就像火车头，集中了广东各个产业最具自主创新活力的企业。尤其是 16 个优势明显、特色各异的国家和省级高新区，不仅推动了高新技术产业持续快速发展，同时也带动了全省产业结构调整升级、提升了产业竞争力和自主创新能力。

党的十八大提出了实施创新驱动发展战略。此后，深化科技体制改革，加快创新驱动发展成为各地提升创新竞争力的主要手段。2012 年广东开始进入创新驱动发展阶段。在该阶段，广东非常重视经济结构调整，将传统的要素驱动转移到创新驱动上来，率先探索深化科技体制改革、做好创新驱动发展的顶层设计。2014 年 6 月，广东省颁布了《中共广东省委 广东省人民政府关于全面深化科技体制改革加快创新驱动发展的决定》（粤发〔2014〕12 号）（以下简称《决定》）。为全面贯彻落实该《决定》，优化全省创新创业环境，2015 年 2 月省政府发布了《广东省人民政府关于加快科技创新的若干政策意见》（粤府〔2015〕1 号）（以下简称《意见》）。该《意见》包含 12 条详细政策措施，被称为科技创新“12 条”，具有引导性、普惠性和松绑性三个鲜明特色，进一步明确了广东深化科技体制改革，加快创新驱动发展的落脚点和切入点。随后，广东省科学技术厅会同相关部门（省教育厅等 8 家厅级部门）统一制定出台实施指引的政策——《关于进一步促进科技创新的若干政策措施实施指引》（粤科政字〔2019〕61 号）。

2015 年 11 月 3 日，国务院正式下发《关于同意珠三角国家高新区建设国家自主创新示范区的批复》，广州、珠海、佛山、惠州仲恺、东莞松山湖、中山火炬、江门、肇庆等 8 个国家高新区获批建设国家自主创新示范区，成为全国第二个以城市群为单位的国家自主创新示范区。对此，广东高度重视并迅速行动，2016 年 4 月 1 日广东省人民政府发布《珠三角国家自主创新示范区建设实施方案（2016—2020 年）》（粤府〔2016〕31 号）。2016 年初，广东省创新驱动发展大会在广州召开，发布了《实施创新驱动发展战略 2016 年工作要点》，提出广东要在创新四个方面先行先试，制定具体改革事项实施方案并启动改革，形成一批可推广、可复制的经验等。这包括重点在探索发挥市场和政府作用的体制机制、探索促进科技与经济深度融合的有效途径、探索激发创新者活力和动力的有效举措、探索深化开放创新的有效模式等四个方面先行先试。

2016 年 11 月 15 日，为贯彻落实《中共中央 国务院关于深化体制机制改革加快实施创新驱动发展战略的若干意见》《中共中央 国务院国家创新驱动发展战略纲要》《国务院关于广东省系统推进全面创新改革试验方案的批复》（国函〔2016〕110 号）和《中央办公厅国务院办公厅关于在部分区域系统推进全面创新改革试验的总体方案》决策部署，广东制订了《广东省系统推进全面创新改革试验行动计划》（粤府〔2016〕120 号），重点围绕“建设成为创新驱动发展先行省”这一核心目标，从发挥市场和政府作用、促进科技与经济深度融合、激发创新者动力和活力、深化开放创新等四个方面，以制度政策改革促进广东创新型经济发展。在此过程中，广东为建设创新型省份奠定了深厚的基础，2017 年 1 月 23 日，广东省人民政府出台了《广东创新型省份建设试点方案》（粤府〔2017〕25 号）。2018 年以来，广东省为做好创新发展的支持工作，贯彻落实《国务院办公厅关于推广支持创新相关改革举措的通知》（国办发〔2017〕80 号）要求，促进创新发展，发布了《广东省人民政府办公厅关于印发广东省推广支持创新相关改革举措工作方案的通知》，不断地深化改革，做好政府的服务工作。2018 年 5 月 30 日，广东省人民政府发布《广东省人民政府转发科技部关于支持广东省建设珠三角国家科技成果转移转化示范区的通知》（粤府函〔2018〕157 号）。在实施创新驱动发展战略的过程中为了激发全社会创新创业热情，响应国务院推进大众创业万众创新的意见，广东省出台了多项政策做好引导支撑工作，2018 年 8 月 20 日发布《广东省人民政府关于强化实施创新驱动发展战略进一步推进大众创业万众创新深入发展的实施意见》（粤府〔2018〕74 号）、2018 年 12 月 4 日发布《广东省人民政府转发国务院关于推动创新创业高质量发展打造“双创”升级版意见的通知》（粤府〔2018〕116 号）。

为推动高质量发展和实现“四个走在全国前列”提供重要支撑，2019 年 1 月 7 日广东省人民政府印发了《关于进一步促进科技创新若干政策措施的通知》（粤府〔2019〕1 号）。作为广东省政府 2019 年“一号文件”，从区域创新、创新主体、创新要素、创新环境等四个方面形成 12 条政策（64 个政策点），在全国率先提出一系列具有超前性、突破性的政策措施。“科创 12

条”政策具有鲜明的改革性、开放性、普惠性、针对性等特点。2019 年 2 月 18 日中共中央、国务院印发《粤港澳大湾区发展规划纲要》，广东积极融入粤港澳大湾区建设，助力我国创新驱动发展战略。2019 年 3 月 18 日发布的《广东省人民政府关于促进高新技术产业开发区高质量发展的意见》（粤府〔2019〕28 号），提出以促进高新技术产业开发区高质量发展为依托，带动广东省高新技术产业更高质量的发展。2019 年 3 月 27 日，广东省科技创新大会在广州召开，会议提出要全力推进粤港澳大湾区国际科技创新中心建设，努力开创广东创新发展新局面。2019 年 7 月，广东省委、省政府印发了《关于贯彻落实〈粤港澳大湾区发展规划纲要〉的实施意见》，明确提出推进大湾区建设“三步走”的安排。2019 年 12 月 1 日起，重新修订后的《广东省自主创新条例》正式实施，自主创新实践中的好经验、好做法以地方法规的形式予以确立。

通过大力实施创新驱动发展战略，全省创新环境不断优化，创新资源加快集聚，创新优势和特色逐步形成，科技支撑引领作用日益增强。总体而言，广东已初步构建起开放型区域创新体系，以创新为主要引领和支撑的经济体系和发展模式正在形成，为建设创新型省份奠定了坚实基础。但是，广东科技与经济紧密结合的体制机制障碍依然存在，创新能力与产业转型升级的要求还不相适应，创新人才结构不均衡、重大原始创新不足、区域科技发展不平衡等问题尚未完全解决，迫切需要经济发展方式加快向创新驱动转变。

由此可以看出，无论是中央政府或者地方政府，都已经对自主创新和创新驱动的重要性和迫切性有了足够的重视。特别是对于处在中国经济领头羊地位的广东省，自主创新、改变经济发展模式、升级产业结构更是未来发展的重中之重。

4.2.3　广东自主创新条件

广东重视自主创新条件建设，经过多年的建设和发展，自主创新条件日益改善。2023 年末，广东全省拥有高新技术企业超 7.5 万家，全国重点实验室 31 家，国家工程技术研究中心 23 家，省级工程技术研究中心 7589 家；拥有国家级制造业创新中心 5 家，省级制造业创新中心 40 家；国家认定企业技术中心 138 家，省级企业技术中心 1271 家；全省有建成或在建的国家产品质量检验检测中心 87 个，省级授权产品质量监督检验机构 233 个；全省有在建的国家产业计量测试中心 7 个，建成或在建的省级产业计量测试中心 27 个；

法定计量检定机构 90 个，省市场监督管理局专项授权计量技术机构 17 个，特种设备综合检验机构 7 个；标准化技术机构 13 个，在建和建成的国家技术标准创新基地 6 个、国家标准验证点 4 个；截至 2023 年底，获得资质认定计量认证的检验检测机构 4877 家，获得质量、环境、职业健康三大管理体系认证的企业分别为 129 252 家、59 330 家和 44 048 家，获得 3C 产品认证的企业 18 021 家（广东省统计局和国家统计局广东调查总队，2024）。

广东现拥有深圳、珠三角两个国家自主创新示范区，成为推进全省经济结构战略调整和产业转型升级的重大平台；拥有国家级高新区 11 家，数量位于全国前列。广东创新创业氛围浓厚，科技企业孵化载体规模不断扩大，已成为推动广东经济高质量发展、新兴产业培育和新旧动能转换的重要力量。《广东省科技孵化育成体系建设发展报告（2023）》显示：目前广东共有科技企业孵化器 1066 家，众创空间 1050 家，两类载体数量连续 6 年位居全国第一；1066 家科技企业孵化器中，省级以上孵化器占比 30.7%，其中国家级孵化器 222 家，总量位居全国第二；省级以上众创空间占比 41%，其中国家备案众创空间 274 家，总量位居全国第一，为广东区域创新能力蝉联全国第一提供了有力支撑（广东省科技企业孵化器协会，2023）。

在广东的区域创新系统中，专业镇是极具特色的发展模式。近年来，广东专业镇发展规模不断壮大，综合实力不断增强。截至 2022 年 10 月，广东全省专业镇数量达到 352 个。2023 年 8 月，广东省科技厅出台《广东省科技支撑"百县千镇万村高质量发展工程"促进城乡区域协调发展实施方案（试行）》，以科技赋能培育高质量发展创新强镇：到 2025 年，全省县镇村以创新为引领的经济体系和发展模式加快形成，在县、镇打造创新驱动发展样板；到 2027 年，全省县镇村创新驱动发展能力显著增强，科技支撑产业竞争力明显提升。广东专业镇成为广东实施创新驱动发展的主力军之一，构成广东经济和产业发展的重要支撑和载体、转型升级的排头兵，成为全国创新发展的示范标杆。

4.2.4 人才队伍建设

人才资源是第一资源，高层次人才是在全球化竞争日趋激烈条件下制胜的核心资源，加快吸引培养高层次人才是推动广东科学发展的新引擎。近年来，广东实施人才强省战略，着力建设"人才高地"，有效地促进创新型科技人才队伍不断壮大，为广东创新驱动发展提供强大的人才支撑。但跟北京、上海等地区相比，广东人才队伍形势仍不容乐观，主要不足是专业技术人才密度低，特别是高中级职称人才比例不高。

《广东省专业技术人才队伍建设中长期规划（2011—2020 年）》强调，要以体制机制创新为动力，不断优化专业技术人才发展环境。体制机制的创新为广东省增创发展优势蓄积了强大的人才库。《广东省专业技术人才队伍建设中长期规划（2011—2020 年）》提出了“人才第一，优先布局；高端引领，强化基层；以用为本，服务发展；创新机制，分类开发”的专业技术人才工作基本方针，明确了广东专业技术人才队伍建设的总体目标，即到 2020 年建成一支能够支撑和引领广东现代化建设、规模宏大、结构合理、素质优良、具有明显国际竞争比较优势的专业技术人才队伍，专业技术人才总量达到 700 万人左右。

4.2.5　区域创新能力

企业作为市场的主体，也是创新的主体，其创新能力是区域创新能力的主要反映指标。在品牌创新方面，目前，广东涌现出一批自主创新能力突出的企业，例如华为、中兴、格力、腾讯等一批全球知名的跨国企业，它们的共同特点是在本行业内拥有一大批关键核心技术，进而成为该行业的全球性技术研发中心。这些企业不仅有力推动了广东的电子、电器等支柱产业的发展，也为推动全省品牌创新做出示范，并带动提高了产业集聚效益和竞争力。

民营企业发展迅速，逐步成为未来自主创新的重要力量。民营市场主体占到地区生产总值比重的一半以上，在推动市场主体增长、优化产业结构、促进创业就业等方面发挥着积极作用。企业创新成为主体创新力量，各个层次的创新能力不断提高，成为技术创新转化为产业成果的重要基地。

从 2016 年起，广东 R&D 经费投入就一直位居全国第一。《中国区域创新能力评价报告 2023》显示，2023 年广东省区域创新能力综合排名依然保持第 1 位，连续 7 年居全国首位。2023 年，全省研发经费支出预计超 4600 亿元，约占全国的 1/7，研发经费投入、研发人员数量、高新技术企业数量、发明专利有效量、PCT 国际专利申请量等主要科技指标均保持全国首位，科技创新使得高质量发展支撑引领能力不断增强。具体来看，2023 年广东全省专利授权总量 70.37 万件，居全国首位；其中，发明专利授权量 14.31 万件，增长 24.4%；全年《专利合作条约》PCT 国际专利申请量 2.37 万件，居全国首位；截至 2023 年底，全省发明专利有效量 66.56 万件，居全国首位；每万人口发明专利拥有量52.59件；全年有10.61万家企业获得专利授权57.54万件，其中2.86万家企业有发明专利授权11.84万件；全年经各级科技行政部门登记技术合同49 604项；技术合同金额4438.13亿元（广东省统计局和国家统计局广东调查总队，2024）。

近年来，广东围绕“补短板、建生态、促协同”，扎实推进粤港澳大湾区国际科技创新中心和科技创新强省建设（卞德龙等，2019）。通过补短板，使原始创新能力稳步提升；通过建生态，进一步优化创新环境，良好生态培育出强大创新动力；通过促协同，使粤港澳创新合作更加紧密。在创新驱动下，广东自主创新能力迅速提升。近年来，广东省在落实国家政策和省政府工作部署基础上，遵照建设创新型广东的战略目标，大力推进自主创新和科技进步工作，已经取得显著成绩，科技综合实力和自主创新能力有较大的提高，在国内也具有一定的优势和领先地位。广东创新能力突出，得益于对创新的高度重视与投入，对外开放度高，市场活力较好，创新创业活动十分活跃，具备宽松的创新创业环境（陈瑜，2019）。

4.3 广东科技财政投入及其效果评价

4.3.1 广东研发投入状况

在研发投入方面，《2022年广东省科技经费投入公报》显示，2022年，广东省共投入研究与试验发展（R&D）经费4411.90亿元，比上年增长10.2%；R&D经费投入强度为3.42%，比上年提高0.21个百分点。按R&D人员全时工作量计算的人均经费为45.37万元，比上年增加0.16万元。从活动类型看，全省基础研究经费239.62亿元，比上年下降12.6%；应用研究经费415.74亿元，比上年增长16.5%；试验发展经费3756.54亿元，比上年增长11.4%。基础研究、应用研究和试验发展经费所占比重分别为5.4%、9.4%和85.2%（广东省统计局等，2023）。2010—2022年广东R&D经费增长情况如图4.2a所示，R&D经费投入强度如图4.2b所示。

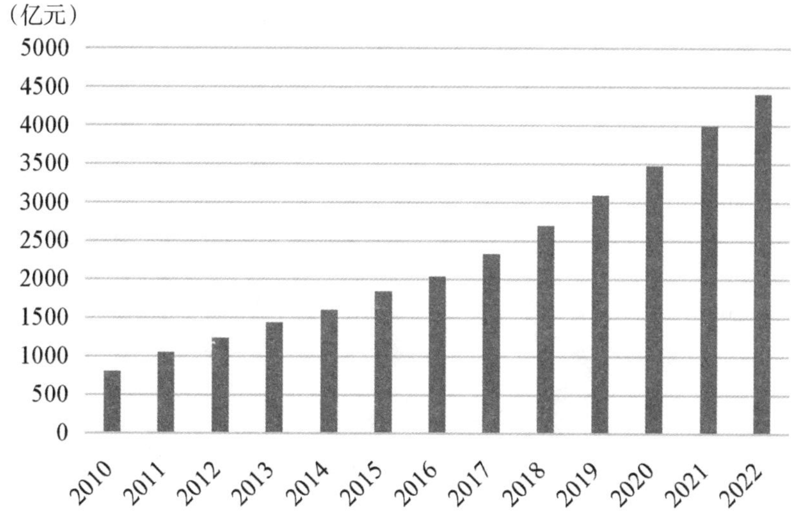

（a）2010—2022年广东R&D经费增长

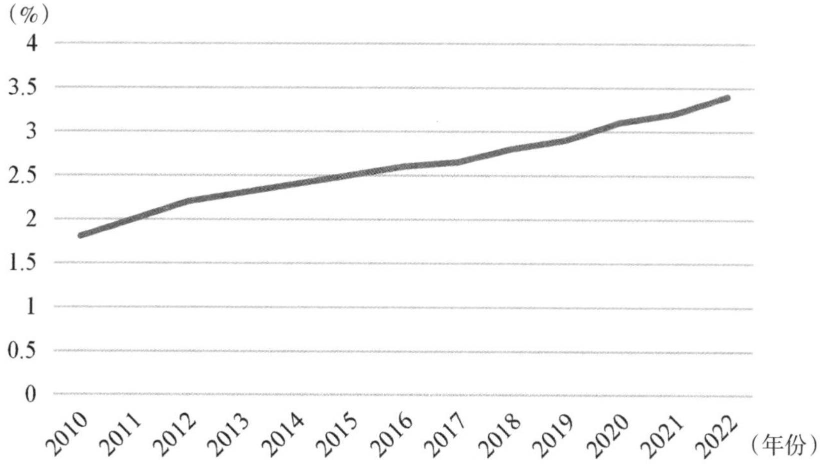

（b）2010—2022年广东R&D经费投入强度

图 4. 2　2010—2022 年广东 R&D 经费增长和经费投入强度

广东科技创新动态数据显示，2010 年，广东省财政科技拨款为 214. 4 亿元，占全省财政支出的比重为 3. 96%。2022 年，全省财政科学技术支出为 983. 78 亿元（广东省统计局等，2023），2010—2022 年广东省财政科技拨款经费增长及比重变化情况如图 4. 3 所示。

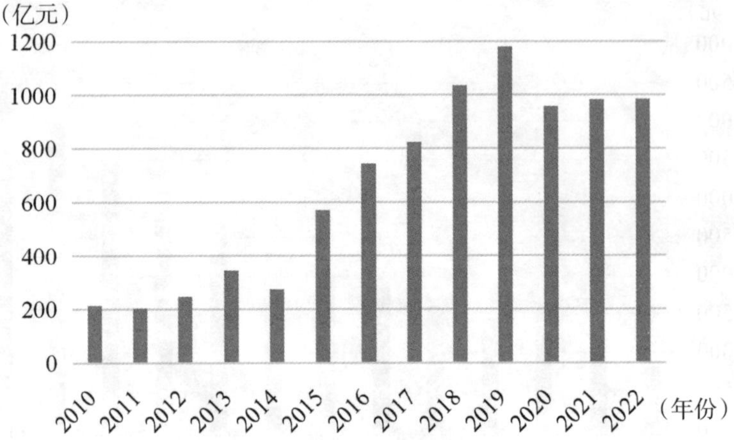

（a）2010—2022年广东财政科技拨款增长

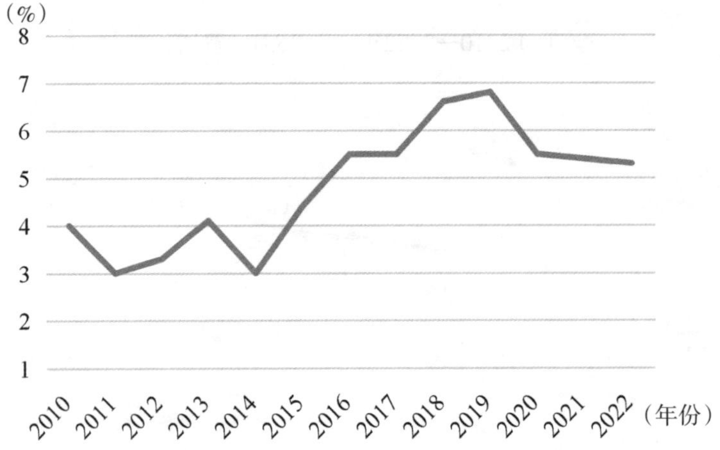

（b）2010—2022年广东财政科技拨款比重

图 4.3　2010—2022 年广东省财政科技拨款经费增长及拨款比重

根据 R&D 经费按活动类型支出情况，由表 4.1 可知，广东省 R&D 经费支出主要是集中在试验开发方面，其经费支出比重高达 80% 以上，而在基础研究和应用研究领域内的 R&D 经费支出比重较低，但近年来有所提高，分别从 2010 年的 2.1% 和 4.6% 提高到 2022 年的 5.4% 和 9.4%。

表 4.1　2010—2022 年广东省科技活动类型经费支出情况

年份	R&D 经费（亿元）	基础研究		应用研究		试验开发	
		金额（亿元）	比重（%）	金额（亿元）	比重（%）	金额（亿元）	比重（%）
2010	808.7	16.7	2.1	37.3	4.6	754.7	93.3
2011	1045.5	31.4	3.0	53.6	5.1	960.5	91.9

续表

年份	R&D 经费（亿元）	基础研究		应用研究		试验开发	
		金额(亿元)	比重(%)	金额(亿元)	比重(%)	金额(亿元)	比重(%)
2012	1236.3	32.5	2.6	88.8	7.2	1115.0	90.2
2013	1443.5	33.8	2.3	102.8	7.1	1306.9	90.6
2014	1605.5	42.8	2.7	126.4	7.9	1436.3	89.4
2015	1846.0	54.2	2.9	165.0	8.9	1626.8	88.2
2016	2035.1	86.0	4.2	164.5	8.1	1784.6	87.7
2017	2343.6	109.4	4.7	215.6	9.2	2018.6	86.1
2018	2704.7	115.2	4.3	230.5	8.5	2359.0	87.2
2019	3098.5	141.9	4.6	247.3	8.0	2709.4	87.4
2020	3479.9	204.1	5.9	319.9	8.9	3371.2	84.2
2021	4002.2	274.3	6.9	356.7	9.2	2955.9	84.9
2022	4411.9	239.6	5.4	415.7	9.4	3756.5	85.2

资料来源：根据历年广东省科技经费投入公报数据整理。

在科技人力投入方面，由表 4.2 可知，2005—2019 年间，广东省研发人员数量呈现递增趋势，其中 2005—2012 年保持强劲的增长势头，基本保持在 20% 左右的增长率。而企业研发人员占广东省总研发人员比重逐年上升，从 2010 年开始超过 90%。与广东总研发人员数量增长趋势一致，2006 年之后企业研发人员数量保持了相当高的增长率，2012 年后逐步放缓。

表 4.2　2005—2019 年广东省研发人员情况

年份	研发人员（全时当量，万人年）	研发人员数量年增长率（%）	企业研发人员（万人年）	企业研发人员数量年增长率（%）	企业研发人员占总研发人员比重（%）
2005	12.21	—	10.30	—	84.36
2006	14.71	20.48	12.70	23.30	86.34
2007	20.00	35.96	17.72	39.53	88.60
2008	24.00	20.00	21.58	21.78	89.92
2009	28.36	18.17	25.18	16.68	88.79
2010	34.47	21.54	31.29	24.27	90.77
2011	41.08	19.18	37.36	19.40	90.94
2012	49.23	19.84	45.21	21.01	91.83
2013	50.17	1.91	45.87	1.46	91.43
2014	50.66	0.98	45.97	0.22	90.74

续表

年份	研发人员（全时当量，万人年）	研发人员数量年增长率（%）	企业研发人员（万人年）	企业研发人员数量年增长率（%）	企业研发人员占总研发人员比重（%）
2015	50.17	-0.96	45.15	-1.78	89.99
2016	51.56	2.77	46.25	2.43	89.70
2017	56.53	9.60	50.73	9.69	89.74
2018	76.27	34.90	69.97	37.93	91.74
2019	80.00	4.89	—	—	—

资料来源：广东科技统计网 www.sts.gd.cn。

4.3.2 多元回归分析

为分析科技研发投入的效果，本部分实证检验科研投入与产出之间的关系，以高新技术产品产值和专利授权量等为被解释变量，以政府财政科技拨款、总 R&D 经费、企业研发投入等为解释变量（表 4.3），进行实证回归分析。

表 4.3 指标选取与数据来源

变量	内涵	定义	单位
被解释变量	专利授权量	统计年度内所有的专利授权数量	件
	高等院校专利产出	统计年度内由高等院校申请的专利授权数量	件
	科研单位专利产出	统计年度内由科研单位申请的专利授权数量	件
	企业专利产出	统计年度内由企业申请的专利授权数量	件
	高新技术产品产值	统计年度内使用高新技术生产的新产品产值	亿元
解释变量	政府财政科技拨款	政府及相关部门为科技活动支持的经费	亿元
	总 R&D 经费	统计年度内实际用于科技研发活动的经费	亿元
	企业研发投入	各地区规上工业企业 R&D 经费内部支出中企业自筹资金	亿元
	政府对公共研究机构的资助	各地区研究与开发机构 R&D 经费内部支出	亿元
	政府对高等院校的资助	各地区高等学校 R&D 经费内部支出	亿元
	政府对企业直接资助	各地区规上工业企业 R&D 经费内部支出中来自政府部门的资金	亿元

数据来源：选取 2000—2018 年间的相关数据，相关数据来自 2001—2019 年的《中国科技统计年鉴》

《广东科技创新动态数据》《广东科技统计数据》。

使用 Stata15.0 对广东省研发投入产出情况进行实证分析，为降低变量间的多重共线性，对相关变量取对数，本研究的回归模型为：

$$\text{Ln}Y = \alpha + \beta \sum \text{Ln}X + \delta \tag{4-1}$$

其中：Y 为高新技术产品产值和专利授权量，具体数值详见表 4.4，X 分别为政府财政科技拨款支出、总 R&D 经费支出、企业研发投入、政府财政资助等解释变量，具体数值详见表 4.4，在分析政府资助对产出的影响时，将专利授权量区分为高等院校专利产出、科研单位专利产出、企业专利产出等三个变量，分析政府对不同研究主体的财政资助对其专利产出的影响，δ 为随机误差项，符合标准正态分布。

表 4.4　多层回归分析结果

因变量	总专利授权量	高等院校专利授权量	科研机构专利授权量	企业专利授权量	高新技术产品产值
常数项	3.962*** (0.803)	1.203*** (0.225)	1.571*** (0.366)	2.513** (1.009)	−2.078** (1.212)
财政科技拨款	0.271* (0.147)	0.454*** (0.132)	0.256* (0.135)	0.619*** (0.149)	0.328* (0.172)
R&D 经费	0.711** (0.241)	0.656*** (0.219)	0.728*** (0.191)	0.655* (0.322)	0.322* (0.176)
企业投入	−0.175 (0.231)	−0.133 (0.181)	0.111 (0.197)	0.211 (0.241)	−0.353** (0.148)
对高等院校的资助	0.022 (0.078)	0.182** (0.079)	—	—	0.269** (0.118)
对科研机构的资助	0.136 (0.154)	—	0.428** (0.158)	—	0.119 (0.233)
对企业的资助	0.051 (0.186)	—	0.422* (0.255)	—	0.267 (0.281)
R^2	0.926	0.925	0.946	0.987	0.983
F	205.3	399.9	344.2	359.2	174.0

注：括号为标准差，*、**、*** 分别表示参数在 10%、5%、1% 水平上显著。

回归分析结果如下：

（1）政府财政科技拨款、R&D 经费对专利产出和高新技术产品产值均具有显著的促进影响，其财政科技拨款对高新技术产品产值的促进作用大于其对专利产出的促进作用，而 R&D 经费对高新技术产品产值的促进作用小于其对专利产出的促进作用。

（2）政府财政科技拨款对不同研发主体专利产出的促进作用存在差异性影响，对企业专利产出的促进作用最大，对高等院校的促进作用次之，对科研机构的促进作用最小。

（3）R&D 经费对不同研发主体专利产出的促进作用存在差异性影响，对科研机构专利产出的促进作用最大，对高等院校的促进作用次之，对企业的促进作用最小。

（4）政府对不同研究主体的资助对其专利产出均具有显著的促进作用，政府对不同研究主体的直接资助能在较大程度上促进其自身研发投入，即存在政府科技投入诱导效果比较明显。

第 5 章　广东省政府科技行为与自主创新案例研究

本章以广东省科技厅、广东省经济贸易委员会（现为广东省工业和信息化厅）为例，从政府的视角探讨政府在探索省部产学研、带动关键技术攻关、培育创新需求，以及通过“省市共建”模式放大财政资金的导向作用等方面的做法与成效，系统总结其有效促进产学研合作、放大财政资金效应的典型经验。

5.1　广东省科技厅科技行为模式的变革与探索

5.1.1　构建科技创新平台

科技条件平台建设是创新体系的基础。对促进科技资源开放共享，构建区域创新体系具有重要意义。加强科技创新平台建设，是优化整合资源，提升广东原始创新能力、产业技术创新能力和科技成果转移转化能力的迫切需要，也是增强广东创新发展后劲、增创发展新优势的重要抓手。2016 年 11 月 3 日，广东省科技创新平台体系建设工作会议提出了“十三五”广东科技创新平台体系建设“两步走”战略。为进一步提升广东原始创新能力和产业技术创新能力，完善科技成果转移转化服务体系，同年 11 月，广东出台了《广东省科技创新平台体系建设方案》。为了提升产业竞争力，2019 年 7 月广东省科技厅制定了《广东省技术创新中心建设方案》。

在科技创新平台建设上，广东有序推进国家和省重点实验室、工程技术创新中心、新型研发机构、科技企业孵化器、公共科技创新服务平台等建设，着力打造多主体、多类型、多层次的科技创新平台体系。广东将平台建设分为科技基础条件平台和科技创新平台两大类分别建设。经过几年的建设，取得了卓有成效的业绩。截至 2023 年底，广东省孵化器达 1066 家，众创空间 1050 家，连续 6 年位居全国第一。广东省科技创新平台为企业自主创新营造了较好的大环境，创造了更好的科技条件，取得了良好的企业效益和社会效益，为区域产业升级和鼓励企业自主创新提供了发展路径。根据广东省科技厅组织和支持各方力量搭建科技创新平台并实施相应市场化管理的做法，本章总结政府以搭建科技创新平台促产业创新发展的模式，以期望该模式对政府“科学有为”地引导企业创新，产业健康发展具有一定启示作用，如图5.1所示。

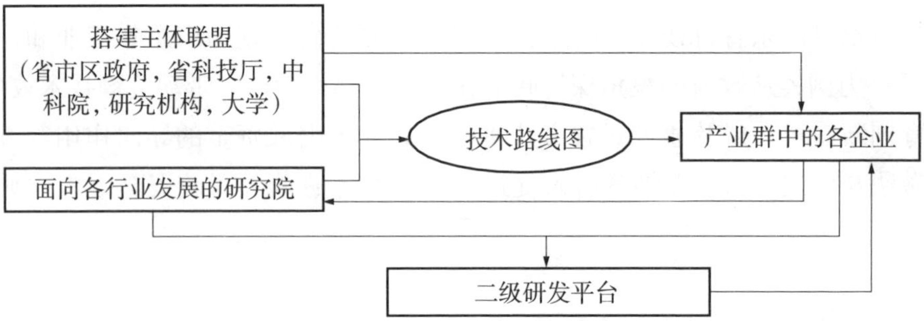

图5.1　政府搭建科技创新平台模式

图5.1中主要分为搭建主体、搭建平台、服务主体和嵌入其中的产学研，以及技术路线图等具体实施路径。广东科技创新平台建设具有如下特点。

1. 搭建主体多样化

从搭建主体来看，省科技厅既可以和省市区的各级政府、中科院，也可以和相关研究机构、大学等一起合作，同时也要考虑企业的需求，充分调动各方的力量。在搭建主体组成和平台过程中，充分体现产学研相结合的思路。摆脱单纯依靠政府、科技厅或科研机构等某一方的力量所导致的平台受益范围小、影响力有限、服务内容不全、重复建设等诸多问题。按照企业发展和地区产业规划的需求，集中力量，统一布局。

2. 平台搭建市场化

从路径来看，以产业发展为导向，充分体现平台直接为产业升级、企业发展所服务。对此，成立了面向各行业发展的研究院。由于研究院是市场导向的产物，也就要推向市场进行管理。研究院必须通过向企业提供所需服务来生存、发展、壮大。改变以往较多依靠行政拨款的方式维系研究院的发展，造成研究院与市场相脱节的局面。同时，在具体项目的研究和实施方面，研究院与企业或行业协会成立二级研发平台。这样做的好处是：①可以避免企业自建研发平台，前期投入大、缺乏人才，后期维护费用更高的局面，减少企业技术创新的畏难思想；②研究院深入企业内部，从企业需求出发，谋求自身发展的思路和出路；③减少政府无效科技投入，使科技创新服务平台更加高效地发挥其功能。至此，研究院和二级研发机构，包括相关的一些基础测试平台构成了政府搭建的科技创新平台。可以预见，这种市场化设置且市场化管理的平台，对企业创新活动能提供有效支撑。

3. 合理嵌入技术路线图

根据广东的经验，政府利用科技创新平台制定行业发展技术路线图，指引行业的科技创新活动，再反馈回科技创新平台的发展，整条路径通过将技术路线图嵌入其中，使科技创新平台的导向性和科学合理性更强。这一方法是广东首创，它把政府推动企业自主创新从战略高度落到实处，保证其推动作用方向正确，施力到位。

4. 科技创新平台对于企业的作用

通过以上模式所搭建的平台，对于支持、推动企业自主创新具有重要作用。首先，中小高科技企业研发力量和资金大多较为薄弱，而研发投入又大，这些风险足以让一般企业望而却步。以服务企业为导向的研究院的成立和通过合作成立的二级研发平台，可以减少企业在自主创新过程中遇到的困难。科技创新平台对引导企业自主创新的作用，与其说是支持，不如说是鼓励。其次，很多企业在研发过程中，大多重复着相似或相同的工作，浪费大量的资源和时间成本。通过组建统一、共享平台，可以将行业的问题集中解决，比如统一的检测、鉴定平台等，为企业自主创新提供支持。

这一模式有利于打破政府、科研与企业创新相脱节的状态，环环相扣而又相辅相成。既将产学研落到实处，又使科技创新平台的实际效益得以提升。

5.1.2　以省部院产学研推动创新模式的变革

广东的劣势是创新资源缺乏，但近年来通过产学研合作，从省内外引来教育部属高校、科研院所与广东企业合作，在广东逐渐形成了科技、人才资源集聚的“洼地”，打造了开放的区域创新体系，有效推进了广东的自主创新。

1. 广东省部院产学研合作发展脉络

产学研结合的雏形，最早孕育于广东。改革开放之初，被称为“星期六工程师”的院校科研人员，开始走进乡镇企业传经送宝，引来了各种议论和猜疑。40多年过去了，这类专家下企业的行为，已成为由科技部、教育部和广东省政府搭台，院校和企业越唱越有劲的大戏。广东省部产学研的发展脉络如图5.2所示。

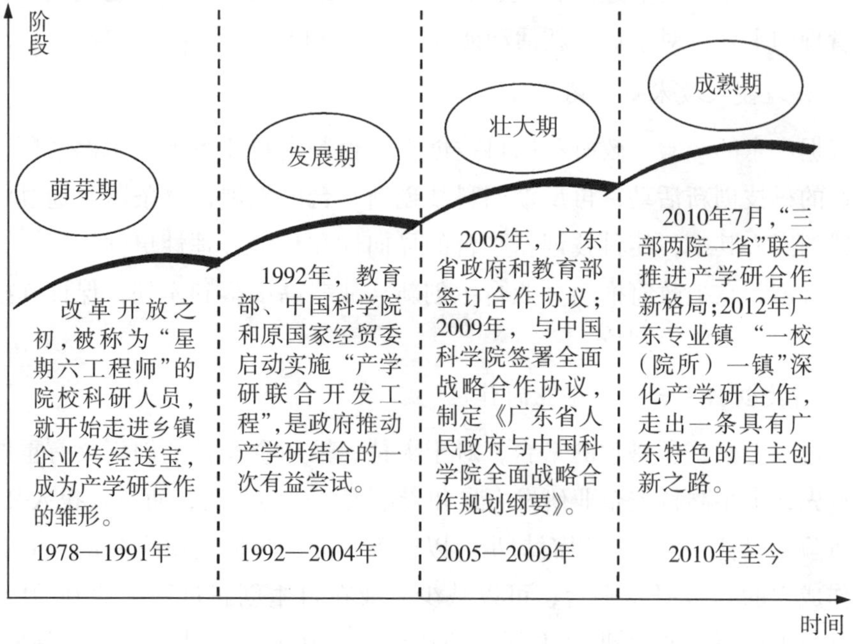

图5.2 广东产学研发展脉络

（1）第一阶段：萌芽期

“星期六工程师”称呼起源于20世纪80年代的广东（珠三角地区），是专指那些利用周末为民营（乡镇）企业提供技术服务，来自大学、科研院所或国营工厂的兼职科技人员。“星期六工程师”冲破体制、政策和观念等重重障碍，为广东经济发展，尤其是珠三角乡镇企业崛起作出了重要贡献，对深化科技体制改革和产学研合作起到积极的促进作用。

（2）第二阶段：发展期

以1992年实施“产学研联合开发工程”为标志，广东产学研结合进入政府推动发展的重要阶段。随着经济社会的发展，企业对技术进步的需求日益增强，产学研合作不断加强，政府推动产学研合作工作也日益走向深入，初步呈现出以市场为导向，并向全方位、多元化、多层次方向发展的局面。尽管如此，产学研合作仍然存在一些问题，以企业为主体、以市场为导向、产学研结合的技术创新体系仍未形成，主要原因是企业创新投入强度低，进而影响了产学研结合的水平。

（3）第三阶段：壮大期

2006 年 4 月，广东率先迈出产学研方面探索的第一步，由广东省政府、教育部、科技部联合成立了产学研结合协调领导小组，以广东作为产学研结合的先行示范区。从此，产学研结合上升到一种战略行动，形成由政府组织、政策支持、专项投入、校企响应的新格局。2008 年以来，广东与教育部、科技部联合组织推动全国 200 多所高校，入粤参与研发和成果转化。2009 年，广东省政府与中国科学院开始了全面战略合作，投入专项经费 1 亿元，引导中科院 68 个直属科研机构与广东近千家企业开展合作。中科院 400 多项科技成果在广东实现转移转化，新增产值 130 亿元以上，新增利税超过 20 亿元。“散裂中子源项目”及“超级计算”“云计算”“龙芯”等重大项目在广东进展顺利。同年，“百校千人万企省部企业科技特派员创新工程”启动，来自国内 160 多所重点高校、科研院所的 2200 名科技人员，陆续入驻广东各地的企业，帮助企业解决生存和发展中存在的科技问题。这项工程的启动，还带动 1 万多名应届大学毕业生作为科技特派员助理进厂，为企业带来了新生的技术力量。尤其对于产业集中的专业镇来说，这如同一场及时雨。

（4）第四阶段：成熟期

广东省产学研经过多年的探索，不断走向成熟。2010 年广东省政府与教育部、科技部、工信部、中国科学院、中国工程院签署协议共同推进产学研合作，为广东省自主创新发展注入了新的活力。2012 年省科技厅部署实施“一校（院所）一镇”战略，充分调动高校创新资源与区域创新平台融合，带动地区经济发展。经过几年的发展，广东省财政对省部院产学研合作投入资金累计超 50 亿元，带动了地区、社会、企业资金的注入，与 300 多所高校和 300 多家科研机构建立联系，建立的创新平台超过 300 个。2017 年广东省联盟数量达到 286 个并涵盖多个领域，取得了显著的成果，收益达到 600 多亿元。承担省部级以上科技项目累计达到 1300 多项，极大地促进关键技术和核心技术的突破和成果落地①。

①《广东省产学研为创新注入强大动力 省部级以上创新平台超过 300 个》，http://www.ctoutiao.com/1094006.html。

2. 广东省部院产学研运作模式

在“三部两院一省”框架下建立了三大高效务实的推进机制，包括三部两院一省主要领导直接参与的省部院高层会商机制、省直相关部门和地市政府共同推进的省市联动机制、高校与地方和企业全面合作的校企校地合作机制。三大推进机制的协同，充分发挥了政府引导、市场导向和企业主体的作用，确保了省部院合作的顺利推进。

（1）省部高层会商机制。三部两院一省主要领导组成的省部产学研高层会商机制，系统指导区域外创新资源与区域内产业资源融合，极大地克服了以往区域创新系统建设中地方政府跨区域整合资源能力有限的问题，为广东建设高效的开放式区域创新系统奠定了坚实的制度保障。

（2）部省市多级联动机制。教育部科技司、人事司，科技部政策法规司，广东省直相关部门、各地市政府及科技管理部门相互配合，相互支持，形成了从国家部委相关司局到省直部门，再到地市各级政府的多级联动机制，有效地克服了以往产学研结合工作中，部门、地市之间各自为战的局面，以及单纯科技部门或经贸部门资源整合能力薄弱的局面。根据各地市主导产业、经济基础等，在多级联动机制协调下，统筹整合所需创新资源，整体布局，量身定制适合区域要素禀赋特点的产学研结合模式，形成了特色鲜明、布局合理的省部产学研结合新局面。

（3）校地、校企全面合作机制。在省部院产学研结合实践过程中，通过推动地方政府、企业与相关高校建立全面合作关系，组建产学研创新联盟，共建研发基地及平台，通过“企业科技特派员行动计划”等方式，形成高质量的、有组织的、注重长期性和战略性的、注重引领性和导向性的产学研结合机制。

为推进机制的有效运行，广东省部院产学研还构建起完善的四大支撑保障体系。

（1）组织保障体系。由省部院产学研结合协调领导小组及办公室、教育部和科技部有关司局、省直相关部门、地市产学研结合领导小组及办公室、地市科技主管部门、高校及科研机构科技主管部门、科技中介机构和行业协会等构成的一套具有中国特色的产学研结合组织保障体系，在推进省部院产学研结合中发挥了重要作用。

（2）政策支撑体系。完善的政策措施以及良好的产学研结合环境，极大地调动了广大高校、科研机构和企业开展产学研结合工作的积极性，有效地促进了产、学、研各方形成全方位、深层次的广泛合作关系。

（3）多元化投入体系。省部院合作以来，逐步形成了以财政投入为引导，以企业投入为主体，以风险投资、融资担保等为辅助的多元化投入体系。

（4）产学研服务体系。省、市、区（县）积极搭建各类产学研技术创新服务平台，加快推动高校、科研机构与企业的自由对接和信息共享，进一步提高产学研结合的效率和成功率。建立了以各级生产力促进中心、科技创业服务中心等科技中介服务机构及行业协会为纽带的社会化、网络化、专业化、多功能的产学研结合服务体系。各地市组织相关企业“走出去”开展产学研交流考察，与国内重点科研院校开展产学研交流和项目对接活动，并围绕重点领域，以科技专题展会的形式，把高校院所“请进来”，发掘潜在的产学研合作机会，扎实推进产学研结合工作。

广东省部院产学研注重省市联动，充分调动各地区各部门的积极性，提升创新意愿的同时促进创新产出，并形成了五大高效创新模式。

（1）组建省部院产学研创新联盟。围绕广东重点产业发展需要，引导国家重点建设高校、科研机构与广东行业龙头企业和骨干企业深入合作，集成各方优势科技资源，共同组建产学研创新联盟，解决产业发展的重大共性技术问题、制定重大技术标准、研发重大自主创新产品。

（2）派驻科技特派员。省部院企业科技特派员行动计划是深化省部院产学研结合、建立长效机制、解决目前广东产业自主创新人才严重不足的一项重大创新举措。

（3）共建科技创新平台。建立产学研科技创新平台，是提高企业研发能力，加快高校、科研机构技术成果转化与产业化进程的重要途径。

（4）服务集群经济。省部院产学研结合通过组织 60 多所国家重点建设高校与广东 200 多个专业镇、产业集群区、产业转移园区等进行对接，开辟了高校服务地方经济的新领域。通过引入先进技术和人才，从生产效率、产品质量，行业共性技术攻关等方面，大力帮助专业镇广大中小企业增加产品附加值，提升核心竞争力。

（5）建设示范基地。产学研合作示范基地是以激励先进、辐射区域、带动后进等方式，推动全省产学研结合全面发展的一种推进模式和机制。

3. 省部院产学研建设成效

在 2010 年 7 月 27 日省部产学研合作五周年总结大会上，时任科技部部长万钢给予了高度评价[①]：省部产学研合作成功地探索出一条高校、科研院所创新人才服务经济社会发展，促进科技与经济紧密结合的模式，对促进广东产业结构升级，完善区域创新体系，产生了积极、现实而又长远的影响。省部院产学研建设以来，截至2017年底，来自全国312所高校、332个科研机构在广东开展了形式多样的产学研合作。2017年广东省新型研发机构成果转化和技术服务收入达到615亿元。攻克关键技术、核心技术、共性技术约3000项，专利申请数量近3万件，培养高层次人才8000多名，为政府带来税收达4500亿元。对广东调整经济结构、转变发展方式、转换发展动力和推动产业转型升级发挥了重要作用。省部产学研合作现已走上规范化、制度化的轨道，产生了良好的经济效益和社会效益，概述如下[②]。

（1）完善了广东区域创新体系

高校教师通过多种形式参与产学研合作项目，进一步促进了广东区域创新体系的完善。主要表现在以下几个方面：一是产学研合作投入力度进一步加大。广东省各级财政设立专项资金，引导企业对产学研合作项目进行自筹资金投入，率先成为技术创新的投入主体。二是广东产学研合作进一步活跃。三是广东自主创新资源进一步丰富。通过高校与企业联合建立相关研究院、研发基地、国家重点实验室和工程中心分支机构等，吸引了大量的院士、长江学者、国家杰出青年科学基金获得者等高层次创新人才。

（2）推动了广东产业优化升级

省部院产学研建设有力推动了广东产业优化升级。一是攻克了一批重大产业共性技术和关键技术。围绕广东支柱产业和新兴产业的发展需要，清华大学、北京大学等多所高校以瞄准引领产业技术发展的重大产品为目标，发挥学科优势，与华为等多家广东行业龙头企业和骨干企业合作，组建了数字电视、数字家庭、下一代通信、机械装备、半导体照明工程等省部产学研创新联盟，攻克了一批共性技术和关键技术。二是突破了一批国外垄断的核心技术。成功突破了一批国外垄断的核心技术和知识产权，提升了企业和产品的国际竞争力。三是形成了一批竞争力较强的自有品牌。产学研合作大幅提升了广东企业产品的技术含量。四是通过对传统产业的改造升级，提升了其

---

①2010年7月27日科技部部长万钢在“省部产学研合作五周年总结大会”上的讲话。http://www.gd.gov.cn/gdywdt/tzdt/content/post_66877.html。

②根据教育部网站（http://www.moe.edu.cn/edoas/website18/95/info1239586819496295.htm）的资料整理。

竞争力。五是孕育出一批科技型企业。一批技术含量高、市场前景好的产学研结合项目催生出一批新企业，创新了产学研合作模式。

（3）为广东企业聚集和培养了一批高层次创新人才

几年来，高校教师积极参加为广东企业开展的各类人才培养和技术培训工作。建立博士后科研工作站、研究生创新基地和学生实践基地等，为企业聚集和培养了急需的技术和管理人员。

（4）进一步提升了高校办学水平

高校教师积极与广东企业开展产学研合作，有力地支持了广东的经济社会建设，也使高校获得了大量经费用于人才培养和学科建设，加快了自身发展，提升了人才培养和服务社会的能力。产学研合作为毕业生提供了更多的就业岗位。

5.2　广东省经贸委探索放大财政资金效应新路子

投入不足是制约企业创新能力提高的核心问题之一。2007 年，广东省经济贸易委员会（下文简称“广东省经贸委”，现为广东省工业和信息化厅）提出“省市共建”先进制造业基地的工作思路和财政科技经费投入模式。该模式旨在整合省市政策资源，系统解决产业链不完善、公共服务不足、自主创新能力不强等重大问题。强化财政资金的导向作用和放大作用，突出重点，充分发挥基层部门的积极性，确保财政资金发挥效果，具有重要的意义。本节对这一模式进行探讨，总结可供借鉴的经验。

5.2.1　省市共建模式及其意义

广东省经贸委开展“省市共建促发展”主要围绕广东省先进制造业基地建设和支柱产业升级的发展，先后组建了多个产业基地和促成了若干重点项目的实施。这些省市共建的基地和项目对提升广东重点基地、关键产业创新能力和经济发展起到了积极的作用。但是，这种模式无论是组织方式、运作机制、监管机制，还是产业发展和人才培养的功能和作用尚处在一种探索过程中。同时，省市共建作为国内众多省市推动技术创新、地区发展的共同行动和共同趋势，其本身就是一个不断实践、发展和完善的过程。另一方面，经济、科技和社会制度环境的变化、技术进步，以及体制和机制的转变也将激起省市共建的组织和运作机制模式创新，以不断提升系统效能。而且，国内目前尚未有对省市共建创新工作模式进行系统的研究。因此，以省市共建促创新发展为研究对象，在跟踪分析现有先进制造业基地的组织和运作实践基础上，结合当前我国和广东技术创新现实情景，从制度、政策创新和体系创新角度总结、设计省市共建促进区域创新的组织模式和运作机制，以最大限度地提升省市共建的系统效能，提升区域自主创新能力，具有重要理论价值和实践意义。

省市共建对广东省先进制造业的发展发挥了重要的促进作用，为先进制造业的发展进行科学的规划布局、通过制定相关政策加强引导、连接省市资源共同助力、瞄准高端制造产业的同时做好优势产业的迭代升级取得了良好的成果。《2008 年省经贸委主要工作回顾》显示：省市共建工作方案实施的第一年（2008 年），省经贸委拿出 3.4 亿元，地方财政也拿出 1.9 亿元共同支持共建项目，对佛山、东莞、中山、江门、惠州、揭阳、河源、梅州、阳江、肇庆、潮州、云浮、韶关等 13 个市实施定向支持，共安排省市共建先进制造业项目 492 个，共建了一批装备制造等支柱产业、特色产品和优势项目，带动总投资 123 亿元，省级财政资金放大倍数达 36 倍。

5.2.2 省市共建先进制造业基地的基本做法

为贯彻党的十七大精神，落实广东省委十届二次全会工作部署，加快发展现代产业体系，大力提升产业国际竞争力，促进经济发展方式转变，促进全省经济又好又快发展，广东省经贸委决定开展“省市共建先进制造业基地”工作。根本目标是整合政策资源，抓好产业链的延伸，培育支柱产业，发展战略性产业，增强自主创新能力。省市共建先进制造业基地，主要包括全省支柱产业、战略产业共建，地区支柱产业、特色产业共建及重大工业项目共建等三个层次的工作，并实行“一年一评价、三年一考核”制度。作为共建的另一方，各市也被要求要高度重视联手共建的先进制造业基地建设，有条件的市，对省经贸委安排的共建项目资金要按一定比例予以配套。

2008 年 7 月，在过去一年试点基础上，省经贸委决定在全省推广“先进制造业基地”的省市共建模式，下发了《关于印发省市共建先进制造业基地工作方案的通知》（粤经贸综合〔2008〕345 号），进一步明确了该项工作的目的、指导思想和原则，以及共建方式、组织实施、监管考评等方面的内容。省经贸委于 2010 年、2011 年、2013 年、2014 年共组织申报了四批省市共建循环经济产业基地，多次对省市共建战略性新兴产业基地进行认定。例如，

2018 年 11 月惠州市推进省市共建高清视频（4K）产业基地，推动惠州产业的快速发展。诸如此类的省市共建项目有不少，对带动各地区均衡发展起到了很好的促进作用。

首先，针对全省支柱产业、战略产业的共建。一是确定共建先进制造业基地依托产业。按照发展现代产业体系的要求，在充分征求省有关部门、专家和各市经贸部门意见的基础上，由省经贸委于每年 10 月底前，研究确定下一年度或下一段时期省市共建先进制造业基地重点依托的若干个支柱产业和重点培育的战略产业，并向全省公布。二是提出共建申请。各市根据省经贸委公布的下一年度或下一段时期省市共建先进制造业基地依托的支柱产业和战略产业，以及当地在全省产业发展中的地位和优势，在充分调研论证，做好依托产业发展规划（3 年期），提出省市共建重点内容，特别是重点支持的大型项目、重点突破的关键技术、重点建设的支撑平台等的基础上，于每年 12 月底前向省经贸委提出共建申请。通过这种论证审核，强化了产业链发展理念。三是确定共建重点。省经贸委在组织开展对各市上报的共建申请，特别是共建产业的发展规划，重点支持的企业、技术、项目、平台等进行论证的基础上，根据全省支柱产业集聚情况、战略产业布局要求，确定共建对象（对跨区域发展的支柱产业，可以有多个合作对象）、内容和期限，并于次年 2 月底前，与各市签订共建协议，明确双方责任义务特别是各自的支持措施。四是落实共建协议。以项目作为协议落实的载体。在共建期内，各市根据依托产业发展规划和共建内容，按照分步实施、突出重点原则，于次年第一季度结束前，向省经贸委提出年度重点支持的共建项目。省经贸委根据各市上报的项目情况，统筹安排各市重点依托项目，综合解决支柱产业、战略产业发展的重大问题。

其次，针对地区支柱产业、特色产业的共建。各市可根据本地产业发展情况、潜力和条件，提出与省经贸委共建当地支柱产业、特色产业申请。提出共建的支柱产业、特色产业，应以统计口径中的分行业（大分类行业）为标准，避免产业范围过大或过小。省经贸委将根据各市上报的共建申请，在充分调研论证的基础上，确定与各市共建的地方支柱产业、特色产业。具体申请办法、协议的签订和落实办法，按全省支柱产业、战略产业共建办法执行。

最后，针对重大项目的共建。积极实施“项目带动、产业带动”战略，对符合环保要求、符合全省及区域产业布局规划、科技含量高、带动效应强的重大工业项目，省经贸委将与所在市开展共建工作。

此外，省经贸委掌握的挖潜改造、技术创新、中小企业、节能降耗和商贸流通等专项资金，紧紧围绕省市共建的产业，对依托项目给予重点支持。

省市共建的重要作用体现在资金的使用上，这也是省市共建工程实施的关键环节。省市联手共建支柱产业升级工程采取项目贴息、项目补助两种方式，主要用于研发和技术改造项目。与省市共建先进制造业基地相似的是，两者在具体落实阶段都选择了通过项目的招投标使用资金。通过对各有关镇（街）经贸办、各相关企业征集产业升级项目，申报以后通过专家组的监管和评估，选定兼具实力和潜力的项目予以补助、贴息，促进企业和地区的产业升级。省市联手将推动资本、技术、人才的流动，促进产业的优化升级，对区域自主创新具有重要意义。不难发现，产业升级的着力点在于研发和技术改造项目。其目的在于提升产业的自主创新能力和水平，加快传统产业的优化升级，完成由制造向创造的转变。而省市联手共建，无疑能将有限资金放大。省、市、区和企业，每一级都拿出项目配套资金，重点项目通过申报，能够得到各级的联动支持。一旦申请成功，其获益除了资金补贴，还将在减免赋税、能源供应、土地规划等各个方面获得支持。因此，产业升级工程的省市共建意义重大，这将逐步使广东已有的资源转变为新的核心竞争力。特别是省市共建的模式加快了这一进程，同时使省、市、企各级认识到当前的战略部署和工作重点。省市共建的直接效应是放大资金，而深层效应则是集中力量促进重大创新的产生。

5.2.3　省市共建的全过程评价与监管机制

省市共建的工作流程和模式，可以总结如图 5.3 所示，主要依托项目建设，包括评价机制、支持机制和监管机制。

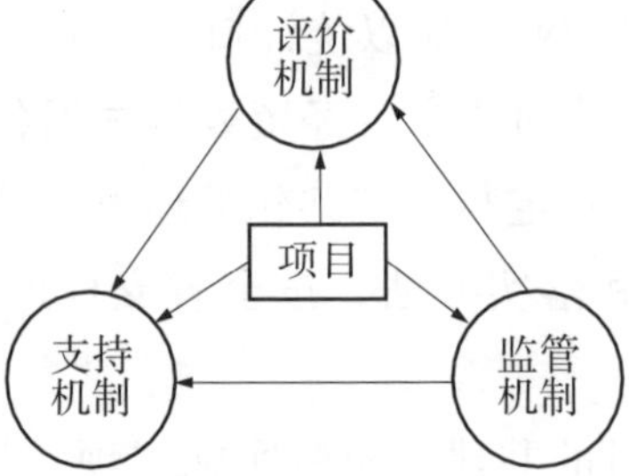

图 5.3　省市共建模式

1. 依托项目共建

根据省经贸委省市共建先进制造业基地和产业升级工程的具体操作，不难发现项目在其中的核心连接作用。通过项目，可将提升广东自主创新能力落到实处。无论是平台、产业和基地的建设，无一不是通过项目来实现，项目成为省市共建的载体。依托项目实施共建的意义在于：

（1）有利于战略思想的具体落实。各级政府对于所管辖地区产业的发展、自主创新能力的提升都有较为全面而长远的战略部署。省市共建的实践均采取以项目为依托，从上至下，从大到小逐步落实。随着项目的分批逐次开展与落实，战略蓝图也逐渐清晰可见，并实现其应有的社会和经济价值。

（2）有利于将项目管理的经验应用其中。从项目申报、考察与审批，到财力、人力与物力的配备，每一方面或层面，都有大量的项目管理经验和工具应用其中，从而提升了项目完成的质量。在保证工程质量的基础上，不但可以节约成本，还可以节省时间。最重要的是，使整个省市共建工程实现其应有的价值和目标。

（3）有利于省市共建工程的评价、支持和监管。在项目层面进行运作，有利于上级部门进行科学合理的监管，从而得出客观、公正的评价。同时，方便上级部门考量财力、物力支持力度的合适程度。

2. 动态评价机制

动态评价机制既包含评价的动态性，也包含了评价指标体系的全面合理性。动态性体现在与全过程监管机制的紧密联系，如图5.4所示。

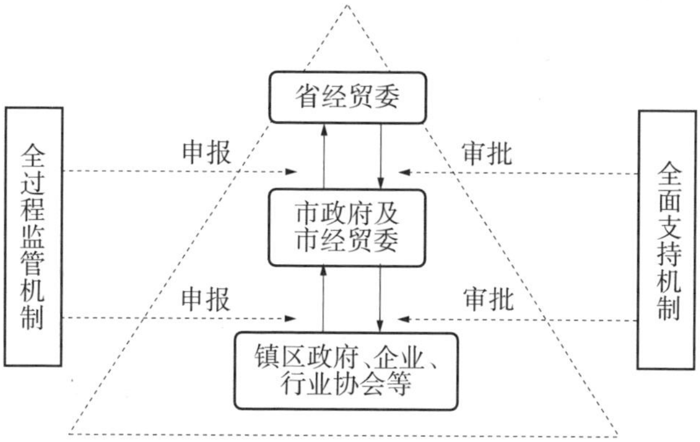

图5.4　省市共建的动态评价机制

在该评价机制中体现了以下特点：

（1）逐级申报与审批。省市共建工程包括产业、平台和基地等的建设，最终选定哪些项目，首先需要申报项目。先由市科技局等组织项目的征集，然后由企业、行业协会和镇区基层政府进行项目的规划和申报。市科技局对所收到的申报项目进行评估，选择本地重点发展的项目，申报省级部门。省经贸委再根据自己的战略部署和对项目的考察，决定选取哪些项目进行共建。

（2）全面支持机制的配合。采取逐级申报和审批的评价机制，一方面有利于优中选优，分批次选择重点项目重点建设。更重要的是，方便各级政府对项目的联动共建。省市共建的本意，就是要调动各级政府和企业的积极性，共同完成项目的建设。这个“共同”既包括共同出资，也包括群策群力。只有通过逐级申报和审批，才能让各层级力量加入，开展联动工作。基本的做法是：省财政、市财政资金 1∶1，市财政、企业资金 1∶1。

（3）动态评价与全过程监管的有机结合。项目的实施需要历经一个过程，而各方面的支持往往也是分批进行的。如果只是在项目申报时进行一次评价，很容易引发工程实施过程中的诸多问题。与全过程监管机制相结合，进行动态评价，从而决定中、后期的支持力度，不仅对申报和项目执行单位是一种监督制约，更能调动其积极性。

3. 全面支持机制

如前所述，省财政拨款、市财政和企业投入研发资金必须配套使用。这种全面支持的机制，一方面对企业自主创新活动给予强有力的支持和帮助，更重要的是调动了企业自主创新的主动性和地方政府带动区域创新的积极性，从而有利于全面提升地区创新能力。省市联动不仅体现在资金方面，还体现在优先建设、税收减免支持、能源供给支持、知识产权保护等各个方面。同时，这种全面支持机制和逐级评价机制互动，充分调动了各级力量的参与，有利于战略规划的落实。

4. 全过程监督机制

为了便于监督、控制省市共建项目顺畅进行，必须具备有效的监管机制。建立全方位的动态监管激励机制，是破解监督难题的突破口，也是提升省市共建项目建设水平的有力保障。首先要成立专门的督导小组，坚持日常监管与集中办理相结合的方法，突出对项目建设日常动态的管理，在工作中加大日常动态管理力度，通过现场查验，掌握项目的资金使用情况、建设发展难题，企业信誉档案建立等情况，并与中后期资金投入力度相挂钩。其监管主要体现在计划、财政、市场、审计监管四方面体系的构建，如图 5.5 所示。

图 5.5　省市共建投资项目政府过程监管体系构建

注：图中实线箭头表示资金流，虚线箭头表示信息流。

省市共建项目看似是省经贸委一家筹办，但若将监管工作做好，其实需要动用各方面力量的协助。由于计划监管有部分内容与评价机制重叠，而市场监管由于项目不同，所涉及监管的部门也不同。因此，需要特别注意资金监督与审计监督。

第6章　政府如何在自主创新中科学有为？——以深圳为例

6.1　引言

深圳是我国自主创新发展的领头羊，是我国首个以城市为单元的国家自主创新示范区，在自主创新发展中取得的成效令人瞩目（辜胜阻等，2016）。40年间，深圳实现了两个“1万倍”：经济总量（GDP）从1980年的2.70亿元，发展到2020年的27 670.24亿元，增长了10 247倍；财政收入从不足1亿元增加到将近万亿元，增长了1万倍，堪称奇迹。深圳始终把创新和人才作为城市的主导战略，是国内第一个提出把自主创新战略作为城市发展主导战略的城市。根据《中国区域创新指数报告（2020）》，深圳市在创新环境、创新投入、创新产出方面均位列全国286个副省级城市和地级市的首位，综合区域创新指数排名连续五年位列第一。深圳的高新技术产业成为引领广东乃至全国经济转型升级的一股重要力量，孕育出了华为、中兴、腾讯、比亚迪、大疆等一大批高科技企业，成为“创新之都”和全国的一面旗帜。2023年，深圳地区生产总值34 606.40亿元，比上年增长6.0%，经济总量居全国城市第三，增速位居四大一线城市之首。全市登记的商事主体累计达422.6万户，境内外上市公司总数达561家，高新技术企业超2.47万家，专精特新企业超8600家，其中国家级“小巨人”742家，数量在全国大中城市名列前茅（张小玲，2024）。经过多年的努力，深圳拥有PCT国际专利数量位居全国第一，发明专利授予量位居全国第二，科技研发经费年投入位居全国第三，科技研发投入强度位居全国第二，全职科研人员数量（R&D人员折合全时当量）位居全国第一（刘晓博，2024）。

专利是创新能力的重要体现。从专利方面来看，深圳专利申请量和授权量不断增加（图6.1）。2023年，深圳知识产权多项指标继续在国内领先。全市国内专利授权量23.51万件，商标注册量24.97万件，居全国第一；每亿元GDP专利产出量6.79件，在全国大中城市排名第一；每万人口高价值发明专利拥有量98.36件，是全国平均水平的8.3倍；每平方公里发明专利拥有量150.38件，连续18年居全国第一；荣获中国专利奖金奖5项，约占全国的1/8；PCT国际专利申请量1.59万件，连续20年居全国大中城市首位（何泳，2024）。此外，世界知识产权组织发布的统计报告显示，2023年华为在PCT国际专利申请量达到6494件，稳居第一，且大幅领先于第二名的三星（3924件）以及第三名的高通（3410件）。至此，华为已经连续7年在国际专利申请数量上排名第一（周雨萌，2024）。截至2023年底，华为在全球共持有有效授权专利超过14万件，并且在5G专利数量、WiFi 7标准专利数上全球第一，6G专利申请数全球第二，在通信技术领域保证了领先地位。深圳作为全国自主创新示范区、国家知识产权强市创建市，发明专利密度在全国起到了示范、引领与带头作用，为建设国际科技、产业创新中心奠定了良好的基础（刘传书，2020）。

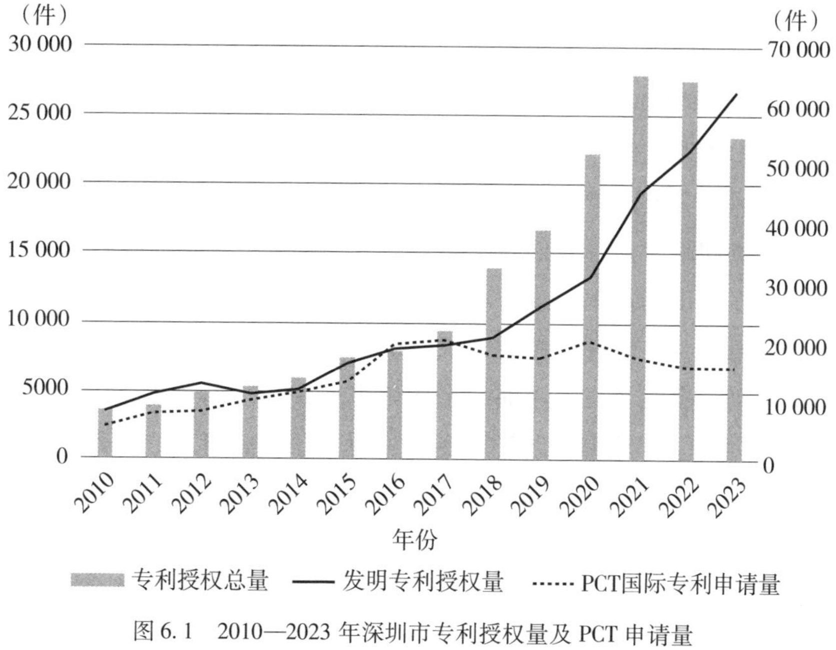

图6.1　2010—2023年深圳市专利授权量及PCT申请量

显然，深圳已发展成为一座充满活力、创新力的国际化创新型城市。2019年8月18日中共中央、国务院正式发布《关于支持深圳建设中国特色社会主义先行示范区的意见》，该意见对深圳的定位是：抓住粤港澳大湾区建设重要机遇，增强核心引擎功能，朝着建设中国特色社会主义先行示范区的方向前进，努力创建社会主义现代化强国的城市范例。从“国家资助创新示范区”到“核心引擎”，表明深圳已经引起中央的高度重视并被赋予新的重大使命、重大任务，也标志着深圳的发展进入全新的历史阶段。站在新的历史起点，深圳与科技部一起制定了《中国特色社会主义先行示范区科技创新行动方案》，推出一揽子举措，着力打造“现代化国际化创新型城市，具有全球影响力的创新创业创意之都”。2020 年 10 月 14 日，在深圳经济特区建立 40 周年庆祝大会上，习近平总书记发表重要讲话指出：深圳是中国特色社会主义在一张白纸上的精彩演绎，40 年来，深圳奋力解放和发展社会生产力，大力推进科技创新，实现了五个“历史性跨越”。

深圳和其他全球城市最大的不同点是：深圳曾经是一个“山寨”城市，但却在短时间内成为世界级创新中心城市。观察深圳创新和结构动态要通过创业企业的视角来审视创新，动态结构演化在深圳直接表现为：形成了“邻近、共享、学习、匹配”的创新生态，而且创新企业一直在向产业价值链上方移动。① 从一个仅有 3 万多人口、两三条小街的边陲小镇，发展成为一座国际化都市，深圳创造了无数的奇迹（张军，2020）。从“科技荒漠”到“创新之城”，深圳发展的历程高度浓缩了一个时代的精华。深圳何以实现 40 年沧桑巨变？“深圳奇迹”的秘诀在于通过技术和制度的有效结合，形成了由学习和模仿到自主创新的“深圳模式”。该模式引发了广泛的关注和讨论，焦点在于市场和政府在自主创新中是否以及如何发挥作用。新自由主义学派认为要充分发挥市场作用，政府不能干涉；公共风险学派认为政府需要进行适当的手段对公共风险进行控制，积极干预学派认为政府应该支撑和帮助企业的创新活动。有学者认为深圳的市场化水平较高、创新文化氛围较好、民营企业作为创新主体是深圳创新发展模式的主要影响因素，认为深圳创新发展模式主要是市场驱动型（张永凯和薛波，2017）。也有学者认为深圳在建设创新型城市的过程中借助改革开放和区位优势，在政府的推动和市场的驱动下走出了一条自主创新道路（尤建新等，2011）。在各种解读中，最具洞见的当数前深圳科技局副局长、前科协主席周路明的总结②：①市场化进程是

---

①哈尔滨工业大学（深圳）经管学院教授、深圳市原副市长唐杰在 2021 年 11 月 27 日由一汽红旗联合凤凰网举办的走进顶级商学院系列活动上的演讲《推动转型与创新增长的政策体系研究》。

②周路明：《 中国创新的“深圳功夫”是怎样炼成的?》，公众号《隆中对策智库》，2019 年 9 月 11 日。

深圳创新的原动力；②将创新从科研活动转变为经济活动；③制度创新优于技术实现；④在开放的环境中学习创新；⑤需求导向的创新路径。可见，深圳的自主创新发展是充分尊重市场规律，有效发挥市场作用的结果，但不可否认政府在其中的角色，政府通过政策工具等对市场进行适当的干预和调节，在不断完善市场环境、完善公共服务、激发创新活力等方面发挥了巨大作用。因此“市场驱动＋政府支撑”是深圳自主创新的重要模式（段杰等，2016）。

深圳是中国改革开放和发展的绝佳案例，对其他城市的创新发展有着重要的指导意义。2021年7月27日，国家发改委在总结深圳经济特区发展经验的基础上，进一步梳理形成了党的十八大以来深圳经济特区创新举措和经验做法，共计五方面47条，主要包括：建立“基础研究＋技术攻关＋成果产业化＋科技金融＋人才支撑”全过程创新生态链、建立健全促进实体经济高质量发展的体制机制、构建以规则机制衔接为重点的制度型开放新格局、创新优质均衡的公共服务供给体制、创新推动城市治理体系和治理能力现代化等[①]。这是迄今为止深圳创新发展经验最全面、最精准、最权威的概括。国家部委以正式通知的形式发布推广，形式罕见，无疑具有重要的借鉴和参考意义。对深圳来说，这既是对其创新探索及成就的肯定，也是对深圳敢为人先、持续探索创新的鞭策。

当前学者对市场和政府在创新发展中如何发挥作用进行了较多的研究，认为政府和市场应厘清边界。但是对于政府如何在自主创新中“科学有为”的研究还较少。基于此，本章以深圳为案例，聚焦政府的科技行为，对深圳政府如何在科技创新中发挥作用进行深入考察和剖析，以期为其他地方政府的科技体制改革和更好发挥政府作用提供借鉴和启示。本研究认为，了解政府如何发挥作用需要从政府内部和政府对市场的行为两个方面加以考察。从政府内部来看，我国的政府机构设置是典型的科层制，需要层层审批，灵活性差，及时性不足。在当前快速变化的环境中，政府机制不利于自主创新，故需要对政府内部的组织机制进行改革和调整，明确政府的角色定位。从政府外部看，如何将“有形之手”和“无形之手”结合起来协同发挥作用，充分发挥政府的支撑作用，首先要将政府和企业的关系边界划分清楚，其次要明确政府应采取什么样的行为，对哪些活动进行干预和支持。

---

①中华人民共和国国家发展和改革委员会.《关于推广借鉴深圳经济特区创新举措和经验做法的通知》（发改地区〔2021〕1072号），2021年7月27日。

因此，本章从政府内部行为和外部行为两个角度出发，剖析深圳市政府如何在自主创新发展中发挥作用。本章接下来的内容安排为：首先深入剖析深圳市政府的内部体制改革行为；其次对深圳市政府对市场主体、市场环境以及市场要素所发挥的作用进行探讨；最后对深圳市政府“科学有为”的政府行为模式进行总结提炼。

6.2 政府内部体制改革

6.2.1 明确角色定位

深圳自主创新发展经历了从起步、追赶到超越的历程，是坚持改革开放，坚持市场经济取向的结果。深圳自主创新的早期探索和实践是在改革开放的思想指导下进行的，改革开放思想对深圳市乃至我国自主创新发展提供了有益的借鉴（陈雷刚，2016）。在“科技与创新2018——全球智能化商业峰会”上，深圳市委常委、副市长张思平在主旨演讲中指出：深圳崛起的根本原因在于坚持改革开放，坚持市场经济取向，处理好政府与市场的关系，不断地进行制度创新（张思平，2018）。

1. 坚持改革开放

改革开放的重点在于对内改革和对外开放。在对内改革方面，深圳勇于打破僵化的政府行政体制，改革政府内部行政体系，调整组织架构和部门，推动产权改革、所有制改革等一系列制度创新，使政府能够在动荡多变的环境下更好地发挥指导、协同、服务作用。深圳通过国有体制改革，大力培育和发展民营经济，鼓励科技人员创业等措施培育了大量的市场主体。内部体制改革为创新发展奠定了制度基础，有利于建立和完善优胜劣汰、公平竞争的市场环境。在对外开放方面，深圳市政府始终坚持开放，在改革开放初期，充分利用与港澳台等地区毗邻的区位优势，大胆探索引进外资企业，为深圳后期的腾飞发展奠定了良好的经济基础和技术基础。随着经济快速发展，深圳对外开放的步伐不断扩大，吸引了大量具有前沿技术和成果的跨国公司，如IBM、飞利浦、希捷等全球知名大企业入驻和投资，鼓励国际先进研发机构的设立，为深圳自主创新发展提供了技术、人才、资金等多方面的支持，促进了知识的生产与流动，为自主创新发展注入活力。

2. 坚持市场经济取向

深圳市政府的定位不是对市场直接和过度干预，而是充分发挥市场在经济发展中的作用。充分发挥市场作用的前提是要营造和形成公平竞争、优胜劣汰的市场环境。深圳市政府在市场发展的不同阶段适时调整角色和职能，在市场机制尚不成熟的阶段，通过优惠政策引进外资，为产业的发展奠定经济基础和技术优势。随着市场机制的完善，政府转变角色定位，指引市场发展方向，为市场主体提供服务，营造良好的市场氛围，减少对市场的直接干预。在此过程中，深圳市政府通过降低市场准入门槛，简化企业全生命周期的各项行政服务，引导和完善金融、基础设施、文化、知识产权等软硬件环境，助力市场的发展，扮演了市场主体的培育者、市场要素的供给者，市场环境的营造者和监管者。

6.2.2 内部制度创新

随着我国经济步入新常态，政府需要转变职能以促进经济的稳定发展，深圳市政府进一步简政放权，放管结合，减少对市场的直接干预，发挥企业和市场的自主管理能力（王晓辰等，2016）。深圳市政府的制度创新和改革为深圳的创新发展提供了活力（简兆权和刘荣，2009）。政府多头管理、流程繁琐、审批复杂的僵化的体制机制不利于为创新发展提供快速灵活的支撑，探索打破僵化的政府内部机制至关重要。对此，深圳在政府内部制度改革上做了有益的尝试。首先是在政府组织架构上的调整，其次是充分利用信息技术优化服务体系，另外，也在干部人事制度改革方面进行了尝试。1992 年获得制定法规和规章的立法权后，深圳着力进行制度创新和体制改革，探索扁平化政府管理模式，积极推进大部制改革，为其自主创新发展提供了制度保障（蒋玉涛和郑海涛，2013）。纵观广东省各市级部门数量，深圳市仅有 36 个市级部门，为广东省最少，且明显少于北京、上海、南京等地的部门数量。

深圳市政府成立了科技创新委员会（高新技术产业园区管理委员会，下文简称“科创委”）专门负责深圳市自主创新体系建设，是深圳市的科技行政主管部门，主要负责高新技术企业认定、产业园区管理、科技奖励、机构确认、“孔雀计划”、科技计划、创客专项资金等七大模块的相关工作。通过部门设置，明确权责清单，涵盖了几乎与科技发展相关的方方面面，有效避免了多头管理等问题的出现。科创委设置了 10 个内设机构，除秘书处、计划财务处等常规部门外，还设置了专门负责科技领域创新政策的政策法规处，对项目进行评估、管理、风险防控的项目评估处，同时设置了专门负责基础研究和科研、电子信息领域、生物及生命科学、材料与能源技术、先进制造业技术、高新技术产业等相关领域和产业发展的部门。通过明确内部分工，有针对性地成立与科技产业发展密切相关的部门，有利于政府保持对行业发展的灵活性和前瞻性，从而更好地为自主创新服务。

此外，深圳市政府利用现代信息网络技术不断优化服务体系，通过“互联网+政务服务”建立政务服务网，实现个人业务和法人业务网上“一站式”办理；通过减少审批流程，提升审批效率等措施实现便民利企，提高政府服务效率；通过建立科技管理信息系统，优化科技项目的申报、评估、确立、资助等流程。同时，探索和深化人事制度改革，2000 年提出《深化干部人事制度改革纲要》，2001 年出台《关于进一步深化人事制度改革的意见》，之后出台了《深圳市事业单位人事制度改革配套实施方案》《深圳市深化事业单位改革指导意见》等一系列人事制度改革方案，2010 年响应国家《2010—2020 年深化干部人事制度改革规划》，制定了相应的实施意见，探索聘用制和合同制，为打破政府人事体制障碍做了伟大的尝试（童童，2015），大幅度调动了政府工作人员的积极性。

6.2.3 调整经济发展格局

调整经济布局主要是规划好国有企业和民营企业的发展领域和方向，在此过程中必须处理好市场与政府的关系。深圳在探索国有企业改革方面取得了很多值得借鉴的经验（张思平，2016）。

国有企业和民营企业各有优势，深圳已形成以民营经济为主体，国有企业为保障的产权制度和所有制结构，将国有企业和民营企业明确分工，二者相互配合。20 世纪 80 年代开始，深圳探索引进、发展先进技术，但是由于市场环境不完善，且国有企业缺乏创新的内在驱动力，导致在国有企业发展高新技术的尝试以失败告终。相比而言，民营企业具有创新的先天优势，随着改革的不断深化，深圳大力培育以民营企业为主体的市场环境，民营经济得以快速兴起，越来越多的民营企业参与到市场竞争中去，形成了市场驱动企业自发创新发展的良好氛围。现在，民营经济成为深圳市场竞争的最重要主体，也是推动深圳自主创新发展的主要力量。深圳市政府通过调整经济布局，使国有企业承担起基础设施建设的责任，给予民营企业充分的自主创新的自由环境，正确处理国有企业和民营企业的发展定位，为自主创新发展提供了重要的保障。

6.2.4　优化创新政策体系

创新政策对区域自主创新具有重要的牵引和支撑作用。深圳非常重视创新政策的制定工作，市政府政策研究室充分学习美国、日本、英国等国家先进经验，为深圳创新政策体系的优化完善提供了宝贵的指引。创新政策的制定不能仅有政府和高校“精英”的参与，而应该广泛听取企业、金融部门、风险投资等社会各方面的声音和建议。为此，深圳探索成立了政企科技创新咨询制度，通过研讨会、形势分析会等形式邀请国内外科学家、企业家、风投人士等参与，以便更有效洞察市场发展方向，抓住市场真正的需求，为制定具有国际化、前沿化、全面化的创新政策提供重要保障。另外，深圳市政府还通过内部体制创新，建立与产业发展方向相关的部门，以便灵活快速地掌握行业发展信息和动态，及时了解外部环境的变化并及时调整应对策略和政策，确保创新政策体系贴合市场发展的步伐。2020 年 11 月 1 日起，深圳正式实施《深圳经济特区科技创新条例》，该条例通过一系列的创新，对近年来深圳市确立的科技创新政策措施、体制机制、产业布局、载体建设等加以固化，以立法的形式为构建完善全过程创新生态链提供有力保障。

6.2.5　探索科研管理改革

做好科研项目申报、科技资源分配、科研成果评价等工作是政府提高科技资金投入效果的重要抓手。深圳在科研管理改革方面不断进行探索和尝试。首先，将政府在科技项目立项方面的主导权下放至企业，给予企业更大的话语权，充分发挥作为市场主体的企业在科研中的主导作用，政府通过一定比例的财政投入支撑科研项目的开展，做好支撑和扶持工作。优化和改革项目申报流程，提高由国际顶级科学家申请项目的办理速度，充分利用全世界优秀科学家资源，吸引国内外专家申报项目。对于科研项目的评估也更加灵活，降低根据项目申请书进行事前评价和筛选要求，允许多个竞争性项目共同立项，引入科研竞争机制，在项目开展过程中加强事中评估，筛选出更具前景的项目予以支持。加强科研项目管理，探索建立项目经理人制度、首席科学家制度等，对项目的管理更加专业化，强化对项目的事中和事后管理。建立容忍失败的创新文化，允许试错，并建立科研创新失败案例数据库以降低科研项目失败的风险，提高创新成功率。完善对科研项目的评价体系，建立多元化、分类化的科技评价体系，对不同类型的项目进行更加柔性化的评价，不以成果数量作为唯一的评价标准，更加注重创新成果的质量。另外，通过降低项目申请门槛，不断突破制度禁锢，鼓励个人、小微企业等民间力量加入科技研发工作，充分激发全民创新热情。

6.3 政府外部行为

深圳市政府始终坚持以市场为导向，减少对市场的直接干预，充分发挥市场在资源配置中的决定性作用。政府主要是培育创新主体，完善创新环境，供给创新相关的市场要素。政府外部行为的对象主要包括市场主体、市场环境和市场要素三个方面，主要采用产业政策和法治建设等进行干预。政府对市场主体的作用主要体现在培育市场主体、引导发展方向、助力发展；对市场环境的作用主要体现在营造创新所需的基础设施、金融、文化、法治等营商环境；对市场要素的作用主要是提供创新所需的知识、技术、人才、连接要素等。

6.3.1 培育市场主体

1. 大力培育市场主体

改革开放初期，深圳市政府在培育市场主体方面做了很多工作。探索市场化道路的首要问题是塑造市场主体，深圳大体经历了三步走的道路。首先，通过鼓励个体工商户的发展，丰富市场主体；其次，通过国有企业改制，成就一大批企业家；随着市场主体和企业家数量的不断增加，深圳通过“三来一补”的方式吸引外资，吸收和学习国外的技术，积累了大量的资本、知识、技术，为发展高新技术产业奠定了良好基础。丰富的市场主体成为深圳最重要的创新源泉。时任深圳市市长许勤指出：深圳自主创新的重要特色体现在“四个90%”：90%以上研发人员集中在企业、90%以上研发资金来源于企业、90%以上研发机构设立在企业、90%以上职务发明专利来自于企业。这“四个90%”反映了深圳企业在自主创新中的主体地位。（注：这个特点后来进一步发展成“六个90%”：90%的创新型企业为本土企业、90%的研发人员在企业、90%的研发投入源自企业、90%的专利产生于企业、90%的研发机构建在企业、90%以上的重大科技项目由龙头企业承担。）

在培育市场主体的过程中，深圳对大、中、小、微各类企业进行精准扶持，构建起完善的企业/产业梯队。对大型企业的研发活动予以扶持，而大型企业的发展带动了一大批相关产业的完善，形成产业链和产业生态系统，催生出一大批相关市场主体。通过设立创新投、高新投等为创业企业和中小企业解决了从初创期到成熟期的全生命周期资本帮扶。此外，实行“创新券”制度，为科技企业的培育和成长拓宽渠道。通过建立孵化器等科技平台，政府密切关注成长性较高的企业，在企业发展的不同阶段，通过制定专门的政策和服务对其成长予以扶持，培育具有发展潜力的企业，构建层次连贯的能力阶梯。例如，龙岗区政府在构建创客、创投、创新、创业“四创联动”创新生态系统的过程中发挥了重要作用（毛冠凤等，2018）。政府从构建创新创业生态系统、完善科技服务机构、构建产业链条、提供资源帮扶等多方面培育市场主体。

2. 引导市场主体发展方向

深圳产业发展方向是通过产业政策的引导，在不断摸索中形成的，通过对环境的评估以及对未来发展方向的预测，在充分发挥自身优势的基础上逐渐明晰。在“三来一补”阶段，政府通过主导国有企业发展电子视听产业，形成了高新技术产业发展的基础。为促进产业结构调整和优化升级，深圳确立了高新技术产业的发展方向，通过政策来引导市场主体发展方向。政府根据适合本市特点的产业发展方向，制定一系列支持产业发展的优惠政策。2016年发布《深圳市战略性新兴产业发展“十三五”规划》为科技变革和经济发展提供指导。各区则根据自身发展情况确定重点发展行业，引导市场主体发展方向。2023年6月，深圳出台《关于发展壮大战略性新兴产业集群和培育发展未来产业的意见》，提出要培育发展壮大“20+8”产业集群，即发展以先进制造业为主体的20个战略性新兴产业集群，前瞻布局8大未来产业。“深圳不仅发展战略性新兴产业，还不断培育新兴业态，牢牢把握住未来产业态势，抢占产业制高点及未来产业”（覃伟中，2024）。

3. 助力市场主体发展

（1）政府研发扶持。政府研发活动投入能够直接推动地方自主创新发展，是推动科技进步的重要动力来源（张永凯和薛波，2017）。深圳采用多元化扶持策略支持自主创新。整体来看，深圳全社会研发投入资金不断增加，

2014—2023 年，10 年间，深圳全社会研发投入由 643 亿元增长到 1880.5 亿元，占 GDP 比重由 4.02% 提升到 5.81%。其中，政府财政对研发活动的资金投入从 2007 年的 50.03 亿元增加到 2019 年的 617.14 亿元，年均增长 23.29%，有效撬动了各主体的研发投入，2020 年受疫情和整体经济下行的影响，政府财政对研发活动的资金支持有所减少，如图 6.2 所示。2021—2023 年，深圳市科学技术年均财政支出 429 亿元，占一般公共预算支出比重近 9%（方舟，2024）。

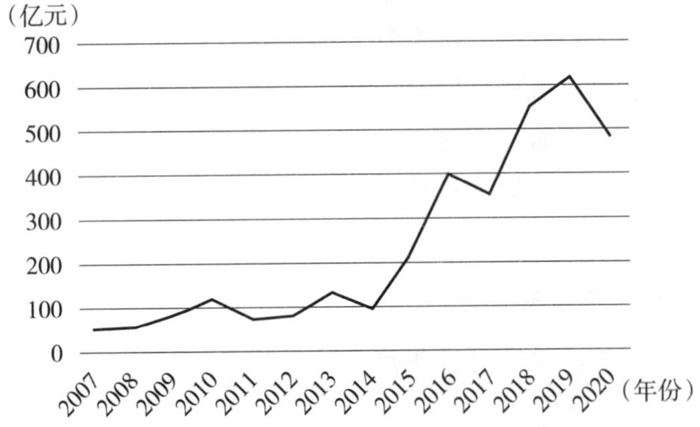

图 6.2　深圳市财政对研发活动的资金投入

在投入方式上，深圳改革科技投入方式，联动银行、证券、保险等资本要素，建立稳定支持与竞争择优、事前与事后结合、有偿与无偿相结合的投入方式（李永华，2016）。2014 年出台了《深圳高新区政府投融资园区产业用房租金减免办法》，2015 年出台了《深圳市财政产业专项资金股权投资管理办法（试行）》，2018 年出台了《深圳市国家和广东省科技计划项目配套资助管理办法》等，2018 年 6 月深圳市发展和改革委员会发布《深圳市战略性新兴产业发展政策》（征求意见稿），提出加大财政投资力度，对重点发展领域和产业设立专项资金，并采用直接资助、股权资助等多元化的资助方式。

（2）财税优惠。国内外学者的研究普遍认为税收优惠有助于促进和激励企业的科技投入，有助于降低企业在创新中的负担，对技术创新能够产生杠杆效应（王晓明和田瑞，2016）。新加坡的税收优惠政策在推动企业创新投入方面取得了良好的成效（廖晓东，2018）。借鉴这些理论成果和实践经验，深圳出台了多项税收政策对创新创业活动予以扶持。2008 年深圳出台的《关于加强自主创新促进高新技术产业发展的若干政策措施》对满足条件的中小高新技术创业企业股权投资额70%予以税收抵扣，2012年出台《深圳市地方税务局关于发布税收优惠管理办法（试行）的公告》，2013年出台《深圳市科技类民办非企业单位免税资格确认服务实施办法》鼓励科技类民办非企业单位的科技创新，2018年开始执行《税收减免管理实施办法》。

（3）政府采购。政府采购能够促进新产品的市场化进程，有助于降低企业创新风险，提高企业创新收益，尤其是在促进高新技术产业创新发展方面具有重要作用（马承君等，2018）。深圳市政府不断探索政府采购政策，2012年出台了《深圳经济特区政府采购条例》，随后探索“互联网+”政府采购模式，2016年开始推行电商采购，大幅度提高政府采购效率。为支持和鼓励创新产品和服务的研究和应用，2016年市政府出台了《深圳市政府采购支持创新产品与服务暂行办法》，充分发挥政府采购的导向功能，促进和激励企业的自主创新。

6.3.2　营造和完善市场环境

单纯依靠市场自身的力量不足以形成优胜劣汰、公平竞争的市场环境，因而需要政府的干预。自主创新需要交通、教育、医疗等基础设施的支撑，需要完善的金融环境为创新活动提供融资来源，需要优良的营商环境保障企业或产业的创新发展，需要充分激发企业甚至全社会创新创业的文化氛围，同时也需要完善的法治环境的监管和保护。因此，基础设施、金融、营商、文化、法治环境构成了市场主体赖以生存的市场环境（图6.3），政府通过塑造和影响市场环境来支撑市场主体的创新发展。

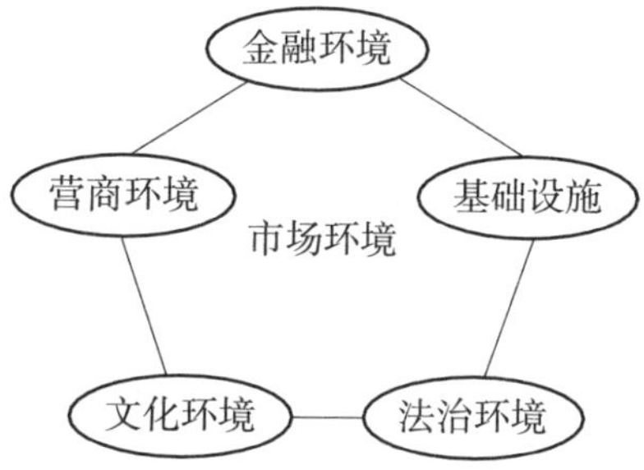

图6.3　市场环境系统

1. 加强基础设施建设

在自主创新中，除了要重视对科技的投入，还必须加强公共管理、社会治理、教育卫生、生态环境等基础设施的建设，营造宜居宜业的创新生态体系对自主创新具有重要促进作用（李福和赵放，2018）。深圳一直都非常重视基础设施的建设和完善。近几年在交通运输、环境和公共设施等方面不断加大投入，重视环境保护和生态健康发展，致力于打造宜居宜业的综合生态环境。交通、教育、医疗、卫生等基础设施的不断完善，为深圳的发展吸引了更多的人才。

2. 完善金融环境

在打造金融环境方面，深圳出台了《深圳市支持金融业发展若干规定》，通过建立完善的金融服务体系，为降低高新技术产业的资金壁垒提供了有力的保障。首先，深圳努力完善证券市场环境，创业板、中小板等为高科技企业的发展提供了重要的资本来源渠道，企业可以通过证券市场满足融资需求。另外，深圳市还有多渠道、多元化资本市场，包含各种产业投资基金、天使投资基金等，能为不同层次的企业以及企业不同成长阶段提供资金支持。目前，深圳拥有全国1/3的创投机构，包含4.6万家风险投资和私募股权投资机构，具有完备的创新资本链（辜胜阻等，2016）。其次，政府为破解中小型科技企业的资金壁垒问题，1994年建立“深圳市高新投集团有限公司”扶持有前景的中小企业，其中华为、比亚迪、大族激光、欧菲科技、海能达等企业由小到大的发展都得到了高新投的资金支持。高新投不断探索服务创新，近年来采用纯信用无抵押的贷款方式为企业的发展再次降低了资金壁垒。1999年为了鼓励创业，政府成立了专门从事创业投资的“深圳市创新投资集团有限公司”，对深圳市重点发展的战略性产业提供企业初创、成长、转型等不同阶段的创业投资，为充分调动创新发展提供了动力。通过政府信用担保，成立的“深圳中小企业信用担保中心”以为企业提供担保的方式为企业降低了获取资金的门槛。

3. 优化营商环境

商事登记制度改革有利于优化企业创办流程并降低开业成本，转变政府职能，有助于各部门的协同合作，优化营商环境（钟瑞栋和刘奇英，2014）。市场机制不健全可能导致寻租行为的出现，寻租对市场产生了“扭曲”作用，但良好的营商环境能够在很大程度上促进无寻租行为企业的自主创新行为（夏后学等，2019）。2019年10月22日国务院公布了《优化营商环境条例》，从2020年1月1日起实施，但深圳对营商环境的重视远比这要早得多。深圳2013年开始实行商事制度改革，2018年开始实施“三十证合一”，通过政务信息共享平台实现各部门之间的协作联合，大大提高了登记效率。2015年加大简政放权力度，深化行政管理体制改革。2016年出台减轻企业负担政策汇编，对293项行政职权事项予以取消、转移、下放。2017年共调整了

123 项，2018 年共清理 164 项。运用“互联网 +”政务服务模式不断简化行政审批和服务事项，提高办事效率。推行“一个窗口受理、一站式服务、一条龙服务”，2018 年开始使用投资项目在线审批监管平台，包含了行政许可、行政内部管理事务、评估评审等涉及投资项目全过程。同时，再次进行“深圳 90”改革，将项目立项到施工许可办理的审批时间限制在 90 日内，极大地优化了营商环境。2020 年，《深圳经济特区优化营商环境条例》正式出台，对标国际先进水平，进行一系列制度设计。此外，深圳海关也持续改善口岸营商环境，提升跨境贸易便利化，支持民营经济“走出去”。通过行政体制改革，优化政府服务功能，对接国际市场，深圳为市场主体提供了良好的营商环境。

4. 营造创新文化环境

深圳是一个极具包容性和开放性文化特点的城市，汇聚全球多元文化的融合和碰撞，为深圳市场化发展带来了机遇。良好的市场环境吸引了微软、苹果、三星等世界知名企业在深圳落户。截至 2024 年 2 月，世界 500 强企业已有超过一半落户深圳，同时，吸引了大量国际科研机构的入驻，为深圳自主创新注入了新的知识和技术。与此同时，深圳大力鼓励大众创业、万众创新，形成了“宽容失败、鼓励冒险、兼容并包、宽松创业”的创新创业文化。随着商事登记制度的实施，设立企业的成本大幅降低。同时，打造浓厚的创客文化。为加快打造国际创客中心，向国际化创新城市发展，2015 年市政府颁布了《关于印发促进创客发展若干措施（试行）》，为创客建设完善的创客空间，培育创客人才队伍，强化创客公共服务，营造创客文化环境，并设立专项资金为创客提供融资帮扶。深圳现已形成了柴火空间、创客联盟等多家“众创空间”，自 2015 年开始举办深圳国际创客周，吸引了国内外多个国家的创客和团队交流合作，为深圳自主创新发展注入了源源不断的创新点子（idea）。近年来，为了支持民营企业做强做大，深圳在政策端不断加大支持力度，例如，2018 年出台了《关于更大力度支持民营经济发展的若干措施》为企业减负解困。截至 2020 年底，深圳全市商事主体数量达到 358.6 万家，其中民营占比达 97% 以上。民营经济已成为最有活力、最具竞争力，助推深圳经济高质量发展的中坚力量。

5. 构建法治环境

市场经济的本质是契约，契约的本质是能够在法治的框架下被履行。法治化对于科技创新主要解决两个问题：一个是搭便车问题，尤其是破坏知识产权的行为；另一个是政府越位问题，通过合理界定政府和市场的边界，能够有效约束政府的行为，避免政府越位。完善的法治环境有助于对企业和人才的吸引，良好的法治化环境是城市竞争力的一个重要方面，随着产业结构的优化升级，法治环境在创新发展中所起的作用更加重要。深圳充分利用特区立法权，通过法治改革不断完善深圳的法治体系，明确市场与政府的边界，为自主创新发展塑造了良好的营商环境（熊哲文，2018）。深圳在保护高新技术产业发展的过程中制定了多项法规。2006 年颁布了《深圳经济特区高新技术产业园区条例》为高新技术产业园区营造了法治环境，2017 年通过了《深圳经济特区国家自主创新示范区条例》为自主创新发展保驾护航。另外，由于自主创新投入成本高、成功率低，并且伴随着知识和技术溢出的效应，因此拥有有效的知识产权保护法治体系至关重要。政府通过不断完善知识产权保护相关法律法规对自主创新产生的专利成果进行保护，为冲破无形资产壁垒提供保障。深圳非常重视知识产权保护，1996 年出台了中国首部关于技术秘密保护的《深圳经济特区企业技术秘密保护条例》，2004 年颁布了《深圳市知识产权专项资金管理暂行办法》，2006 年颁布了《深圳市知识产权战略纲要》，2008 年在全国率先出台综合性知识产权保护法规——《深圳经济特区加强知识产权保护工作若干规定》，成立知识产权法庭，将刑事、民事、行政“三审合一”以加强知识产权保护。此外，《深圳经济特区科技创新条例》（2020 年 11 月 1 日起实施）以立法形式规定财政对基础研究的投入比例不低于财政科技专项资金的 30%，保证财政持续稳定支持基础研究。这意味着财政对基础研究的投入有了法律依据。

6.3.3 丰富市场要素

1. 知识、技术要素

知识和技术是创新发展的必需要素，深圳借助改革开放融入世界创新发展格局，充分利用后发优势引进国外先进技术设备，通过消化吸收，实现了从创新追赶到引领创新的跨越。这离不开深圳丰富的知识技术要素来源。深圳与国内外高校、科研机构建立合作关系，构成了知识产生平台，汇聚了国内外的高层次人才，有助于新知识的产生和基础知识的开发，为原始创新提供了知识来源。另外，深圳非常重视企业在创新中的主体地位，鼓励企业设立研发机构，深圳“六个 90%”的特点反映出科研机构与企业实现了良好的互补和促进，使知识的生产和技术的进步融合在一起，提高了技术开发和知识生产的效率。通过国际合作及时获取国际相关产业发展的最新动态和前沿知识，能够为创新提供源源不断的新鲜血液。深圳鼓励企业走出去，同时，吸引国外大型跨国公司和国际研发机构的入驻，共同为深圳自主创新发展提供最新的知识技术。2015 年深圳建立海外人才离岸创新创业基地，为海外人才创新创业提供政策帮扶，鼓励海外人才创新创业，构建国际化创新生态圈。2017 年 5 月深圳首批七家海外创新中心成立，包括以色列、加拿大、美国、英国、法国等多个国家，为深圳汇聚全球创新资源提供良好支撑①。此外，深圳充分利用区位优势，大力推进“深港创新圈”项目，推动粤港澳大湾区的产学研合作，充分利用香港的高校和科研机构优势，助力深圳高校、科研机构、企业等的发展。

2. 人才要素

创新驱动根本上是人才驱动。近年来，深圳坚持实行构建人才梯度支持计划、深化国际人才管理改革、强化人才精神激励等更加积极、更加开放、更加有效的人才政策。深圳牢牢抓住、抓好“人才强市”战略，在自主创新中不断完善人才市场建设。在市场化程度还不高的情况下，政府在人才招揽中发挥了重要的作用。改革开放初期，深圳为了解决企业缺乏人才、人才发展缺乏保障的局面，在人事局下面设立了人才服务公司，随后又更名为人才服务中心，为符合条件的科技人才寄存档案，发挥了重要作用。随着市场化程度的提高和人才市场的扩大与完善，深圳开始探索人才管理相关的公共服务和市场化服务，成立了深圳市人才大市场。2006 年深圳事业单位分类改革逐步推进人才市场化；2010 年深圳市人才交流服务中心正式纳入国资监管体系，开始全面进行企业化运作。政府在人才招揽的过程中不断调整角色定位，充分发挥市场在人才吸引方面作用的同时，进一步完善和推动有关人才吸引和服务的政策制定和人事制度改革。1993 年深圳积极探索企业劳动和人事制度改革，颁布了《关于企业取消干部、工人身份界限，实行全员劳动合同制若干重大问题的意见》；2000 年为更好地对高层次人才进行管理，制定了《关于加强高层次专业人才队伍建设的意见》；2006 年为更好地激励科技人

①《海外创新中心开辟“新航路”》，http://sztqb.sznews.com/PC/content/201710/31/c213253.html。

才，制定了《深圳市产业发展与创新人才奖暂行办法》；2017 年通过了《深圳经济特区人才工作条例》，涵盖了人才的培养、引进与流动、评价、激励、服务保障等多个方面，并确定了 11 月 1 日为“深圳人才日”；2018 年通过了“鹏城英才计划”“鹏城孔雀计划”等人才政策。政府在人才引进方面投入了大量财政资金，通过“孔雀计划”等计划吸引国内外人才到深圳发展，每年投入超过 10 亿元资助人才和团队，通过资金支持鼓励进行创新研发。2023 年深圳新增全职院士 7 人、总数达 98 人，高层次人才 2.4 万人、留学回国人员超 20 万人，各类人才总量超过 679 万人。

深圳不仅非常重视人才的引进，还非常重视人才的培养。高等教育资源匮乏是制约深圳发展的软肋，深圳近年来一直非常重视高等教育的发展，与国内外多所知名院校展开合作，于 1999 年成立深圳“虚拟大学园”汇聚了国内外 60 多所高校，培养了大批人才，孵化了众多的科技企业，为深圳建设国家型创新城市提供了重要的支撑。2016 年，深圳市出台《关于加快高等教育发展的若干意见》，为高等教育的发展指明了方向。近年来建立了南方科技大学、深圳北理莫斯科大学、香港中文大学（深圳），筹建深圳技术大学、吉大昆士兰大学，同时与清华大学、北京大学、中国科学院大学、中山大学、哈尔滨工业大学、香港大学等知名高校展开合作建立深圳校区，为深圳的创新发展培养人才。在人才培养方面，2014 年出台了《深圳市高层次专业人才学术研修津贴制度实施办法》，鼓励人才带薪培训、学术休假等制度，加强民办企业培训，对培训进行经费支持。另外，在人才要素方面还要不断地完善人才配套设施，对于长期人才解决落户问题，短期的人才提供低租金的公寓。

3. 创新载体建设及连接要素

深圳非常重视创新载体建设，对承担国家级重大创新载体及其深圳分支机构，予以最高 3000 万元支持；对省、市创新载体，予以最高 1000 万元支持；对以著名科学家命名并牵头组建或者社会力量捐赠、民间资本建设科学实验室，予以最高 1 亿元支持；对海外高层次人才创新创业团队发起的新型研发机构，予以最高 1 亿元支持（闻坤，2018）。以全球视野、国际标准，集中力量规划建设一批世界一流的重大科学基础设施集群，创新载体数量不断增加（图 6.4）。截至 2022 年，深圳全市有各类创新载体 3223 家，其中国家级 153 家、省级 1278 家。各类创新载体成为深圳科技创新体系强有力的支撑，加快了创新资源的聚集。

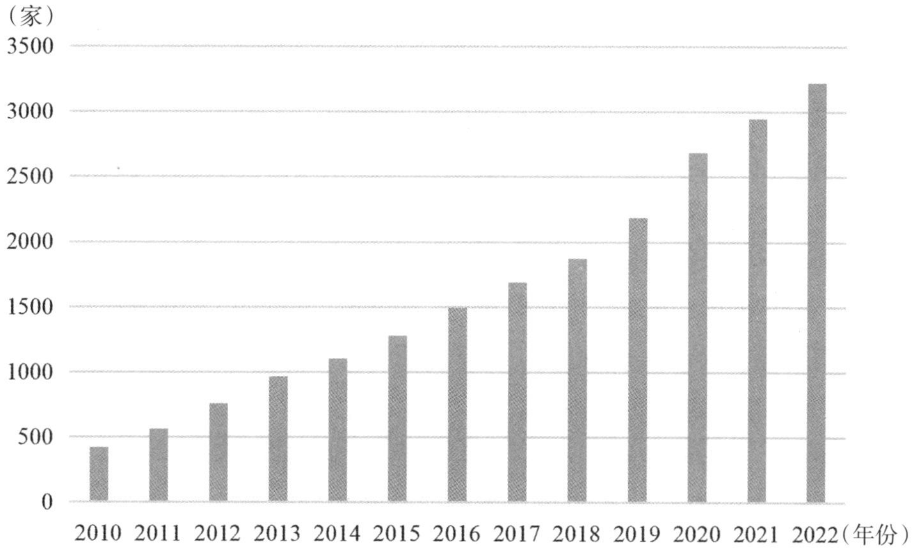

图6.4　深圳市创新载体数量增长情况

中介服务机构在创新发展中起到重要的连接和支撑作用。产业的发展和技术的创新需要相关产业的支持，形成完善的服务链条。2014年国务院出台《国务院关于加快科技服务业发展的若干意见》，深圳为支持产业发展，大力引进和支持科技服务业，构建完善的科技服务体系。2024年7月24日，深圳市科技创新局发布《深圳市促进科学研究和技术服务业高质量发展实施方案（征求意见稿）》，从壮大市场主体规模、优化行业整体结构、提升科技服务能力、加强公共资源供给四部分提出18条举措，旨在推动科技服务业迈向专业化、规模化（陈思琦，2024）。

在要素连接方面，深圳于1999年开始召开第一届“中国高新技术成果交易会”，促进高新技术行业的创新交流，一方面有利于与高新技术产业发展相关的知识、技术传播和扩散，为市场传递最新的技术和信息，另一方面有助于有前景的项目落地实施，促进自主创新的发展。高交会影响力巨大，促进了创新科技成果的商业化和市场化的同时，也催生和带动了一大批创新项目通过获得基金支持、技术帮扶、商业合作等资源成功商业化的企业。当今互联网巨头腾讯就是在高交会上获得了首笔风险投资资金，得以成长壮大。而这样的模式一直在延续和扩大，每年都会有众多企业不断地产生和成长，构成了创新发展所需的推动力量。诸如“高交会”这样的信息沟通交流机制还有“BT + IT”领袖峰会、电子信息产业博览会、国际人才交流大会等大型会议助力深圳的自主创新。

6.4 深圳市政府科技行为模式

深圳促进自主创新的政府科技行为主要包括政策工具和科技投入两种，其模式如图 6.5 所示。政府着力营造自主创新所需的环境条件，包括营造良好的营商环境、金融、文化、基础设施、法治环境等。通过不断注入创新所需的人才等知识生产要素，建立孵化器、产业园区、供应链体系，形成良好的知识扩散途径，通过完善科技中介机构建设相互协调合作的自主创新网络。良好的市场环境又进一步促进了对人才、知识技术等市场要素的吸引，形成充满活力的自主创新系统。该模式主要依靠市场力量的推动，政府在其中主要通过营造市场环境、完善市场要素等方式间接发挥支撑作用。此外，政府还通过科技投入行为对高校/科研机构、企业的自主创新活动予以支持，而不干预创新的具体内容和方式。整体来看，深圳自主创新模式是“市场驱动 + 政府支撑”的模式，形成了“市场为主导，企业为主体，法治为基础，政府为保障”的格局。

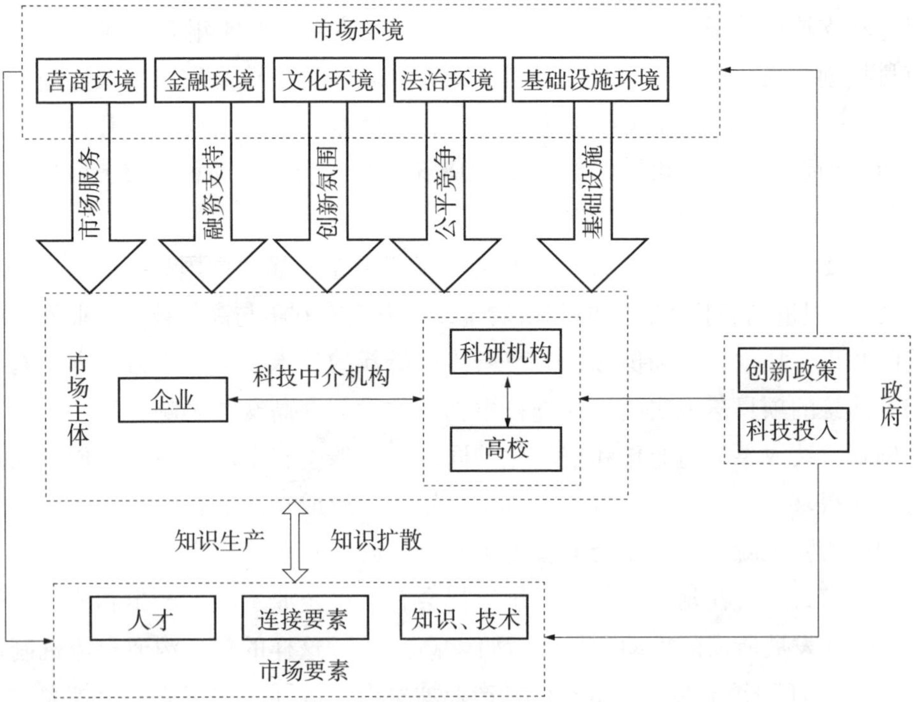

图 6.5 深圳政府科技行为模式

6.4.1　政府科技行为的主要手段

促进自主创新的深圳政府科技行为主要包括创新政策制定和科技投入两种行为，二者相互配合，协同发挥对市场主体的支撑作用。创新政策工具是政府科技行为最主要的工具之一，贯穿于自主创新发展的整个脉络。政府科技投入是政府科技行为的一个重要指标，也是影响知识生产，撬动全社会创新的重要力量。

1. 创新政策工具

创新政策工具包含多方面的内容，包括引导产业发展方向的战略性规划政策，解决企业从孵化到成熟的土地、厂房、平台等硬件设施的建设政策，为降低企业融资风险和困难的资本政策，为营造公平竞争、治理违法行为的规范性政策，为促进全民创新的激励政策，等等。

创新政策对市场环境的完善具有重要作用。建设良好的营商环境需要政府搞好内部体制改革，将工作重心转移到优化服务职能上，真正站在企业的角度帮助其解决在创新中遇到的各种障碍和问题，做好企业全生命周期的相关配套行政服务。在完善金融体系建设过程中，政府一方面建立投融资机构为新创企业提供资金帮扶，另一方面提供更加全面的融资渠道，大幅度降低企业的融资难度。在营造创新氛围过程中，通过出台鼓励创客发展、建设创客中心等政策途径完善创客进行创意活动所需的软硬件环境，并为其提供必要的资金支持，包容创新出现的失误，为自主创新注入源源不断的活力。同时，通过制定和完善知识产权保护政策，对企业的创新成果予以保护，降低企业创新知识溢出的风险，保障企业能够从高创新投入中获取应得回报，从而激发企业自主创新的热情。当然，政府在管理和维护市场秩序中扮演着重要角色。企业以追求利益最大化为基本导向，容易出现不正当竞争行为和假冒伪劣等问题。这就需要政府运用强制性手段维护市场公平，形成公平竞争的市场氛围。

创新政策会对市场主体产生重要影响。政府制定的产业发展规划在一定程度上为市场主体的发展提供了方向指引。科技投入政策与企业的创新密切相关，获得政府资助、税收优惠、政府采购等政策帮扶能够降低企业融资风险。为促进产学研合作，政府出台促进企业与高校/科研机构等合作的政策，能够协调产学研之间的关系，促进知识流通渠道的建立，促进知识的生产和创新成果的商业化。通过建立孵化器、产业园区等创新载体，通过政策优惠吸引国内外研发机构和人员的入驻，能够为创新主体注入更多前瞻性的知识和技术，促进自主创新。当然，创新政策对市场要素也有重要影响。通过制定人才引进和培训政策，一方面能够有效吸引国内外的高层次人才，形成人才洼地，解决创新中最亟需解决的人才问题。同时鼓励企业进行人才的培训，促进知识的交流和学习能力的提升。通过拓展国际合作和国际市场，有助于创新成果在更大的市场上商业化，也有助于国外先进知识技术的流入，促进创新知识的流动，能够创造更多的可能和机会，发挥更大的创新能量。

2. 政府科技投入

政府科技投入是政府资源分配的一项重要内容，政府科技投入一般都会伴随着政策工具的使用。比如在人才引进过程中，政府出台一系列人才引进的优惠政策需要政府投入大量的人力、物力、财力等资源，需要不断完善人才引进政策配套的住房、医疗、教育等一系列相关问题，解决人才的后顾之忧。另外，政府科技投入在知识生产和流通过程中具有重要的作用。由于基础知识的生产需要较长时间，并且具有公共物品的属性，因而难以激发企业从事基础研究工作的热情，需要通过对高校/科研院所进行资金支持来促进基础知识的生产。当前，高校/科研机构大部分的研究经费大多依靠政府的财政资金投入，所以，政府的科技投入对于基础知识的生产至关重要。政府也通过资金投入支持孵化器、国家和省市重点实验室建设，促进知识的扩散，帮扶科技型企业的孵化和发展，培育新兴企业。通过建立产业园区、完备的产业链系统，能够有效促进关联产业的集聚，进而形成产业发展的协同效应，并提高创新成果的转化效率。政府科技投入对于降低企业研发活动的融资风险也具有重要作用，当前的研究也普遍关注政府科技投入对企业研发投入是具有杠杆作用还是溢出效用，但不可否认，政府科技投入对于在研发活动中有资金困难的企业具有重要的帮扶作用。基础设施建设是政府科技投入的一个重要方向，基础设施建设的完善对于区域经济发展有重要作用，也有助于人才的吸引，有助于知识和技术的聚集，进而助力区域的创新发展。例如《深圳经济特区科技创新条例》规定财政对基础研究的投入比例不低于财政科技专项资金的30%，保证财政持续稳定支持基础研究。现在，深圳已建立起无偿与有偿并行、事前与事后结合、稳定支持与竞争择优相结合的财政科技多元化投入机制，同时，通过银政企合作、科技保险、天使投资引导、股权有偿资助等方式，有效撬动银行、保险、证券、创投等资本市场多种要素资源投入科技创新（王海荣，2020）。随着财政科技投入的不断增加，如何发挥财政资金的效应成为摆在政府面前的一个课题。为此，深圳出台了《科技研发资金管理办法》，政府的每一笔研发投入有的放矢，钱花在刀刃上，使政府科技投入真正发挥“点金石”的作用（王海荣，2020）。

6.4.2　政府科技角色定位

深圳市政府进行的内部体制改革是政府科技职能角色定位的重要体现，从内部打破僵化的政府体制，以更加灵活、科学的组织架构和科技体制支撑地区自主创新。从政府对市场的行为来看，真正把握尊重市场规律，发挥好市场在资源配置中的决定性作用需要政府行为的支撑，政府通过完善市场环境，为市场主体提供直接和间接的公共服务，建设创新载体，重视人才和技术的引进，完善市场要素，在这些活动中政府扮演了协调者、服务者、管理者的角色。

6.4.3　政府科技行为方式转变

1. 从主导地位向支撑地位转变

随着市场化程度的不断提高，政府科技行为方式从发挥主导作用逐渐过渡到支撑作用。政府拥有很大的主导资源分配权力，尤其是在资源稀缺的情况下，由政府主导配置资源有其必要性。随着生产力水平的提高、科技的进步，仅依靠政府力量推动创新发展的步伐缓慢，随着市场内部资源的不断丰富，依靠市场力量推动经济发展的方式更为可行且有效。深圳的政府科技行为方式从主导向支撑转变主要体现在：①之前政府部门设置及出台的各项创新政策没有针对具体行业的发展状况，缺乏针对性和指导性，而深圳市科创委专门设立与产业发展相关的部门，涉及生物、电子信息、能源、材料等领域，能够对相关产业的发展提供更有针对性的帮扶和支撑。②之前政府行为具有较大的影响力，企业会跟随政府的政策手段调整自身的发展方向，而随着政府干预的减少，企业拥有更大的自主权，创新决策能够更好地贴近市场需求。③在制定发展规划时更加关注来自企业的意见，政府人员通过到企业调研，多种渠道收集来自企业、专家等的意见进行未来发展方向的规划，打破由政府单方面主导市场方向的局面。④政府科研管理方式的转变，之前的项目立项、管理、评价等都是由政府主导，现在政府探索将权力下放给企业，由企业决定资源的分配方向，政府以配套支持的方式予以支持。总之，政府科技行为从主导向支撑的转变有利于企业按市场规律行事。

2. 从直接干预到间接介入

政府推动自主创新的方式由直接干预手段转变为间接介入。在改革开放初期，在生产力水平较低、资源匮乏的情况下，政府往往以直接的方式进行干预。随着改革开放，国外先进技术和知识伴随着外资企业的入驻而扩散至中国市场，政府重视科技在经济发展中的作用，探索市场发展道路，积累了大量的技术基础和经济基础，并在此过程中确定了高新技术产业的发展方向。随着市场建设的不断完善，政府对市场的过分干预会阻碍市场力量的发挥。因此，政府开始逐渐以间接方式干预市场，间接介入方式主要表现在：①通过不断完善市场环境营造良好的氛围，调整政府职能，降低对企业的行政干预，赋予企业更大的自主权。②通过完善金融市场体系，设立专门的投资机构解决企业在创新发展中面临的融资困难问题，间接地拓展企业研发活动所需的融资渠道。③大力建设孵化器、产业园区等科技平台，为企业科技的发展提供土地、厂房、税收等一系列的优惠，提供咨询服务、项目指导等业务解决企业创新发展中遇到的困难。④促进企业成为真正的创新主体，在产业发展方向上充分采纳企业的意见，为企业未来的创新发展扫清障碍。⑤通过加大对高等教育的支持，增加基础研究的资金投入，鼓励产学研合作等方式为企业的创新解决人才、技术、知识等创新要素获取困难的问题。随着市场环境的完善，政府直接干预市场的方式进一步减少，间接介入方式将成为政府科技行为的主要手段。

6.5 政府如何科学有为？

通过对深圳自主创新中政府科技行为的分析，可以为其他地方政府如何“科学有为”提供借鉴和启示。新一轮科技革命和产业变革加速演进，对政府科技行为提出了新的要求，政府需要不断转变科技职能和行为，必须有所为，有所不为。政府科技行为的新角色应当是一个“引导者”，制定地区科技发展规划，将产业发展与科技创新政策紧密结合，引导企业成为创新主体，搭建各种公共服务平台，投资公共设施建设，服务于各类创新主体。而其科技行为的方式也应以间接干预为主，直接参与为辅，旨在解决市场无法解决的问题。根据深圳自主创新中政府科技行为的案例，我们认为政府要想在推动自主创新的过程中“科学有为”，需要做好以下工作：首先，明确政府角色定位，转变政府科技职能，着力创造公平公开透明的政府规则；其次，促使企业成为创新主体，帮助企业解决创新困境；再次，完善创新政策，加强政策引导；最后，优化服务职能，塑造创新环境，通过创新环境条件建设，实现汇聚创新资源、吸引创新人才。由此构建起“基础研究 + 技术创新 + 成果转化 + 科技金融 + 知识产权 + 创新环境”的全过程创新生态链，实现科技创新“0 – N”的突破。总之，“深圳奇迹”的根本原因在于政府构建了开放、自由的创新生态，让企业成为真正的创新主体，让市场充分发挥作用。尽管政府积极、科学有为，但主角却是市场。

6.5.1　转变政府角色定位和科技职能

政府科技职能由原来基本上为政府单独推动（唱独角戏）的局面转变为创新主体共同发展的态势。政府对科技创新的管理从直接管理方式转变为间接管理方式，管理手段从过度依赖行政指令和计划，逐步转向利用经济手段、法律手段和市场机制进行调节与管控。在知识产权方面实现与国际规范接轨，利用财税政策与金融工具作为创新系统中科技发展的扶持手段。在自主创新中，政府自身并非是直接的创新主体，但却是推动自主创新网络形成的重要力量。政府的作用表现为：一是通过“规则”“规范”“规章”等制度要素的结构化建立与完善科技创新的制度体系，营造一个鼓励创新的社会制度环境；二是对创新活动进行直接或间接的金融支持，实行“政策性金融”；三是在科技金融网络链接机制中扮演着“桥”的角色，即通过政府的科技创新服务平台，如孵化器、科技金融服务机构等促进科技型企业与科研院所、金融机构等进行桥接。

冯之浚（2007）认为，在市场经济环境下，政府作用的切入点应该是自主创新的市场失效点、系统失效点。因此，“科学有为”要求政府应从直接组织创新活动为主，转向以宏观调控、创造条件和环境、提供服务为主。发挥政府的组织、协调、聚合、催化的作用，包括营造氛围、正确引导、政策扶持、加强服务四个方面，如图 6.6 所示。

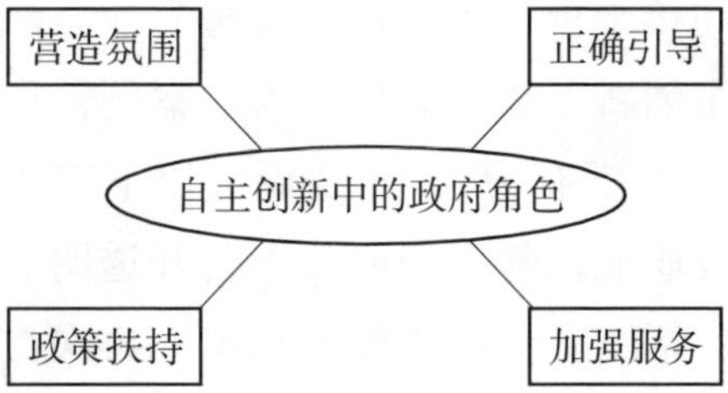

图 6.6　自主创新中的政府角色

基于此，政府的角色定位应该是：协调者、管理者、服务者。此外，根据斯坦福大学谢德荪教授的观点，中国的创新不一定要一味追随西方的“始创新”，我们不应该与西方国家比拼“始创新”，而应该通过组合旧产品及他人的始创新成果来推动“源创新”，开拓中国的内销市场，这个战略更符合现在中国的文化与环境（谢德荪，2012）。在这种源创新中，依然需要政府积极介入，并扮演协调者、管理者、服务者的角色。就我国的现状而言，政府促进自主创新的科技行为，核心在于“两手抓”。一手抓“势逼利诱”；所谓“势逼”就是制造不创新就没有出路的态势，塑造自主创新的氛围，所谓“利诱”，则是指为企业积极开展自主创新提供利益上的诱因。一手抓“扶持与服务”，即通过适当政策工具予以扶持，完善平台条件，加强服务。

6.5.2　促使企业成为创新主体

企业是自主创新的最主要力量，政府应努力促使企业成为创新主体。但我国的现实情况是，由于过去政企不分，导致政府对企业干预过多、包办过多。政府直接干预企业科技创新活动，阻碍了企业成为独立的法人实体，妨碍企业独立走向市场，使政府陷入对企业承担无限责任的窘境。在此情形下，企业开展创新的自主性与积极性受到很大的掣肘。政府促使企业成为创新主体，一方面能够使政府摆脱企业具体事务（科技创新方面）的纠缠，使政府有更多的精力为企业提供更多的服务；另一方面使企业拥有更多的自主权，为企业提供更大的自由发展空间，有利于企业成为真正的法人和创新主体。通过减少企业对政府的依赖，迫使企业根据自身发展的需要进行自主创新。

由于创新活动具有较高的风险性，一般中小企业无力承担巨额的研发投入。另外，在市场机制下科技创新活动容易造成市场失灵现象。所以，政府应积极地以政策工具介入，以刺激民间投入研发创新活动，培育创新能力。企业在自主创新中也面临着诸多障碍或困难，政府应关注企业进行自主创新的主要阻碍或困难，帮助企业走出困境。

6.5.3 完善创新政策

创新政策是政府支撑和干预创新发展的最主要手段，在本案例中，支持创新的政策工具贯穿始终，从产业政策来看，政府制定和出台一系列支持产业（尤其是战略性新兴产业）发展的政策，涉及公共事业、科学和技术开发、教育与培训、信息与服务等方面的创新供给政策，财务金融、租税优惠、法规及管制、政策性策略等产业创新环境政策，以及为促进创新需求而制定的创新需求政策等。

推进自主创新要依靠市场的力量，更要以企业为主体，但这并不意味着放弃或削弱政府的作用。尤其是在当下，实现赶超战略时更需要政府的主导。我国现有技术水平相对较低，在这个基础上发展高新技术产业，不是产业结构调整和技术水平提升的渐进过程，而是一种后来居上的赶超行为。实现这种战略性的跨越，必须对发展战略、重点领域、科技政策及各种重大关系做出选择和调整，同时也要集中力量实现重点突破。所有这些，都需要政府从宏观和战略的高度做出安排。

通过创新政策有助于资源向政策指引的方向分配，提高资源配置效率。创新政策的引导作用主要表现在：①引导企业发展方向，完善企业创新的市场竞争环境，从而充分激发市场对企业创新的驱动作用。②为相关产业或行业的发展提供合法性，有助于企业通过银行、证券等金融渠道获取创新所需要的资金，解决企业尤其是中小企业在创新中的融资难问题。③规范市场环境，对于破坏市场规则的行为进行处罚，对创新成果予以有效的保护，有助于形成优胜劣汰、公平竞争的市场机制，撬动和激发企业的创新行为。④将未来的战略规划信息传递给利益相关者，在一定程度上达到知识的供给和需求相匹配，提高创新知识的利用效率。总之，政府可以通过充分利用政策，不断完善创新发展相关的政策体系，通过创新政策引导、支持、规范、保障创新主体开展创新活动。

6.6 案例总结

本章选取我国最具代表性的城市——深圳为例，分析了深圳市政府在推动自主创新中如何发挥引导和支撑作用。本书从政府内部行为和外部行为两个视角出发，探讨了深圳市政府通过明确角色定位、内部制度创新、国有企业改革等方面进行内部体制改革的经验和途径；而外部则主要从政府对市场主体、市场环境、市场要素所采取的行为展开分析，揭示了深圳市政府在促进自主创新中的主要科技行为：（1）培育市场主体，引导市场主体发展方向，助力市场主体发展；（2）完善金融环境、营商环境、基础设施环境、文化环境、法治环境等市场环境；（3）提供知识与技术要素、人才要素、联接要素等市场要素。

本案例揭示了“深圳奇迹”的秘诀，即在市场化进程中通过技术和制度的有效结合，走出一条以需求为导向、由学习和模仿到自主创新的路子，形成了“市场驱动＋政府支撑”的深圳模式，并将创新从科研活动转变为经济活动，形成“市场为主导，企业为主体，法治为基础，政府为保障”的自主创新格局和“基础研究＋技术创新＋成果转化＋科技金融＋知识产权＋创新环境”的全过程创新生态链。由此回答了政府在促进自主创新中如何“科学有为”的问题，为我国其他地区的政府部门更好地实施创新驱动战略提供了借鉴和启示。

第7章　技术预见对政府科技行为与治理的影响

技术预见（technology foresight）是一种新型的科技治理工具，它能将科技治理与创新活动的开展有效连接起来。通过技术预见，有助于提高科技治理的前瞻性、有效性，并降低风险，进而提高科技资源配置的效率。基于此，本章将探讨技术预见对政府科技行为和科技治理的影响，以便为政府构建现代科技创新治理体系，全面提升科技创新供给能力和治理能力提供指导和借鉴。

7.1　技术预见与现代科技治理

进入21世纪以来，全球科技创新进入空前密集活跃的时期，新一轮科技革命在学科交叉融合、扩散渗透上远甚于历史上的前几次科技革命，呈现出如下新的特点（白春礼，2021）：新一轮科技革命呈现多点、群发性突破的态势，科学研究日益深入和手段革新正在引发科研范式转变，技术变革正加速转变为现实生产力，以“互联网+”“智能+”为代表的数字经济正驱动社会加速向数字化转型，深化国际合作成为我们加快科技发展、应对全球性挑战的必然选择。可见，新一轮科技革命正在重构全球创新版图、重塑全球经济结构。

在技术民主化、跨界竞争和快变成为常态的当下，科技竞争变得越来越难以预测。站在新一轮技术革命和产业变革的重要关口，必须重视技术预见，开展科学理性的决策。技术预见是站在现在看未来，把脉主攻方向，明确当下的着力点（杨丽，2018）。这是一种新型战略分析与集成工具，通过技术预见活动，可以强化创新系统内各主体的互动与学习，使得创新活动更有效率；同时，技术预见旨在预测未来基础科学与科技发展的可能性及其对社会经济的影响，据以建立相对应的科技政策，使科技资源的投入符合社会需求（Grupp & Linstone，1999）。美国、日本、英国通过技术预见，取得了显著效果。以往政府科技治理之所以低效或失效，一个重要原因是缺乏技术预见。

因此，如何掌控技术发展规律、把握技术发展方向，如何提高风险决策水平、增强科学决策能力，成为摆在政府面前的重要课题。面对这样的时代背景，技术预见正是将政府科技行为与自主创新有效连接起来的桥梁。通过技术预见，有助于提高政府科技行为的前瞻性、有效性，并降低风险。

技术预见的提出有其深刻的背景。当今时代，推动科技发展的思维模式已从“技术导向”转变为“需求导向”，而市场竞争的逻辑也从“效率”转变为“创新”。为应对这样的变化，科技发展不能局限于在既定领域范畴内追求技术提升，而是要以更具灵活性并建构在跨产业整合的基础上寻求新的突破。在此背景下，技术预见恰好能为政府与企业提供一个系统的项目优选工具。通过技术预见，有助于支持对国民经济发展和经济安全具有战略性影响的重大技术，为国家科技发展和产业技术创新提供互动平台（万劲波等，2003）。技术预见活动是一种社会集体学习过程，可催化技术专家、政策执行者、企业家及非政府组织的相互合作与互动。不仅可促进不同领域知识系统的知识交流，还可以协助利益相关者确立资源投入的优先顺序，以促进需求导向的规划。

在此背景下，探讨技术预见对政府科技行为的影响，无疑具有重要的理论价值和现实意义，可为构建现代科技创新治理体系，全面提升科技创新供给能力提供指导和借鉴。故此，本章首先分析当前创新政策的主要问题并为政府科技角色的转变指明方向；其次深入探讨技术预见与创新政策的关系，剖析技术预见的过程及其共识形成机制；最后提出促进自主创新的政策方向和政策要点。

7.2 政府科技职能转换方向

7.2.1 当前政府科技行为存在的主要问题

近年来，我国一直在增加科研投入，虽然占 GDP 的比例还低于欧美、日韩、以色列等发达国家，但科研投入总量已居世界第二。然而，一个不容回避的问题是：政府对科技创新的投入有多大效果？美国工程院院士李凯认为并不有效。为什么政府的科技经费投入效果不理想？首先是科研与创新合二为一的政策，对资助的研究项目提出许多不切实际的要求；其次是资助的研究方向与市场需求脱节（原春琳，2015）。在短期内既要取得科研成果，又要实现创新产品是不现实的。不论是高校还是科研院所，科研团队通常是由不具有产品开发经验的教授和研究生所组成，要在短的时间内开发出有市场竞争力的高科技产品是不现实的。结果往往造成科研人员为了获取经费而开展难度小的研究项目，开发没有市场竞争力的产品；很多发表的论文往往只有一点小的改进，甚至可能根本没有创新之处。然而，为了继续获得未来的经费支持，不仅每个团队或科研人员必须宣称自己的项目是成功的，而且作为资助机构也必须宣称他们资助的大多数项目是成功的，否则，他们就是失职，至少是不称职。这种情形不断循环、延续，逐渐形成了今日中国科技界（低水平重复）的怪圈。

当政府经费管理机构确定科研与创新方向时，他们认定这些方向有价值。但是，政府资助机构既缺乏产品开发与管理经验，又不了解市场需求。同样，所谓权威科学家建议设立的方向，也往往由于这些科学家自己缺乏创业经历和市场经验，并不真正了解市场需求。导致所资助的技术方向与市场需求脱节。按照李凯（美国工程院院士）的看法，科技计划的决策大多是由技术驱动的，而企业的决策则是由市场主导的。

当前，创新环境已发生了重大变化：一是创新范式发生的变化，科技创新加速发展，交叉融合、颠覆性等成为科技创新的重要特点；二是国际竞争格局发生变化，技术预见需要更精准把握技术差距，更要关注构建自身关键技术体系（吴家喜，2018）。然而，由于受传统“指标”思维定势的影响以及学习能力无法跟上环境变化的步伐，政府在具体的科技行为上，往往表现出行为不足、行为不当或过度作为三种情形。所谓行为不足，主要是需要政府加以介入或投入的领域，介入或投入不够；所谓行为不当，主要是受传统“指标”思维的影响，主观臆断，规定创新、创业及产业发展等在一定时期内要达到某个指标，不按规律办事；所谓过度作为，主要是指政府越俎代庖或超越科技创新规律，深度介入某些技术领域或新兴产业的发展，投入过大、出台扶持（优惠）政策过多等。例如，前些年的光伏产业、风能产业、LED产业和近期的创意产业、孵化器、众创空间等，都体现出不同程度的过度作为，大有“大干快上”之意味，但实际效果并不理想。地方政府对某些产业的过度热衷，催生出许多荒诞闹剧。事实上，过多或过度的扶持政策、优惠政策是一把双刃剑：一方面，它确实能快速促进受资助、受扶持企业（产业）的发展；但另一方面，它又可能造成不公平竞争，扭曲产业发展规律或市场规律（江飞涛和李晓萍，2018）。因此，政府科技行为应在公平与效率之间取得适当的平衡：效率优先，兼顾公平；市场手段为主，政府资助、扶持为辅，如图 7.1 所示。

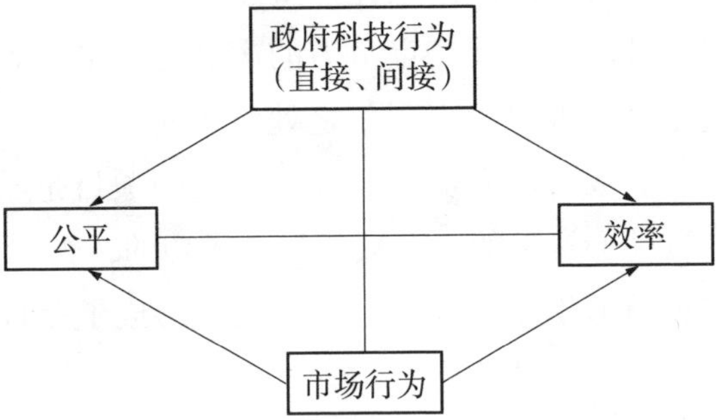

图 7.1　政府科技行为与市场的关系

7.2.2　政府科技角色转变及方向

科技的发展属于人类活动的一部分，当政府的有形之手介入过深时，往往弊大于利。叶祥松和刘敬（2018）指出，政府需要对科学研究进行支持，但也要给市场和企业一定的自由，若政府支持力度超过一定限度则会对创新产生负向影响。而且，科技的生产与发展有自身的规律，政府过度的介入，若方向不正确，反而会阻碍科技的发展。当前，政府以各类科技计划（项目）的方式大力支持各种高新技术产业发展，未来将面临科技发展的诸多风险问题。根据国内外的经验，高新技术产业发展中所带来的科技风险问题，往往在产业快速发展下被掩盖或被忽视。科技革命与新兴科技风险对于科技发展的决策增加了新的考量因素，从科技风险的角度看，政府在科技发展中扮演的角色发生了新的变化。因此，政府应该在科技发展的推动上更积极地承担起科技风险管理者的职责，尽快建立起新兴科技预判（预见）和重大风险防范机制。但当前对技术预见、科技风险的研究严重不足，政府官员对科技创新及其社会影响的认知和理解有待提升。

新兴科技风险下政府科技决策有三大特点：决策于未知、对未来的决策、价值的冲突（黄种斌，2006），其对决策的要求如图 7.2 所示。这就要求政府主动转变科技角色。

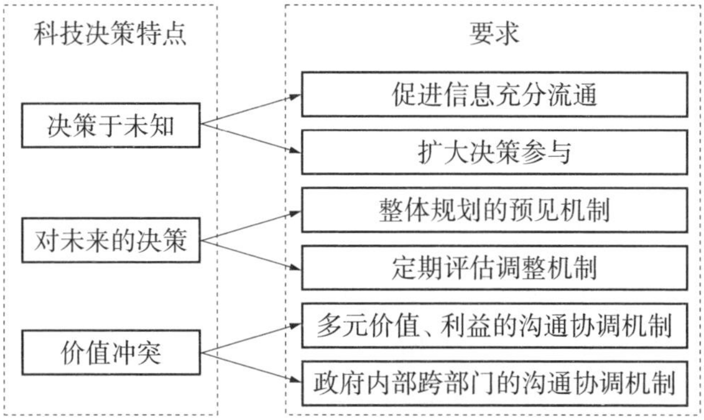

图 7.2　科技革命与风险社会下政府科技决策的特点及其要求

资料来源：黄种斌（2006）。

1. 不同需求之间的沟通协调者

由于科技资源有限及偏好于产业任务导向，我国对于科技发展的推动习惯于由上层的政治精英或科技精英规划整体方向。从我国科技行政体系的运作方式来看，明显可以看出这种试图通过规划整体发展方向来引导全国科技发展的意图。鉴于我国科技资源较有限，政府确实有必要在科技发展上负责整体方向的规划。但是，这种精英决策模式，从国家整体均衡发展来说，并非好事。因为：第一，精英决策模式不易反映社会不同的多元价值；第二，精英对于科技发展的取向偏重于产业经济发展的促进，忽略了与社会其他价值的协调。这种以产业为目的、将科技发展单纯视为技术发展的价值观，已被其他国家的实践证明会导致科技发展缓慢（黄种斌，2006）。

为了推行可持续发展的理念，政府介入科技的方式应该从绝对的价值判断转向建构确保不同价值与利益都能够反映在决策过程中的机制。虽然政府应该担负起规划国家（或地方）整体科技发展方向的职责，但在决策方式上，应该参考技术预见理论，从社会各种不同需求的对话与沟通中得出科技发展的需要，使科技发展与社会整体需求相吻合（段培君和万劲波，2010）。其中，尤其需要知道该如何与公众进行风险沟通，但当今政府部门普遍缺乏风险沟通的意识和经验。

2. 注重基础知识的创造及知识流通的机制构建

从产业科技发展的角度看，政府的角色也面临转型。随着科技进步的加快，高新技术及其商品化和产业化的投资规模越来越大，技术更新换代的速度不断加快，产品的生命周期则日趋缩短，而发展高新技术产业的风险日益增大。面对这种风险，大多数企业对高新技术产品研发持谨慎态度。同时，由于高新技术产业具有智力密集、资金密集和技术密集等特点，门槛和起步条件高，因此，不论是发达国家还是发展中国家，都需要政府承担重要的基础研究，对重点行业和技术予以投入和扶持。由于我国大部分企业为中小企业，如果政府过分注重知识流通机制而不重视知识的创造，那么，对于需要长期投入及距离应用较远的科技研发，可能会产生投入不足的困境。因此，在易产生公共产品困境的科技研发（也包括学术研究）上，政府有必要投入资源以促进知识的创造。

在创新主导的知识经济社会，政府的角色不是独揽科技的研发，也不是通过挑选重点产业的方式来全力发展，而是通过平台与机制的构建，尽量使科技知识能在社会不同部门间流通，使知识在不同的交流与激荡中创造出新的价值（黄种斌，2006）。在发展经济的导向下，为了能够实现促进产业创新的目标，政府应构建一个让知识顺利流通的机制，让民间逐渐培育出自主创新能力。通过政府协调产、学、研的关系，建立知识流通机制，既能加强基础知识的创造和生产，同时在产学研紧密的互动过程中有助于创新扩散。

3. 维护研究独立性

政府必须创造一种支持科技创新的环境，而且要尊重科技知识自我生产的逻辑，这就是研究的自主性。市场失灵虽然赋予政府介入科技创新的正当性，但政府的介入仍然必须以维护研究的独立性为前提，而不是指手画脚，避免行政权力对研究自主性的干预和扭曲。如果科技界的运作受到权力的扭曲，必然导致科技资源的错配和低效。从促进科技进步的视角看，政府介入以维持研究环境的自主性对于科技进步十分必要。科学实证论（positivism）的观点也支持科技研究独立性的重要性。因此，只有为科学研究者提供自由的学术环境，其自主的运行才有可能保证科技的良性发展。

4. 创新系统中政府科技角色的转换

从宏观角度看，在创新系统中政府角色需要进行如下的转换：

（1）从直接管理转换为间接管理。以往直接管理科技活动的方式，应逐步向间接管理方式转化。管理的手段由原来过度依赖行政指令和计划的方式，逐步转变为利用法律手段、经济政策和市场机制进行管理。

（2）强化公共行政职能。进一步明确政府公共行政职能的作用，加大对教育和科技等公共事业的支持力度，有效落实科教兴国和可持续发展战略。

（3）加强规范化管理和法治化建设。加强政府监督职能与执法力度，强化行政管理的规范化与法治化建设，加强市场行为规范化建设与监督措施。

7.3　技术预见及其共识形成机制

创新大多来自需求，市场需求是科技创新的决定性力量。因此，对于需求的预见在把握创新方向上显得尤为重要。但由于科技的快速进步，针对新兴科技及其可能产生的风险，政府的决策必须针对未来可能出现的情形而进行当下的决策。另一方面，由于未来充满不确定性，针对未来的决策需要在众多的可能性中尽量缩小范围，以便于做出正确的决策。这种缩小未来选择范围的意图一般通过“技术预测”来解决。但是，“技术预测”这种线性与静态的做法，往往忽略了当前行动或不行动对于未来的影响。此外，这种以科技为主的政策决定方式，也忽略了科技发展与社会的互动关系，在缺少其他社会条件支持的情况下，科技发展的意图可能落空，并可能引发其他社会风险。

由于科技资源的有限性，需将愿景预见与规划机制纳入科技政策的目标，以形成共同的愿景进而达成适当、有效的资源配置。1984 年，英国学者阿尔文（Irving J.）与马丁（Martin B.）提出“预见”（foresight）一词来表示一套系统化、科学化的过程，从而有效地进行长远预测。其核心思想认为科技发展的本质不是线性发展，不能以直线发展来预测，并强调过程中的参与和沟通，讲求理性与沟通机制的效果。技术预见是指通过系统的方法，评估未来可能会影响产业竞争、财富创造及生活质量的科技发展趋势（Georghiou，1996）。考察全球技术预见的演进历程，第一，强调预测的精确性和结果的扩散；第二，提出优先级，建立产业、学术网络，使之成为主要的评估方式；第三，通过利益相关者的参与，寻求共识并开发预见技术；第四，演变成为科学和创新系统的分配角色，各组织基于彼此协调的原则，运用预见活动响应不同社会需求；最后，考虑科技创新系统结构及参与者、社会经济议题的科技层面，将预见活动导入战略性决策元素。从实质看，技术预见的重点在于整合经济与社会发展的问题，并以科技发展为主线，系统化地讨论未来科技发展愿景。

这种针对未来长远发展、注重不同社会部门对话互动以凝练出科技发展方向的机制，在新兴科技与科技风险的政策决策上值得参考。原因是：技术预见肯定政府有必要有所行动将科技发展的资源加以规划，这切合中国这样一个人均资源比较有限的国家的实际；此外，技术预见注重科技发展的优先级应该由社会共同讨论、对话来决定，非常符合科技决策的正当性和降低风险的要求（江鸿和石云鸣，2019）。

7.3.1 技术预见与创新的关系

随着技术在社会经济发展中的重要性日益凸显，以及技术不断升级迭代带来的高度不确定性，技术预测和技术预见为未来社会发展方向提供了重要指引（彭凡嘉等，2019）。预见虽源自技术预测，但更强调以开放性思考的态度出发，通过既有科学严谨性又有创造性的方法进行预测，以期探索长期的发展机会，并利用未来愿景反馈至阶段性的目标（房彤宇等，2019）。

推动自主创新的政府科技行为模式中最关键的一环就是政府角色与行为的转化。因此，政府需要通过政策工具的介入来刺激研发创新活动，以协助本国（地区）产业提升竞争力。从自主创新与政府科技行为之间的关系可以看出，二者存在密切关联，具体如图7.3所示。

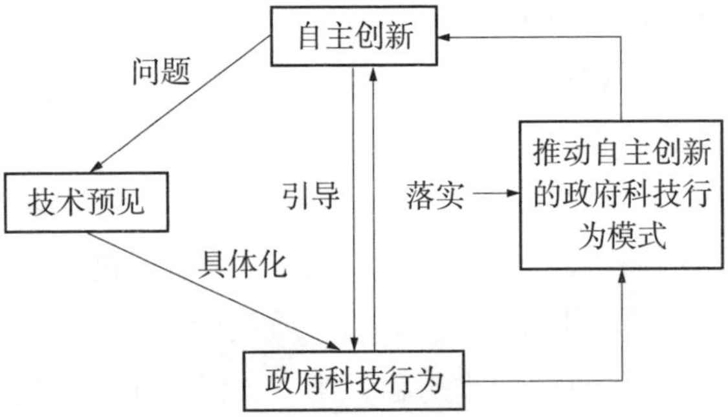

图7.3　自主创新、技术预见及政府科技行为的关系

技术预见作为政府科技行为的重要一环，将自主创新与政府科技行为更加紧密连接，使得自主创新这一宏观层面的问题，在具体实施中得到转化，将政府科技行为与自主创新联为一体。这样不仅对企业研发创新有参考意义，而且对政府的具体政策和行为的实施也有重要参考价值。因此，技术预见是连接自主创新与政府科技行为的又一重要桥梁，值得深入探讨。政府积极参与技术预见，对自主创新的正常开展起到方向性作用。

7.3.2　技术预见的方法与开展过程

技术预见主要针对 3 ～ 20 年的整体社会需求，找出优先发展的科技项目，为科技政策和预算提供参考。为达到这个目的，需要多群体共同参与，从多角度对国家的科技发展方向进行系统规划。Irvine 与 Martin（1984）认为，技术预见所考虑到的不是预测某一种未来可能的前景，而是面对未来有可能出现的诸多前景之中，选择所想要的愿景。技术预见与预测的内涵是不同的，预测的意思比较接近分析最可能的未来；技术预见则是通过一连串系统的尝试与努力选择最想要的未来（徐苑琳和孟繁芸，2018）。

1. 技术预见的特性

（1）技术预见的定位：预见是一种导向性活动，主要是为国家创新系统所进行的相关政策活动，反映了当前发展的需求，因而会受到主导者的影响。其次，技术预见是一种长远的战略规划，不仅仅考虑技术的发展前景，更要综合社会需要与技术推动，寻求未来能够综合发展社会、经济的技术模式。而这种模式必须能够被社会不同的群体所接受。

（2）技术预见参与者多样性。技术预见的过程需要利益相关者的积极参与，如果没有良好的利益相关者基础，技术预见的导向性与可行性就会降低，同时减少了参与者的共识机会。因此，权益相关者的积极参与必不可少。

（3）技术预见内容多样性。技术预见活动包括多种内容，这是未来的不确定性所决定的，为了能够更好应对这些不确定性，需要准备多个备选方案。

（4）技术预见的目标同一化。技术预见的目的就是促成社会不同利益相关者朝着一个共同的目标前进，在同一个大目标下求发展。由于不同的利益相关者对于技术的了解和掌握程度不同，因此技术预见必须能够为社会制定出新的行为规范。

2. 技术预见活动的方法

技术预见的方法大致有三类，分别是定性方法、定量方法以及定性定量相结合的方法。当前技术预见的主流方法以定性方法为主，如头脑风暴、访谈、德尔菲法等。定性方法主要根据参与者的主观感受，在准确性上有一定的局限性。

表 7.1 概括了现阶段技术预见的各种评估方式及其基本原理。起始目标的设定会影响到最后预期的结果及相关的评估方法。决定资源分配的预见技

术评估者也会采用不同方式，评估预见技术对各个社会群体的影响。由于预见技术与操作环境的相互影响，因此，专业的预见团队要尽量考虑到多方影响因素（赖朝安和钱娇，2018；Cho & Daim，2013）。技术预见活动并没有单一最适模式，而是要根据决策情境予以调整。同时，评估方式也会受很多因素（如评估动机、时间点、参与者）的影响。

表 7.1 技术预见评估方法及其基本原理

预见的目的	执行重点	预期结果	评估重点
提供政策建议	• 强调长期且持续的观点	• 政策决定、资源分配更理性的决策	• 决定预见活动的因素 • 改变决策程序
形成社区	• 强调有利益团体互动之处是有挑战的	• 新产生的网络与社区 • 理解共同愿景的承诺	• 网络的特性 • 采取行动
增进政策透明度	• 提供混合论坛（hybrid forum）反映、讨论、执行策略	• 扩大参与 • 民主再现	• 更多参与者 • 更多聚焦且有质量的讨论 • 参与者的好处

资料来源：根据 Georghiou & Keenan（2006）整理。

开展技术预见有多种方法，各种方法对于不同预见执行阶段的重要性有所不同。针对个别预见活动所实行的方法可以用不同的考虑因素进行分类。第一个是技术的类型，定性方法通常用于叙述性和推论的内容，定量方法则为趋势和相似资料的分析。第二个是根据知识来源的类型来对方法作处理。Cameron（1996）提出技术预见的三个主要特性（创造性、专业性、互动性）来区别预见知识的来源。随后，Popper（2008）提出技术预见“钻石模型”，强调预见活动应在创造性的预测中加入现状探讨与系统分析，并将模型的四个角分别定为专业性、互动性、创造性与证据性，再将预见的方法根据其属性置于不同的相对位置。技术预见活动并没有普遍适用的模式，需要根据决策情境灵活运用。

3. 技术预见的开展过程

技术预见活动是一种反复进行互动、建立网络、协商和讨论的过程。通过这样的过程，让参与者能对未来愿景及策略进行不断地修正调整，并最终收敛得到共识。因此，通过预见活动可创造一个对未来可能情景的开放讨论空间，并产生相应的策略手段。对于预见的程序，Miles 和 Keenan（2002）认为应经过五个阶段：先期规划、招募、产出、行动和更新，这五个阶段经常被应用于一般的技术预见上，如表 7. 2 所示。

表 7. 2　技术预见的五个阶段

阶段名称	操作内容
规划	• 界定预见活动的理论基础与未来目标 • 组建开展预见活动的团队 • 设计预见活动的开展方法
招募	• 界定主要信息来源与关键利害关系人，同时将其纳入规划团队中 • 关键利害关系人并不限于知识的提供，凡有助于预见活动的均可纳入招募的对象
产出	• 是整个技术预见过程的重心 • 掌握主要的事件、趋势和驱动因素，同时了解关键利害关系人 • 了解趋势与驱动因素之间的因果影响 • 根据未来的可能情境，发展命题（科技与其可能实现的效益）
行动	• 运用命题协助确定科技发展的优先级并作出相关决策 • 诱发创新和变革，包括态度与生活形态的变革
更新	• 评估预见过程是否已经达到预定目标 • 建立预见绩效指标与操作程序

资料来源：根据 Georghiou 等（2008）整理。

技术预见开展的一般过程为：首先，技术预见的课题始于政府、企业、科研院所或高校对当前科技发展与社会、产业相互关系所进行的探讨。技术预见研究的发起者多样化，政府、企业、科研机构和高校等均可充当发起人。技术预见课题的范围比较广泛，可以从基础研究的角度出发，或者对当前产业经济发展有重大提升或改变都可作为技术预见的出发点。因此，技术预见的政策投入和政策指导性作用使得其在产业界乃至全社会都具有必要性。技术预见在最大范围内达成共识后有利于相关政策的实施，从而加速经济和社会发展的进程。共识形成后，技术预见所获得的认同，使得更有利于技术预见目标的实现。获得共识的技术预见对政府科技投入进行方向性引导，根据不同政府科技投入所取得的成效，形成不同的技术预见模式，并对各技术预见模式提出针对性的对策。本轮技术预见的顺利达成促进了下一轮技术预见的执行，从而形成良性循环。这一过程如图 7.4 所示。

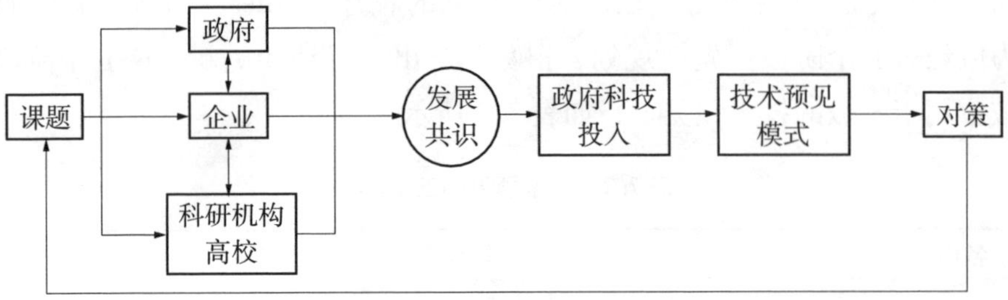

图 7.4　技术预见开展过程

7.3.3　技术预见的共识形成

技术预见活动是一个反复进行互动、网络建立、协商和讨论的过程，通过此过程，使参与者对未来愿景及战略进行不断修正、调整，并最终收敛得到共识。通过预见活动可创造一个对未来可能情景的开放讨论空间，并产生响应未来发展的策略手段。因此，共识形成是技术预见的核心与难点，但当前基于共识形成来探讨技术预见的研究尚少，因而有必要深入探讨技术预见中的共识形成机制。简兆权和柳仪（2014）从共识形成的主体、产生的动机、包含的内容、形成的方式以及结果几个方面对共识形成机制研究进行了总结，并概括出以共识形成为核心的技术预见模型，如图 7.5 所示。

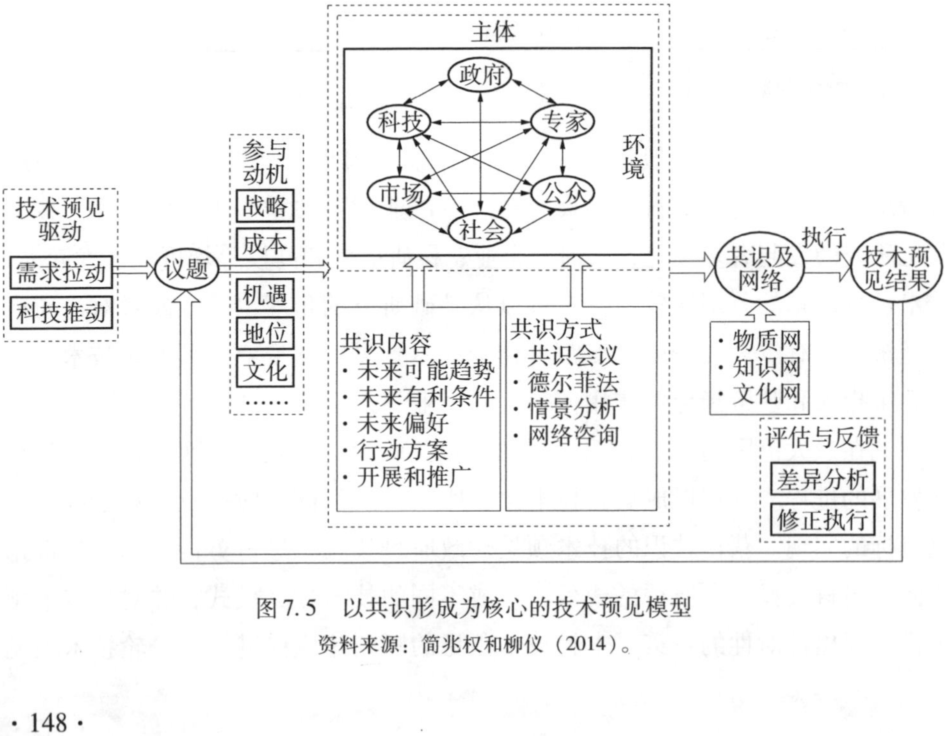

图 7.5　以共识形成为核心的技术预见模型

资料来源：简兆权和柳仪（2014）。

简兆权和柳仪（2014）认为，技术预见的原因主要是为了解决 Collingridge 提出的“两难论”问题：未来技术具有不确定性，对未来技术的管理存在信息问题和权利问题。为了更好地预测未来技术的发展，需要充分激发不同社群的互动，在有限认知的基础上形成集体智慧，对众多方案进行讨论，最终形成一致愿景。不同社群通过参与技术预见过程，能够在技术发展的前期把握和预测技术未来的发展方向。由于不同主体的共同参与，形成的共识有助于降低技术变化带来的阻力，有助于实施方案的执行。

基于科技治理的共识形成要尊重科学理性的决策，体现科技民主治理的理念，需要更多公正客观的科学知识作为决策判断的依据。共识形成需要充分考虑多方主体的意见和诉求，依靠单方面政府或高校的力量对未来技术进行预测可能存在一定的偏见，充分融合多方的意见（包括某些充满价值选择的意见）是共识形成的重要基础。共识形成的主体主要包含科技、市场、社会、公众、专家、政府及所处的环境等七大要素，各方参与主体之间相互连接，组成全面的认知系统网络。各个参与主体各司其职、相互配合。

共识形成的动机是指参与者参加共识形成活动的动机，与技术预见的需求拉动、科技推动两个驱动因素不同。参与者由于具有不同的背景、学科和认知基础，故对于科技发展的方向和立场存在差异或者交叉。参与者作为利益相关者为了能够充分反映其诉求，会投入更多的时间和精力参与技术预见活动，这有助于技术预见产生更好的效果。

技术预见的结果往往不唯一，而是包含可能出现的多个愿景，这也是它与技术预测最大的不同之处。根据 Voros（2003）的观点，可将未来分为四种类型：可能的未来（possible future）、合理的未来（plausible future）、很可能的未来（probable future）和偏好的未来（preferable future）。虽然未来充满不确定性，但对未来的预测是可以实现的，通过对当前科技发展状况进行深入的剖析，找到其发展的规律和特征，然后对未来进行预见，这样的预见过程有一定的规律可循。随着大数据技术的不断完善，借助大数据、云计算、人工智能等现代科技能够更好地对未来进行预测和仿真，为技术预见提供手段。

共识形成是一个动态的过程，需要参与者持续不断地参与和互动，根据科技发展状况的反馈进行调整并参与下一轮的技术预见活动。这是建立在信息和知识的充分共享交换的基础之上的。由于其参与主体的多样性，共识形成过程是各个参与主体知识、文化、物质等共同动态演进的过程。共识形成对于指导科技的发展具有重要作用，也是技术预见的核心组成部分。由于共识形成具有动态变化、多样性等特点，故而需要不断对其发展情况进行评估，然后与愿景进行对比，动态调整或者产生新的议题，进入共识形成的下一个循环。

7.4 技术预见对政府科技治理的影响

7.4.1 技术预见视角下的政府科技行为

要促进自主创新，政府必须深化自身管理的改革，切实转变职能。从具体的政府行为来看，主要是从直接资助（补助）和减免税收等相关配套措施入手，构建出政府推动企业自主创新的行为模式。政府作为科技行为的主体，要围绕自主创新将企业、科研机构、高校等相关者结合起来。技术预见视角下，促进自主创新的政府科技行为模式如图 7.6 所示。

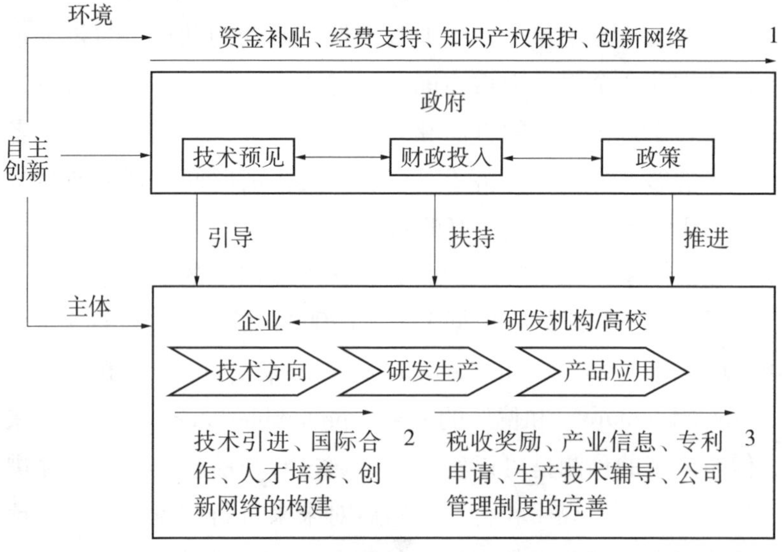

图 7.6　技术预见视角下的政府科技行为

第一，以技术预见、政府财政投入、政策为自主创新的核心，针对企业/科研机构和高校的具体方向和业务进行引导、扶持和推进。第二，企业在与研发机构合作的条件下，从前期技术发展方向，中期产品的研发、生产，后期产品的应用展开，政府科技行为对这三个环节施加影响。第三，在企业进行三环节的同时，又受到来自技术预见、政府财政投入和政策的影响；另外，整个自主创新过程中，政府还要从软环境方面进行支持。

（1）企业、研发机构和高校在自主创新的主体地位。市场需求决定了市场为自主创新的导向，企业是自主创新的直接需求者和转化者（Lee et al.，2010），在自主创新中处于核心主体地位，是自主创新实现的关键环节，企业作为市场主体和创新主体，担负着将创新研发的技术或知识市场化的重任。将生产开发及营销、产品应用提升到自主创新发展的主线中，是因为政府科技行为对这两个环节有重要影响，左右自主创新整个过程的发展。研发机构和高校为企业的自主创新提供技术和人才支持，并具备先天的政策优势（Villani et al.，2017），贯穿于企业产品发展三阶段的始终，因而也处于自主创新主体地位。

（2）鉴于市场失灵问题，政府必须参与并主导技术预见，指引市场主体的发展。政府科技投入是政府科技行为的重要手段之一，政策是除财政支持外的另一重要手段，引导行业发展的方向，提升自主创新主体投入的积极性。

（3）政府科技行为。为了促进自主创新的发展，在每个环节中都有相应的政府科技行为与之相匹配。从图7.6可以看出，政府科技行为在自主创新发展的过程中形成几条主线，分别涵盖自主创新的不同阶段。

主线1：贯穿整个自主创新过程始终，政府科技行为主要围绕营造自主创新的环境展开，根据每项具体技术的特点，网罗自主创新项目的相关参与者，构建相应的服务价值网络，形成多主体共同推进自主创新（Jiao et al.，2016），针对自主创新发展的各个环节提供不同方式的资金补贴与经费支持，从技术预见开始构建完善的创新网络和知识产权保护体系。

主线2：为了促进自主创新的前期及中期阶段的顺利进行，针对具体产品的技术方向，引进所需的技术、人才，并与相关国际组织进行合作，使得企业能获得自主创新所需的资金、技术、人才等相关资源。

主线3：主要围绕承接自主创新的企业服务，为其研发生产阶段到产品应用阶段提供便利的转化条件，保证正常的运作，直到研发成果顺利转化，政府为企业主体提供税收奖励、产业信息、专利申请、生产技术辅导及公司管理制度等方面的便利。

总体而言，此类政府科技行为模式是以自主创新流程为基础的，各主线之间相互交叉、融合。当然，在实践中，每条主线之间不会有非常清晰的界限，每个具体的政府科技行为都是为推进自主创新服务的。

7.4.2 构建公私协同创新治理模式

随着创新环境日趋复杂、多变，传统由政府主导的科技治理模式显得捉襟见肘，无法有效应对环境的变化，通过私人部门力量的导入，形成公私协同创新治理模式已成为当前各国政府创新治理的重要趋势。

协同就是由具有自主性的参与者，通过正式或非正式的协商渠道与互动，共同创造出相关规则，据此用以管理他们之间的关系，促使参与者在问题处理中共同决策和执行，而这种过程结合了规范分享与共同利益的互动（詹佳融，2013）。公私协同创新治理包括契约关系、伙伴关系与网络关系三种基本类型。协同和伙伴关系都视合作为一种手段、方式，但属于较为正式、长期和稳固的合作关系，公共部门与私人部门形成平等互惠、共同参与及责任分担的关系，合作对象彼此间的约束力较强。因此，公私协同创新治理本质上是一种公共部门与私人部门之间互动关系的形态（李蕊，2017）。

公私协同创新的理念在于倡导政府应积极主动与民间创新资源结合，抛弃强调控制的传统行政理念，由专业的引导与多元合作模式形成网络协调治理模式。在彼此共享附加价值的基础上，形成公共部门与私人部门行动者之间的长期合作关系，他们开发共同的产品或服务，共享风险、成本和利润。从这个角度而言，公私协同创新可看成是一种政府与民间社会合作，致力于产出更好的公共服务的治理行为。因此，公私协同创新某种意义上反映了“跨部门治理”。跨部门治理旨在探究介于公共部门、私人部门与第三部门之间的各种互动形式。由于公私部门之间建立一种平等互惠的合作关系，公私部门间不再只有管制者与被管制者的单向控制关系。但新的关系也产生了“公私不分”或是“唯利是图”的争议，故公私协同创新需要有一个妥善的制度安排来处理相关行动者在目标价值上的冲突（赵宏瑞和刘伟，2019）。

对于公私协同创新，现有研究者大多以目标共识、社会利益、资源互赖、参与公共事务等作为公私部门协同创新的动因，并以平等互惠、互信承诺、平等互助、资源共享等作为公私协同创新的基本体现。本研究认为，公私部门的参与者都以创新活动、促进产业升级为目标，进行公私协同创新，通过资源的共享与协调互动，在庞大的网络中各取所需、互惠互利。

7.4.3 各国技术预见对科技政策的影响

自 20 世纪 90 年代以来，技术预见活动逐渐成为众多国家描绘未来发展蓝图的政策工具，根据欧盟的统计，2004—2007年全球有超过60个国家进行达1600次以上的技术预见活动。虽然并非所有的技术预见活动为政府主导，但技术预见活动的多样性及其在全球科技政策发展中所扮演的角色毋庸置疑。

考察、比较各国的技术预见活动可以发现，大多数国家开展技术预见的目的均与科技政策制定有关（表7.3）。其中日本、英国、韩国及德国等更是直接影响到科技政策的形成，在政策之关联性方面较强；而丹麦、芬兰、挪威等国虽未直接影响科技决策，但也在政策制定过程中提供重要信息。此外，在政策关联性较强的国家中，不管是采用定期或非定期方式，技术预见更是已成为常态性的活动，特别是日本与韩国等，更是全球执行技术预见活动的主要国家。各国开展技术预见活动的目的，基本上是作为资源配置优先级的重要参考，且在提供未来具体愿景与社会需求下，使科技的发展能更贴近国家与社会的需要。

表 7.3　各国技术预见对科技政策的影响情况比较

国家	推动机构	推动原由	参与层次	开展频率	主要产出	应用层级	扩散效益（政策关联性）
英国	政府科学办公室（GOS）	评估与预测未来政策相关变化及可能的风险	政府、研究机构、产业	滚动式、常态性开展	国家科学检讨报告、行动方案、情境模拟	内阁办公室	直接影响政策形成
德国	教育研究部（BMBF）	确定资源投入优先顺序、可多决策参与、考察社会需求	政府、研究机构、产业	不定期开展	建构“领导愿景”	教育研究部（BMBF）	改变科技政策决策机制
日本	科技政策委员会（CSTP）	结合社经发展需求，评估科技发展方向	产学研及普通民众	常态性定期开展（4～5 年）	急需发展领域报告、情境模拟、社经发展需求分析	首相、各部会	作为科技基本计划的重要参考
韩国	科技部、国家科技委员会（NSTC）	提供技术预见的愿景与方向、了解产业竞争力与全球市场需求	官产学研	常态性定期开展（5 年）	情境模拟、社经发展需求分析	总统、各部会	作为科技基本计划的规划
丹麦	科技创新部、能源署	作为决策支持工具、对未来研发与社会发展形成共识	政府、研究机构	不定期开展	各领域预见研究报告	国家技术创新委员会	部分结果直接影响政府决策
芬兰	芬兰科学院、技术创新局（Tekes）	提高资源配置效率、建构可持续发展愿景	政府、研究机构、产业	不定期开展	选定领域的技术预见研究报告	芬兰科学院、技术创新局（Tekes）	为芬兰科技决策提供选择依据

续表

国家	推动机构	推动原由	参与层次	开展频率	主要产出	应用层级	扩散效益（政策关联性）
挪威	挪威研究委员会（RCN）	确定研发投入优先顺序、辨识未来发展蓝图	研究机构、大学	不定期开展	各领域预见研究报告	挪威研究委员会	提供未来研究资源投入的建议
瑞典	国家产业技术发展局、瑞典政府办公室	针对瑞典创新的广泛性讨论	官产学研	不定期开展	预见计划报告	不固定	促成广泛性讨论
法国	国家科技研究协会、研究部、产业部	检验法国国家创新系统	政府、研究机构、学界	不定期开展	预见计划报告	法国政府	提供法国政府制定研究创新法案的建议
中国	科技部	寻找未来发展的关键科技	研究机构、学界	不定期开展	预见计划报告	科技部	提供国家科技发展计划（规划）参考、引导未来研究方向

第8章　促进自主创新的对策与措施

前述相关章节主要探讨了创新相关理论、我国及广东自主创新的现状，国内外促进创新的做法、政策及经验。本章在此基础上总结性地提出促进自主创新的政府科技行为框架，并对此框架展开分析。

8.1　促进自主创新的政府科技行为模式

当前，政府职能部门已逐渐从“管控”向“服务”转变，但科技管理领域仍然把“管控”作为主要职能。欲革除科技创新领域的诸多乱象和弊端，政府科技角色必须从“管控”向“服务”转变，构建服务型政府。综合前文的理论研究、比较研究和案例分析，促进自主创新总体上应该是一种“市场主导+政府支撑”模式。政府具体如何“科学有为”？重点在于明确政府科技行为的作用对象，并界定好其方式和内容。

8.1.1　政府科技行为的作用对象

政府科技行为作用的对象主要包括高校/科研机构、企业、市场以及各参与主体构成的创新生态系统。

首先，高校/科研机构承担着基础知识研究、人才培养、科技成果转化等方面的任务和角色，是政府科技行为作用的重要对象，其活动的资金主要来源于政府的财政补助。高校/科研机构通过直接或间接的方式促进自主创新。直接的创新活动是指高校/科研机构通过创新网络、平台等进行理论创新及科研成果转化等；间接的方式是指高校/科研机构通过人才培养为自主创新活动提供人才，通过对基础科学的研究提供知识。因此，高校/科研机构在自主创新中占据重要地位。

其次，企业是创新活动最重要的主体，也是促进创新的最主要力量。企业为了在激烈的竞争中谋求生存，必须不断改进技术，提高要素利用效率，通过技术、商业模式创新来创造竞争优势。政府为了促进区域经济发展，通过财政补贴、税收优惠、政府购买等行为鼓励企业参与竞争，并通过各种政策工具和服务降低企业创新活动的风险。

同时，市场也是政府科技行为的主要作用对象，企业、高校/科研机构等进行的自主创新活动是在市场机制的驱动下进行的。市场机制能否有效发挥作用受到政府科技行为的影响，政府应做好“游戏规则的制定者”“市场环境的维护者”，充分营造和完善公平竞争、优胜劣汰的市场环境，保障市场能够充分发挥激励与约束作用。

此外，各参与主体构成的创新生态系统也是政府科技行为的作用对象。自主创新需要高校/科研机构、企业、社会力量等参与主体协同发挥作用，各参与主体之间的连接和协作需要政府的引导和扶持。政府通过产业园区、创新网络、开放平台、孵化器等创新载体建设促进参与主体的协作，通过完善科技中介机构、研发服务业等为创新系统的有效运作提供服务，协同促进自主创新。另外，通过不断完善基础设施建设，为创新生态系统提供硬件支撑，通过政策工具对创新生态系统提供扶持，并为自主创新的发展方向提供引导。

8.1.2　促进自主创新的政府科技行为整合框架

政府科技行为的方式和内容受到其作用对象的影响。政府科技行为的方式主要围绕构建、完善科技治理体系，做好产业、战略规划，构建创新生态系统，确立企业的创新主体地位，培育和完善市场环境，完善基础设施建设等六个方面进行。据此，本研究构建出促进自主创新的政府科技行为整合框架，如图 8.1 所示。

第一，构建、完善科技治理体系。科技治理体系的构建与完善，应由侧重于管理和控制转向侧重于与市场结合，以更好地为国家经济建设服务。这需要强化和优化科技创新顶层决策机制建设，并建立和健全国家在科技创新领域的立法基础（蒋菁，2021）。特别是，要主动顺应创新主体多元、活动多样、路径多变的新趋势，推动科技体制改革从立框架、建制度向提升体系化能力、增强体制应变能力转变（王志刚，2020）。

第二，做好战略规划。政府的政策工具是影响自主创新的重要力量，政府需要做好产业、战略发展方向规划，据此对创新生态系统进行干预和引导，促进地区产业结构调整，并为自主创新提供方向指引。在此过程中，政府应广泛结合创新生态系统中各要素，通过技术预见的方式制定出意识超前的战

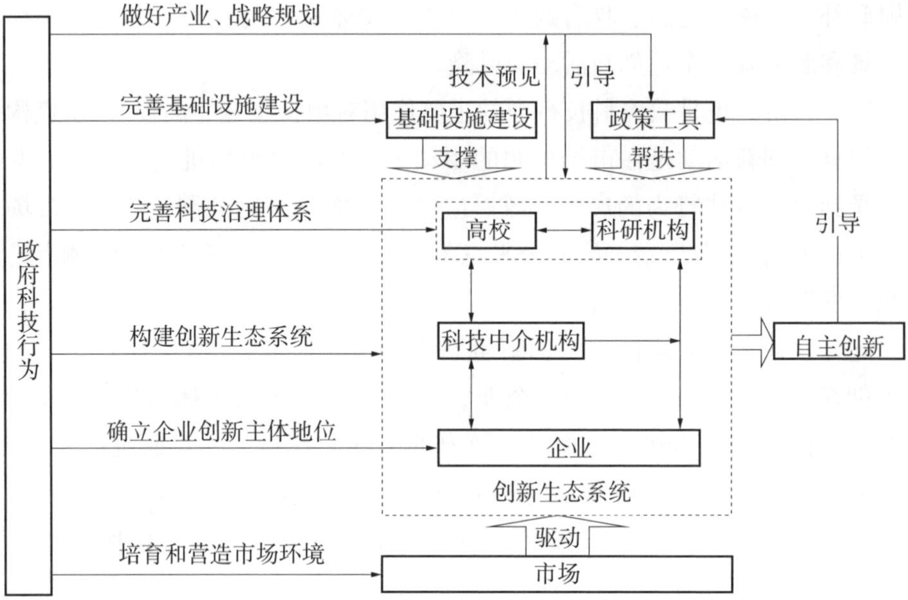

图 8.1　促进自主创新的政府科技行为整合框架

略规划和产业规划，使政策工具能更有效地发挥引导作用。正如 2023 年 9 月习近平总书记在黑龙江考察调研时指出，要整合科技创新资源，引领发展战略性新兴产业和未来产业，加快形成新质生产力。

第三，构建有效的创新生态系统至关重要。创新生态系统的组成部分包括企业、高校、科研院所、其他组织等。要想实现系统各主体的充分协同，必须推进和深化产学研合作，促进知识的交流和扩散；促进产业合作创新网络建设；激发民间创新力量，增加创新主体的多样性；建设开放式创新中介平台，实现参与主体的协同合作；提升创新孵化能力，拓宽自主创新渠道。

第四，确立企业的创新主体地位。当前企业的创新活动受到政府行为的影响，主要表现在：适度的监管有助于维护市场环境，但是干预过多会限制企业的创新自由；政府制定的战略规划或产业规划，可能会阻碍某些产业的发展；政府的税收优惠、财政投入等科技行为会诱导企业为获取政府资金而进行“象征性创新”。因此，必须转变政府科技行为方式，真正确立企业的创新主体地位。

第五，培育和营造市场环境。创新活动具有高风险、技术外溢等特点，需要形成良好的创新文化氛围，宽容错误和失败、激发企业家精神。美国科技创新的最大优势既不是钱多，也不是人优秀，而是美国文化。这种文化多元、开放、自由，崇尚个人创造力，是科技发展的“软实力”，而这种软实力是难以模仿和复制的。应该客观地看到，我国与美国的差距在逐渐缩小，但是，原创的、前沿的科技创新仍然比较有限。可以说，我们现在是有钱、有人，但缺乏科技创新的文化土壤，“软实力”有待进一步提升。特别是需要激发企业家的创造力，在科技进步日新月异的年代，种种高科技产品的背后都是企业家的创新力。同时，必须要完善知识产权保护制度，为企业的创新活动提供制度和法律上的保护，使企业和企业家能够充分享有创新带来的收益。

第六，完善基础设施建设。基础设施建设是影响自主创新的重要因素。自主创新需要有良好的基础设施，不仅需要完善交通、居住、医疗等硬件设施，还需要完善教育、卫生、人文等软环境建设。原因在于：创新生态系统的有效运行需要根据全球产业发展状况进行动态调整，并且能够与相关联供应商网络进行紧密合作，这需要基础设施的支撑；另外，随着经济水平的不断提高，科技人才在选择工作地点时也会更加关注当地的文化、卫生、教育等软环境条件。

8.2　构建和完善科技治理体系

紧密围绕推进国家治理体系和治理能力现代化，加快转变政府科技职能，建设职责清晰、依法行政的政府科技治理体系，解决政府科技职能错位、越位、缺位问题，降低科技创新制度的运行成本（交易成本），提高政府科技行为的效能。奥斯特罗姆（Ostrom E.）的集体行动理论关于新制度供给为审视过去的科技治理模式及其成效提供了一个有效的分析视角。对于科技治理而言，能否激励创新主体形成行动合力至关重要。而新制度供给能激励参与主体采取与以往不同的行为模式吗？我国科技治理体系的重要特点之一是能够前瞻性并快速地形成决策共识，通过有效动员国家和社会力量将决策付诸实践，为应对环境变化、解决社会经济发展的重大需求快速提供新制度。过去 40 余年，我国的科技创新制度实现了从粗略到完备，由单一行政手段到法律、行政、经济多元手段并用的演进。

但是，我国科技治理长期以来也存在政出多门、零散而难以整合的现象，使得科技政策的决策与执行缺乏统一性，通过科技治理体系和政策规划流程的重构，有望解决目前治理成本过高且低效的问题。因此，完善科技治理体系建设有助于解决“市场失灵”和“政府失灵”问题。然而，我国的科技治理体系还相对落后（白春礼，2018），推进科技治理体系和治理能力现代化，提高科技治理能力是促进科技发展的首要任务。

在加快建设创新型国家的大背景下，我国需从世界竞争大格局、适应经济发展新常态、区域创新辐射等维度统筹设计和思考定位，重点从正确处理政府与市场、社会的关系，打破“制度惯性”，有效促进各类创新主体协同互动、改进科技创新治理机制、完善激励和评价体制等方面，推进科技创新治理体系现代化。

8.2.1 创新治理体系与治理能力的关系

科技治理是创新系统的一个重要组成部分，与创新系统是共同演化的关系。在高度动荡和竞争的环境中，创新系统的效能依赖于不同部门与领域之间的协同整合。我国科技行政组织与政策形成机制受到严峻的挑战，未来科技政策与制度设计要具备响应与调整的柔性，才能引导科技资源有效配置，政策工具上应寻求灵活与多元化，使创新系统的效能得以提升。

科技治理不同于科技管理，主要区别在于：科技治理强调多元化科技主体的协作，决策方式更加多元化，而科技管理则更加民主、科学、文明（赵胤，2019）。科技治理体系主体包含政府、高校/科研机构、企业等组织，科技治理强调政府科技行为从直接管理转变为间接管理，从强调微观层面转变为做好宏观层面，从供给政策转变为需求政策。通过完善的科技治理机制实现各主体协同参与，从系统的角度提高科技创新效率，提高科技治理能力。

胡海鹏等（2019）提出了创新治理体系与创新治理能力的关系框架（图8.2），认为创新治理体系是形成和提高创新治理能力的基础前提和外在表现，实现创新治理体系和创新治理能力的连接需要配以完善的科技创新制度体系。

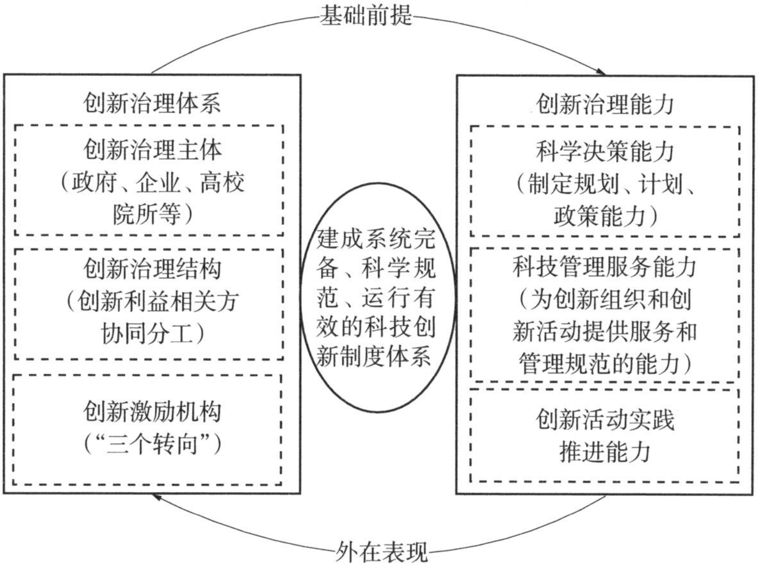

图 8.2　创新治理体系与创新治理能力的关系

资料来源：胡海鹏等（2019）。

我国政府科技管理模式很大程度上仍属于计划管理体制。政府科技管理主要的主体包含企业、高校、科研机构等。其中，企业部分依赖政府的财政投入，而高校和科研机构的研究经费来源则主要依靠政府的财政投入，资源分配主要依据对科研成果的评价。企业、高校和科研机构为了获得政府的财政经费，就必须按照政府科技评价这个“指挥棒”开展科技活动。但现行的计划管理体制以及科技评价导向扭曲了企业、高校和科研机构的科研活动。因此，完善政府科技治理体系应从改革科技计划管理体制和科技评价导向入手。

8.2.2　深化科技计划管理体制改革

我国计划经济时代建立起来的科技管理和运行体制至今没有实质性的改变。科技体制长期以来一直存在严重的官本位制、不合理的用人机制、功利式的评价机制，这些体制上的弊端严重制约科技创新的发展（孙福全，2017）。回首过去 40 余年我国科技创新走过的道路，有三点经验教训值得总结：第一，要完善科技中介、提高科技专业化服务的水平；第二，要提高政府行政效率和政策的稳定性、协调性和一致性；第三，要提高政府的机制设计能力，重视创新主体的意见反馈，政策出台前应充分摸底，然后对“上有政策，下有对策”现象进行管控和纠正，这是未来科技政策需要努力的重点方向。

因此，必须深刻认识新形势下深化科技体制改革的迫切性，加快构建有利于协同创新的新体制机制，抓住关键环节深化改革，尽快建立起适应国家或地方经济社会需求、符合科技发展规律的科技治理体系。重点任务就是要通过加强统筹与协调，克服多头管理问题，建立健全统筹协调的科技宏观决策机制，促进科技资源优化配置。针对当前的实际情况，应将深化科技计划管理和经费管理制度改革作为科技管理体制改革的突破口，由点带面，系统推进。

1. 科技计划管理的主要问题

科学技术的重大突破并不来自于计划①。科技计划管理是科技治理体制改革的突破口。不可否认，传统的科技计划管理体系发挥了重要作用，但当前却面临着许多问题，特别是如何适应新的形势，需要深化计划管理体制的改革。

首要问题是条块分割造成的“碎片化”问题。目前制约我国科技资源配置的一大问题就是条块分割，科技经费分散在众多各级政府部门手中，从而造成“政出多门”“钱出多门”的乱象。从国务院各部委到省级、市级各主管部门，都掌握着不同程度的科技资源（经费）和政策资源，这种局面在全世界是少有的。条块分割往往导致科技治理的碎片化，该整合的没有整合，该制约的没有制约。这就形成了部门主义、地方主义以及“政府权力部门化、部门权力利益化、部门利益个人化”的现象（胡伟，2016）。

近年来，我国各级财政科技投入快速增长，为科技事业发展提供了有力支撑。但“碎片化”导致资源配置效率不高，突出表现在：科技资源分散、封闭、重复，科技项目数量多，但边界不够清晰，按照创新规律部署科技资源的系统性不强，创新链各个环节不能有效衔接，项目间缺乏官、产、学、研的系统协作；科技投入结构不尽合理，政府科技投入边界把握不准、代替市场配置资源的情况时有发生，稳定支持和竞争性支持的协调机制不够平衡，应用基础研究、工程化研究、科技金融等资金投入结构需要进一步优化；在科技计划指南形成和发布，科技项目立项、过程管理和项目验收等方面制度

①许成钢：《什么样的制度能够有效激励创新？（上）》，凤凰卫视《世纪大讲堂》，2017年6月17日。

还不够健全，经费预算、支出、监管等方式不尽合理，信息不够公开透明等。

2. 科技计划管理改革主要措施

硅谷为什么厉害？因为它不是计划造出来的。科技成果不是计划出来的，科研人才也不是计划出来的。但几十年过去了，我国的科技很大程度上依然是计划体制的思维。针对我国科技计划体系不能适应科技创新和经济发展方式转变需要的根源，必须立足国家和区域发展战略需求，加速科技计划与创新体系的深度契合，增强创新链各环节的有效衔接，充分发挥科技计划服务创新、支持发展的作用。应大刀阔斧地改革科技计划管理体系，力求实现资源配置合理化、项目管理公开化、决策流程规范化、经费使用绩效化、管理手段信息化。实行科技计划项目管理全流程的公开、公示制度，实现全流程信息化管理。具体措施包括：

（1）抓好顶层设计，解决科技管理“碎片化”的问题。

要推动我国的科技创新和推进科技治理体系现代化，必须理顺中央与地方的关系，解决科技管理“碎片化”的问题。而这个问题必须自上而下加以解决，加强科技体制改革的顶层设计，靠任何一个部门和地方是解决不了的（胡伟，2016）。从机制上讲，地方（政府）没有动力也没有能力去解决这个问题。对于这一问题，可以先易后难，分阶段解决。现阶段可做的是：一是利用信息与网络技术解决上下（中央与地方）左右（同级政府部门）沟通的问题，降低重复资助，减少浪费。解决这个问题技术上没有难度，主要是政府相关部门的理念与态度——作为还是不作为；二是各层面在横向上的整合，逐步减少非科技主管部门的科技经费，将科技经费主要集中到科技主管部门（科技部、科技厅、科技局等），进行统一配置。特别是，要顺应当前科研范式的变革趋势，打破线性科研模式，通过顶层设计，大力鼓励原创，促进跨界、多学科交叉融合的研究。

（2）改进科技计划指南形成机制，增强指南对科技创新的引领作用。

以问题为导向，开展需求调研，通过顶层设计，强化各类科技计划的有效衔接与配合。围绕社会经济发展转型、调整结构过程中亟需解决的若干重大关键技术问题，广泛开展技术预见研究，凝练科技攻关方向和目标任务，通过协同创新，实现关键技术突破。改变传统科技计划指南内容宽泛、关键问题不聚焦的现象，强化指南的指向性和聚焦，强化对创新的持续支持，发挥政府在组织协同攻关中的主导作用，加强部门间协调配合。如何做好顶层设计是个难题，要防止由此而产生“一刀切”。因为不同区域的环境和条件差异大，需要平衡好“一刀切”与“因地制宜”。否则，顶层设计就可能变成“一刀切”。

（3）优化科技计划资助方式。

对科技计划项目的资助方式，应改革事前直接资助的传统方式。针对不同计划类别实行事前与事后、无偿与有偿等多元化方式。对于国家战略需求和重大基础研究计划，可实行事前无偿资助，对于部分重大、重点项目，应逐步探索、推广“打擂制”“挂帅制”的资助方式。其他科技应逐步加大事后补助、有偿资助等方式的实施力度。在促进企业自主创新方面，针对科技成果转化、企业创新能力、源头创新和创新环境等，实现由政府“端菜”到企业“点菜”的转变，着力解决研发投入强度偏低、企业创新能力不足、科技成果转化不够、创新创业环境欠佳等问题。

（4）改革科技计划实施办法，提高计划执行的透明度和规范性。

①建立市场与企业需求导向的科技项目实施机制。政府加强支持公共研发平台建设，为企业创新活动提供服务。以政府购买方式购买技术服务和技术成果，实现科技创新由政府投资向政府采购方式转变。②改革科技项目申报办法。拓宽项目申报渠道，逐步取消科技项目限项申报的做法，杜绝由于限项申报而产生的权力寻租。③完善项目立项机制。探索项目立项评审新模式、新方式，提高项目立项的公正性和公平性。量化项目立项评定标准，减少立项评审随机性、随意性。④建立健全项目后评价制度，逐渐减少事前无偿资助，转向后补助、奖励等方式。⑤改革项目验收和绩效评价做法。应逐步取消项目成果鉴定传统做法，建立以成果转化应用效果作为检验评价绩效标准的机制（基础研究项目除外），同时，完善奖惩制度，形成可实操的追踪问责机制。

（5）改革竞争性资助和稳定性支持的科研经费配置方式。

长期以来，我国财政科技经费配置主要以竞争性资助为主导。但今天继续沿用这种竞争性资助为主导的科技经费配置模式，弊端越来越明显。主要表现为：一是公立科研机构和大学竞相争取各类竞争性项目，缺乏明确的分工，各自的优势没有得到充分发挥；二是竞争性科技计划项目周期较短，导致科研人员以短期产出目标为导向，缺乏开展长期性、战略性、前沿性课题研究的动力、勇气和条件；三是为了竞争各类科技计划项目，消耗了科研人员大量的时间和精力，真正静下心来用于研究的时间十分有限；四是稳定性经费支持少，导致科研机构无法自主组织战略性、前沿性、长期性的研究，研究团队和研究人员各自为战，相互之间难以合作交流（刘云，2014）。因此，逐步减少或合并竞争性的科技计划，加大对公立科研机构和大学重要研究基地的稳定支持，成为当今科技资源配置改革的重点。

当前应突出企业创新主体地位，发挥政府科技计划资金对不同科技创新领域稳定支持和竞争资助的导向作用，优化财政科技资金配置效率、效果。逐渐改变财政科技资金无偿资助的做法，逐步淡化对竞争性领域的扶持。财政资金应积极支持基础前沿、战略性高新技术、社会公益和重大共性关键技术的研究，对需要长期投入的基础前沿研究和公益性项目及支撑社会经济发展的重大创新，主要采取政府无偿资助的方式进行稳定、连续支持。

（6）发挥有限科技资源的杠杆效应。

我国创新能力进入快速发展阶段，但创新资源使用效率仍是短板（陈劲，2015）。政府在整个创新生态系统中需要做的事情很多，创新的不同阶段需要不同的扶持。由于科技资源的有限性，政府究竟要怎么做才能发挥杠杆作用？事实证明过去直接资助企业的做法不太有效，而且获得资助的企业、团队很有限。出路在于把科技资源用在“支点”上，使其发挥杠杆效应。这是我国政府科技主管部门应该深入思考和学习的。

（7）搭建科技计划管理服务平台。

转变政府职能，调整工作重心，由具体管理工作为主向战略研究、策划组织、考评等工作为主转移，使计划管理部门能够集中精力做好科学决策和协调。例如，抓好科技规划和计划指南编制，开展科技需求调研，加强统筹协调和宏观调控，加强重大专项、重大项目的主动设计和组织策划、跟踪服务以及科技创新条件与环境建设等。

8.2.3　改革科技评价导向

评价导向是科研活动的“指挥棒”，或者说是“游戏规则”，大学、科研单位、企业及作为个体的科研人员都围着它转。党的十九届四中全会通过的决定指出“健全符合科研规律的科技管理体制和政策体系，改进科技评价体系”。

针对科技评价标准单一、受利益驱动过大的问题，应积极探索多渠道、柔性化科技评价机制。改革的方向是去功利化，摒弃以期刊、项目的档次、级别代评的简单化做法，评价的重点是其实际的创新水平和科学价值，而且，评价结果不能简单地与资源配置、绩效等挂钩。在“五唯”评价导向下，特别是唯论文、唯 SCI 导向，必然产生大量闭门造车式的论文。实际上，论文只是研究的副产品而已，是果而非因。论文也不直接等同于成果，不是“写”出来的，而是在解决现实问题、潜在问题中研究出来的。

英国高校对科研管理的评估体系逐渐从科研产出导向向社会价值导向转变（吴勇等，2019），这值得我们借鉴。根据不同的科技项目类型探索建立不同的评价标准和体系。对于解决实际问题型的项目更加关注对实践效果及问题解决状况的评估，不要求论文、专利等指标的完成情况。更加关注科研成果的质量，加大对显著性重大成果的奖励力度，不以论文或专利数量论项目的成败。当前，马上可以推行的是改变“重数量、轻质量”的做法，推行代表作评价制度，不以数量论英雄，不把数量简单地与单位或的个人评奖、职称评聘、绩效（收入分配）等挂钩，实现从追求（论文、专利）数量向提高质量转变。

另一方面，科技评价中也存在着“近视症”，即往往仅看到当下取得的成果，而忽略了前人的工作。实际上，科研创新存在明显的路径依赖，没有前人的相关工作与基础，后来的研究者就无法取得突破。这犹如梯子的作用，通过爬梯子干成了某件事，不能只看到最后（最高）那级阶梯的作用，而忽视前面阶梯的作用。而现在的科技评价，往往只看到站在梯子上干成事的人，而忽视了造梯子、扛梯子、扶梯子的人。

此外，无论是改革科技评价导向，还是培养创新人才，都要特别注意塑造鼓励创新的文化氛围。客观地讲，我国大学生、研究生的批判性思维和创造精神普遍不足。创造性思维的来源与价值取向有关，与追求创新的动机和动力有关。当前影响创造性人才培养的一个突出问题是追求短期效果的浮躁心态和大环境。个人和社会都想在创新上有“立竿见影”的效果，各种评价机制大多是追求奖励可度量、可量化的成果（钱颖一，2018）。因此，需要不断探索形成鼓励创新的文化氛围，从改革教育方式入手。首先是要去功利化，其次是改革应试教育，不以“标准答案”禁锢学生的思维方式，注重培养学生的批判性和创造性思维，引导学生树立正确的价值取向，塑造学生的科学精神和创新精神。

8.3　做好战略与产业规划

8.3.1　战略与产业规划的作用

制定战略规划和产业规划是政府干预经济发展的重要手段。做好顶层设计，制定适合本地区发展的战略、产业规划至关重要。好的战略、产业规划的制定过程不是一蹴而就的，既要意识超前，又要谨慎行动，既要符合国家或地方长期发展方向，又要符合当地实际。

战略、产业规划对自主创新具有重要影响。首先，政策工具是政府影响创新生态系统的最重要手段，它的制定受到地方发展战略、产业规划的影响，与之相匹配的政策工具有助于促进创新生态系统的良性运作，并引导创新主体的创新方向。其次，政府的战略、产业规划能够传递一种信号，这种信号和优惠政策会对企业或产业的发展方向产生影响，企业为获取政府资金帮扶、政策优惠而拓展相关业务，最终会影响该地区的产业结构布局。因此，政府在制定战略、产业规划时应结合技术预见，充分考虑来自多方面的意见，既包含来自创新系统内部（高校/科研机构、企业等）的意见，也需要结合先进国家或地区的发展经验，制定出具有地方特色、有实效的战略与产业规划。

8.3.2　做好战略与产业规划的对策

1. 准确定位，后发追赶

就我国国情而言，基本的战略态势是“后发追赶”。Mathews 针对资源不足的东亚后发国家的成功模式，将不同的资源应用方式重新组合，提出了“连接—杠杆—学习”（linkage-leverage-learning，3Ls）的理论框架，以诠释东亚后发国家信息与通信技术产业在缺乏技术与市场及资源不足的情况下，先通过网络连接引进外部资源、发挥杠杆效应产生机会与利基，然后经过反复学习内化并增强竞争能力，最后成功翻转成为世界重要角色的动态历程（Mathews，2002，2006）。

“连接—杠杆—学习”的第一步网络连接是创造机会的开始，由于后发国家资源稀缺，当资源无法在公开市场中获得时，必须通过网络中厂商相互间利益协议来获得，进而再借助螺旋式杠杆作用将资源效应倍增。通过知识学习将资源连接与杠杆放大的效果进一步内化为地区或国家的动态能力。因此，“连接—杠杆—学习”循环过程不仅是后发国家机会的开端与进步的源头，更是实现成功追赶的重要战略步骤（Mathews，2002；Zaheer，et al.，2000）。

2. 意识超前，做好远景规划

做好远景规划，就是根据全球发展的大趋势，基于未来的视角出发进行远景分析，以长远的眼光看待产业的发展前景，把握产业发展方向，制定出更加合理的战略与产业规划。在进行远景规划时应根据技术预见结果，充分吸收多方意见，汇聚来自国内外企业家、高校、科研人员、政府等的力量，将多学科背景、跨行业的未来信息用于规划的制定，并根据环境的变化情况加以调整，以减少短视行为带来的危害。在制定远景规划时，需要以客观、冷静的态度找出事关未来发展的重大问题，从重大问题出发做出长期的规划和布局。特别是，对创新系统应有系统性、前瞻性的谋划与布局，集中力量实现关键核心技术的突破。当前，我国整体的科技创新侧重在信息领域，尤其是“互联网+”或“+互联网”的应用如火如荼，总体上偏重于应用研究，真正原创性的东西较有限。信息领域的基础研究有待加强，特别是在人工智能领域。要有超前意识来做好远景规划，确保战略科技方向正确。

创新战略的另一个问题是创新路径的选择。基本的创新路径有两条：一条是“从0到1”，另一条是“从1到N”。所谓“从0到1”，就是从无到有，属原创性的创新；所谓“从1到N”，就是从有到多、到好，不断改进，追求应用的扩散。“从1到N”的创新，需要的是良好的组织、大规模的应用市场，这两点我国得天独厚。但“从0到1”的创新，需要的是强大、先进的基础研究和良好的科研环境、条件，能从全球吸引尖端人才。此外，还要有低成本的融资环境。所以，要客观看待我国与美国的差别，尤其是强大的金融支撑体系、完善的创新和专利保护制度体系，这是我国不完全具备的。中美之间这种比较优势的差别，在近期内不可能出现实质性的逆转，因而不能简单地模仿美国模式，盲目追求“从0到1”的创新路径。对于我国而言，比较可行的创新路径应该是“两条腿走路”：既要学美国，追求“从0到1”，又要学德国、日本，追求“从1到N”。

3. 行为谨慎，灵活决策

政府在制定和执行政策规划时，应尽量避免采取“一刀切”的方式，而应采取更加谨慎的态度进行灵活决策。政府在决定一个产业的进入或者退出时应以长远和全面的眼光看待产业未来的发展趋势和前景，充分研判产业进入或退出是否会造成资源的浪费、环境的破坏、关联产业的波动等。与政府强制取缔和清理产业的做法不同，采取更加灵活的方式，依靠市场的力量对产业结构进行自发的调整。为摆脱成本压力，可能会激发企业的创新动力，在市场机制的作用下开展创新。但“一刀切”的行为会导致弱势企业毫无机会，也就不可能有创新的涌现。因此，政府在进行战略规划或产业规划时必须抱以谨慎的态度，采取灵活决策的行为。

4. 发展合适产业

各地的经济发展水平、资源禀赋、传统行业等存在差异，在不断筛选新兴产业和战略产业方向时政府必须有清晰的定位。国家鼓励重点发展的产业是站在全球这一宏观角度和国情做出的决策，但是各地在制定本地区战略规划或产业规划时不可盲目跟随国家或上级的产业规划方向，否则会导致各地区产业趋同，造成新的产能过剩。发展新兴产业应结合本地的产业布局，充分利用当地现有人力、物力资源，降低新兴产业发展的成本，进而选择出有针对性和比较优势的产业。产业方向的选择要允许试错，随着市场和竞争环境的不断变化，产业布局也应该进行调整。深圳大力发展高新技术产业的成功经验就是，准确定位自身发展优势，并不断在原有产业的基础上探索和发展更加细化的产业。

就我国的现实国情而言，制造业有着特别重要的意义。如何在全球价值链重构中破解“低端锁定”的困局，是我国制造业生存与发展的一大挑战。必须瞄准关键核心领域，实现关键核心技术的重大突破。以前面提到的光刻机（芯片）为例，一个疑惑是：我国可以造出原子弹，为什么造不出光刻机？准确来说，我国不是造不出光刻机，而是造不出高端光刻机。正因为如此，我国在芯片领域一直被“卡脖子”。如果放任芯片产业成为一个完全自由竞争的市场，下游没有用户使用国产产品，那将形成恶性循环。为了推动芯片产业的发展，政府应该主动作为，出台相关扶持政策，给予国产产品应用和迭代的机会。只要有了应用的机会，技术就会不断迭代，趋于改善，追赶世界先进水平就有希望。

8.4 构建创新生态系统

在当今网络环境下，组织不再是独立的参与者，它的成功取决于与生态系统中其他组织的合作（Jacobides，2019）。实现全面创新模式需要完善创新体系，建立多元创新主体协同共生、充满活力的创新生态系统。创新生态系统关注创新过程与互动关系，强调通过各种协作活动将创新转变为有商业价值产品（或服务）的过程。同时，创新生态系统也关注如何运用政策来强化各种可能的协作与链接，通过发展新的制度、机制，产生新的互动形态，以期打造出适合发明、创造、扩散和商业化的可持续环境，将创新成功转化为持续的经济增长。深圳奇迹的本质原因，就在于构建了完整的创新生态系统。

但过去专利和创新能力往往集中于大型公共研究机构或企业，它们成为政府研发补助和产业链接的主要对象，资源过度集中造成了大者恒大的局面，在很大程度上排挤了中小企业、新创企业或个人发挥创造性的空间，使得创新生态系统出现失衡现象。创新生态系统强调系统内部参与主体能在共生的系统中实现充分的协同合作。考察美国硅谷、以色列等创新的全球领先者，可以看出创新生态环境通常具有勇于承担风险、尊重多样性、菁英领导制度及科技研发四大特征（郑子淳，2020）。李晓娣和张小燕（2019）构建了如图 8.3 所示的区域创新生态系统的共生模型，该创新生态系统模型包含企业、科研院所、高等院校、其他组织等，各主体通过共生机制实现相互沟通，并通过共生界面（平台）实现系统内部的贯通。

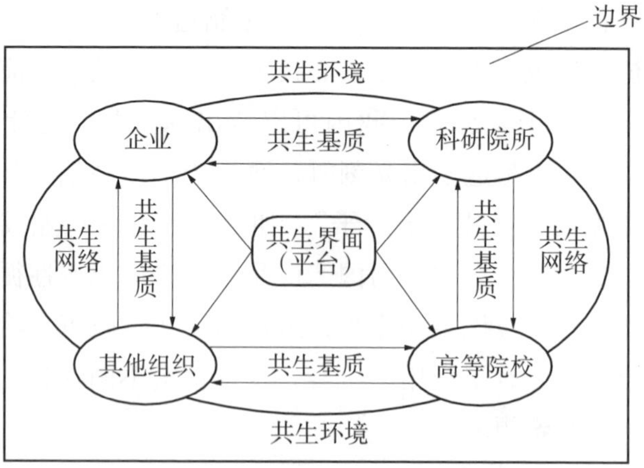

图 8.3　区域创新生态系统共生模型

资料来源：李晓娣和张小燕（2019）。

政府在构建创新生态系统中主要任务包括：一是促进系统内部参与主体协同合作，应致力于实现产学研更深化的合作，促进产业合作的创新网络，同时也需要重视代表其他组织的民间创新力量；二是建设和提升共生界面（平台），即搭建系统平台，做好建设开放式创新中介平台并提高孵化平台能力。因此，下面将分别从产学研合作、产业合作创新网络、民间创新力量、开放式创新中介平台、创新孵化能力等方面提出若干对策。

8.4.1　推进产学研合作的深化与发展

产学研合作是我国产业创新的一大特色，大学及科研院所的研究成果成为提升产业技术水准的重要来源。高校/科研机构的科学研究如果与市场需求和发展相脱节，则不利于企业产生突破式创新（Liu et al.，2017）。可见，产学研合作是创新生态系统中各要素协同的重要组成部分。正因为如此，我国政府科技主管部门十分重视产学研合作，但当前针对产学研合作成效的质疑、反思也不少。究其原因，需从制度面和执行面分别加以思考。在制度面，应思考如何将政府“多头马车”整合成更有效率、更有前瞻性的推动机构；而执行面则应针对提升科研人员参与产学研合作的诱因及吸引企业投入产学研合作的诱因上加以落实。

产学研合作政策的目标是提高产业创新能力与竞争力。而在塑造创新能力与竞争力的过程，产学研合作政策介入的理由在于解决市场失灵问题、降低产学研合作障碍以及协调合作动机。我国近几年的产学研合作政策在持续完善，不纯粹以财务补助吸引产学研合作，同时也借助法规调整与营造氛围等，尝试提高产学研合作综合效果。对此，我们提出如下促进产学研合作的基本思路。

（1）持续提高投入产学研合作诱因机制。引导各方投入产学研合作互动的关键在于链接政府、产业、教师及大学各利益相关者的诱因机制。大学应确保教师与产业合作能对学术生涯发展有实质性帮助，并通过合作成功案例的推广，提高教师投入意愿与信任度。政府则应通过经费予以支持，促进形成正循环。

（2）深化产学研合作网络营运平台。产学研政策具有以学引产，杠杆性撬动企业研发资源的特色。但是，若仅以经费资助来消除产学合作障碍，则难以持续产生合作意愿。所以需要建立能实际驱动产学研合作的长效机制，改善产学研三方的信息不对称，包括协助各大学与企业之间建立长期稳定的合作关系，可以通过共创型工作坊、产学研论坛等形式，促进产学研之间的协作与对话，让企业与大学就近展开合作，打造区域性产学研合作联盟。

（3）重视国际链接。随着数字技术引发的开放式创新，不仅改变了企业参与产学研合作的形式，也降低了链接全球创新网络的交易成本。目前国内的产学研合作政策尚未有以链接开放式合作平台为主的政策工具，在全球产业迎来新格局的当下，政府应当投入适当资源诱导国内产学研团队早期参与全球新兴领域生态系统，抢占产业发展制高点，建立国际互利合作的伙伴关系。

8.4.2 促进产业合作创新网络的形成

在资源有限的条件下，企业越来越认识到向外寻求资源的迫切性。不能仅依靠内部自有资源，而要借助对外合作以取得外部技术知识，补充资源的不足（Blomqvist et al.，2005）。企业间合作所构成的网络，可加速创新的过程。产业合作创新网络的形成来自于相关产业厂商、学术机构及政府等主体，基于分担研发风险和成本、获取重要技术知识以及促使创新成功等因素，而形成跨组织合作的连接关系。此外，创新网络也促使产业活动范围与规模的扩大，通过不同主体之间的互动合作以共同克服技术的复杂多元性，不仅成为企业学习新技术的渠道，同时也是创造影响未来产业技术的契机。在全球创新网络形成的背景下，创新连接对企业、产业乃至区域创新能力的形成起着重要的作用（Fritsch & Slavtchev，2011；Iammarino et al.，2012）。目前，全球产业领导者的战略正由寻求低成本的全球生产网络转变为搜索技术知识的全球创新网络。

作为新兴市场国家，我国受限于各种资源的制约，为了提升技术能力，采取合作、构建产业合作创新网络是必由之路。网络为企业提供了互动学习和知识传递的机会，企业也可以通过网络的连接取得外部资源，弥补自身资源的不足，以增强创新能力。但是，在我国国家创新系统和区域创新系统建设中较为薄弱的正是企业之间没有形成高效的创新网络。因此，建立企业之间的创新网络，打破相互之间的封锁与条块分割状态，鼓励各种形式的联盟，是政府促进自主创新的重要任务之一。一般而言，创新网络包括四个关系和四大影响因素（蔡峰亿，2009），如图 8.4 所示。从这一创新网络模型来看，促进产学合作创新网络重点就是做好如下四个方面的合作。

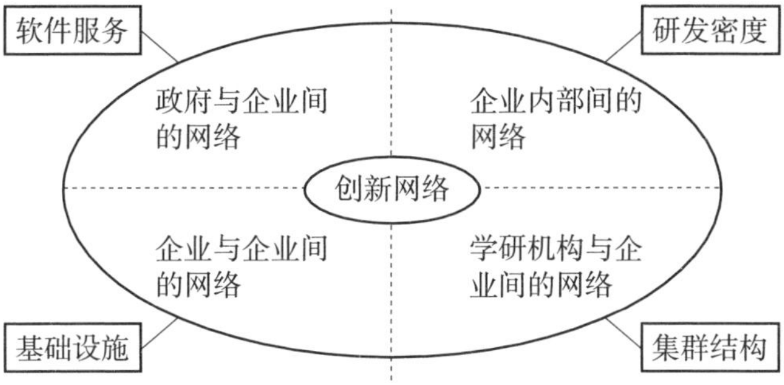

图 8.4　创新网络的构成及其影响因素

资料来源：蔡峰亿（2009）。

1．企业与企业间的网络关系

创新网络理论指出，区域内企业可能产生锁定（lock-in）现象，即发生排外现象。安于现状将阻碍发展，逐渐走向衰败。有的企业虽然知道建构创新网络以引进新知识或外来厂商的重要性，但由于自身能力不足，即使管理者了解网络的潜在好处，也因缺乏必要的技术和资源而无法建构网络。此时，政府的作用就显得非常重要。合作有利益时，合作会自然出现，这时政府应提供某些资源以鼓励创新网络的形成。政府建立产业园区、孵化器、供应链等基础设施建设能够有效促进产业内企业间网络的形成。

2．学研机构与企业间的网络关系

学研机构是人才培养和知识生产的重要机构，与企业间的网络关系对于自主创新能力的提升至关重要。首先，人力资源是任何产业发展的源头，相邻区域高校毕业生的技能有助于建构学研机构与企业间的网络关系，若相邻区域基本的人力资源无法满足产业发展的需求，则需要产业直接与高校合作。另外，学研机构与企业间的网络关系除人才培养外，还是实现知识和技术流通的渠道，促进产研机构的知识生产与企业研发的知识需求进行良好匹配，能够提高研究成果的转化效率。政府在帮助建立学术与产业之间的动态联系过程中起到协调者的角色。

3．政府与企业间的网络关系

在政府与企业间的网络关系中，政府所扮演的角色是网络的促进者而非创造者，因为网络需要以企业自身为动力去发展，即网络最初的形成需要企业自己行动，而政府的政策措施可以帮助启动这些行动。在这种网络中，需要克服的是“搭便车问题”：网络内的企业从中受益，但其建立和管理成本却仅由网络组织者（或政府）承担，而不是受益的企业。基于此，政策干预是因为网络形成和管理过程中具有公共产品的性质，政府过多的介入会导致网络变成空壳或不畅；而过少的介入则可能丧失整合机会。故政府应支持自然产生的集群/网络，而非蓄意生成的集群/网络，因为前者比后者更能持续发展下去。

4. 企业内部的网络关系

传统产业中很多企业不愿意投资于研发，因为学研机构所完成的基础研究与产业在市场上实际需要和运用之间存在鸿沟。企业家们往往不愿意在学术研究者身上花费太多的经费和时间，而更愿意直接去寻找相关的咨询顾问。这大大影响了企业研发基础能力的建立。企业内部网络受到研发密度的影响，政府可以通过提供知识和人才要素来改善企业内部的研发密度，同时政府还可以通过建立科技服务机构为企业提供管理、服务等，助力企业内创新网络的形成。政府在该情形下的角色，一是促进不同技术能力企业间的合作，分担高成本的风险；二是鼓励企业内部员工进行新产品或新流程的开发，适时予以研究发明奖励，强化企业内部之间的网络关系。

8.4.3 激发民间创新的激情和活力

从美国等发达国家的发展轨迹看，创新的力量和希望来自民间、来自底层。例如硅谷的诞生，就是大量科技型公司在那里扎根，久而久之，便成了“气候”。我国过去的辉煌，得益于“星星之火，可以燎原”的广大草根企业，未来的希望依然要靠它们。所以，对来自民间的创新要有信心。政府应激发和保护创新创业者的积极性，让更多的人有平等的机会参与创新创业。特别是在当下经济下行和低迷的时期，更需要依靠草根的力量，释放民间的活力和创造力。

充分发挥民间创新力量能够丰富创新生态系统的主体构成，为创新发展提供更多的知识和人才基础。知识具有非敌对性、不可排他性，且创新活动具有高知识密集与高风险等特点。其中，知识的非敌对性与不可排他性使得创新活动具有公共产品的特征。另外，创新活动的高知识密集与创新成果的不确定性，使得创新活动的需求者与供给者（研发人员）之间普遍存在信息不对称（李翎竹，2007）。创新活动的高风险性，使得创新活动的资金提供者必须具备较强的风险承受能力。政府在考察创新活动的政策需求时，可从创新活动的特征进行思考，以找出政策的方向。由于创新活动的高风险特点，投资创新活动通常需要由风险承受能力较强的厂商或政府来进行。但是，随着近年来科技产业的发展，如何进一步吸引民间资本投入创新活动仍是当前推进自主创新所面临的一个重要问题。如何降低创新活动的风险以达到民间可以承受的程度，是值得关注的议题。激发民间创新力量需要从以下几个方面入手。

1. 加强创新成果保护，规范市场秩序

保护知识产权就是保护创新。Romer（1990）认为“受专利保护的知识”能够提高创新者的竞争力与独占性。所以，专利与知识产权的保护可使创新活动具备排他性，以消除公共产品的特性。通过完善知识产权法律体系，尊重创新主体的成果，形成规范的市场秩序，可在一定程度上保障企业的创新收益，降低知识扩散带来的利益损失。并且，完善的创新成果保护措施能给企业家带来更大的安全感，提升未来创新收益的可能性，减少企业对创新成果扩散的担忧和负担，激发市场主体自主创新热情。

2. 降低市场风险，吸引民间创新力量

创新活动的高风险性是阻碍民间创新力量的重要因素，通过政府行为和市场支持方式降低风险对于吸引民间创新力量的进入至关重要。从市场方面来看，通过资本市场的证券化过程，可将风险切割成许多较小单位，降低参与创新活动的门槛与风险，使风险承受能力较低的个人与企业有参与投资创新活动的机会。从政府角度看，一方面，提供财政资金支持是必要的，但重要的是为本土企业创造市场（高旭东，2016），为新技术的产业化提供市场支持。另一方面，政府可以通过科技体制改革，允许个人、小微企业等申报创新项目，充分激发民间小微力量的创新热情，形成全民创新的氛围。

3. 构建新型研发机构，打造新的创新载体

从全球范围来看，新型研发机构已成为引领新研发、促进硬科技创业、提升自主创新能力的重要载体。经济改革可以设立“经济特区”来做窗口和试验，科技创新也可以搞“科技特区”。建议广东效仿德国弗劳恩霍夫应用研究促进协会和台湾地区工业技术研究院的模式及运作机制，率先建立起1～2家类似的新型研发机构，先行先试。其好处是，这是一种增量改革，易于推行，可以抛开旧的体制机制，实行新的体制机制，轻松上阵。

8.4.4 构建开放式创新中介平台

在经济全球化时代，从内生的、封闭的自主创新到联盟式、合作式的协同创新，再到无边界平台型的开放式创新是技术创新发展的规律。创新中介平台是连接创新生态系统各参与主体的重要载体，有利于实现系统内部资源更好、更快的整合。大量活跃的创新服务中介的存在是创新系统有活力的重要体现。在构建创新生态系统过程中，开放式创新将是必然选择。整合者得天下，单打独斗式的创新不符合科技发展的潮流（郭重庆，2012）。

1. 创新中介平台的功能

如图8.5所示，创新需求者在找寻创新时，主要寻找创意、研发成果、研发伙伴、技术伙伴、技术团队或是研发人才等；而创新提供者在具备研发能力的同时，也期望能够得到奖金、资金、新事业机会等实质性的激励，来回报他们研究的付出。创新需求者与创新提供者是平台上的两个重要角色，这两个角色各有其所具备的资源或能力，通过在创新中介平台上的交流，各取所需，实现能力与资源的交换。开放式创新中介平台由创新中介平台经营者主导，通过整合技术交易服务中介业者的服务能力，提供创新需求者与提供者在平台上互动交流所需的各种服务来创造价值。

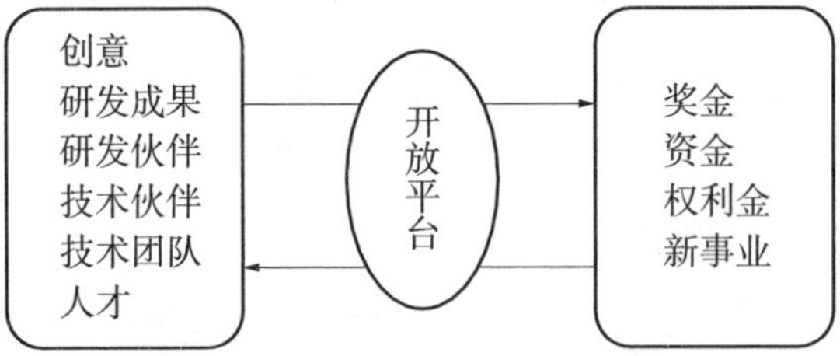

图8.5 创新提供者与需求者通过平台进行互动

2. 开放式创新中介平台架构

通过以上对开放式创新中介平台的定位、主要角色的定义及重要因素的整理，本书构建的开放式创新平台架构模型如图8.6所示。开放式创新中介平台应结合技术交易服务业者的能力，将其作为平台的合作伙伴，使平台具有提供技术交易服务的能力。创造一种创新需求者与提供者互动的环境，这些因素包括：企业、大学、研究机构、孵化器、产业联盟、个人实验工作室等，以此解决创新过程中可能出现的问题与需求。当平台加进以上因素时，可以增加安全感、价值感，降低使用者进入的门槛，让他们愿意参与平台的互动，进而真正感受到平台给他们带来的实际利益。

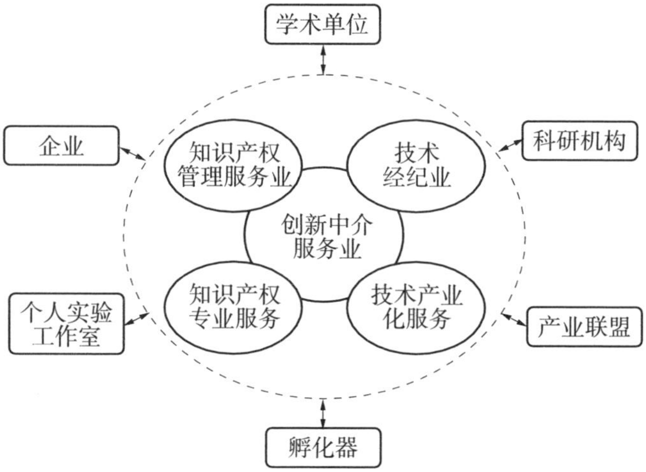

图 8.6　创新中介服务过程的角色

8.4.5　提升创新孵化能力和效果

创新孵化器是新兴技术应用、推动技术创业的机制之一，它能为科技型新创企业提供空间、设施、服务与管理知识，帮助新创企业克服创业阶段资源匮乏的困境，提高创业成功率。创新孵化器建设是创新生态系统平台建设的重要一环。通常情况下，新创企业的诞生、成长，会遇到许多无法预期的风险，会导致创业失败，原因在于创业者缺乏管理技能，或者无法获得风险资本（Bollingtoft & Ulhoi，2005）。孵化器的目的之一就是提供稳定的创业环境，帮助创业者取得资源与服务，降低创业成本和风险。创新孵化不仅是创业的支持与辅助，同时还具有技术商业化的目的（Tamasy，2007）。创新孵化能为特定产业、特定区域带来一定的经济贡献，例如创造就业机会、提升厂商技术与知识能力、强化区域竞争力等。孵化器除了具有加速创新进程的功能外，还有连接专家经验以协助创新、创业的功能。在创新过程中，学研单位通常仅负责市场竞争前的研发，研发后期的商品化与生产则由产业界来负责。如果早期研发成果无法应用于市场，就表明创新系统有失灵的可能，同时也意味着产学研合作链上出现了“断层”。对于这种“断层”，孵化器可发挥强化产学研连接和合作的功能。

1. 我国创新孵化的现状与挑战

创新成果只有转换为现实生产力才能真正为社会创造价值，而孵化器是创新成果产业化的重要平台和政策着力点。然而，我国很多孵化器功能还不健全，尚且停留在物业提供与维护等传统服务领域，未能为被孵企业提供更多、更有效的商业培育服务（郭俊峰等，2013）。

目前，我国创新孵化器作为产业服务环节的中坚力量，正由探索期进入多元发展期，面临管理面与政策面的诸多困境。在管理上，多数孵化机构自身与支持机构正面临目标、资源、营运等整合的问题，也普遍面临技术转移与孵化人才不足的困境。此外，许多学研机构仅重视专利与知识产权商业授权，而缺乏完整的技术商业化认知，造成学术与产业无法有效连接。在政策上，我国缺乏完善的产学研合作与创新孵化政策，大多数创新孵化组织只是简单借鉴国外经验，缺乏我国本土产业与市场需求的思考。

总体而言，我国创新孵化体系面临的主要挑战有：①需要更紧密地与产业及相关技术领域整合运作。目前孵化器虽然在数量上增长很快，但在满足产业创新需求方面却显得不足，并且缺少有特色的创新孵化组织来支持特定技术与新兴事业的发展。②在提供孵化服务功能的做法上，需要连同母体学研机构在整体产学研合作/技术转移等机制上，建立更具灵活性和专业的运营模式，突破传统资源补助与行政协助的局限。我国过去创新孵化体系的发展，大多由政府部门推动，主要通过政策制订与公共投资，以鼓励学研机构创建创新孵化组织，以此营造中小企业创业环境。

2. 孵化组织的重构对策

以上分析了我国创新孵化发展的现状与挑战，对于孵化组织的重构，参考蔡千姿和蔡旻翰（2010）的观点，提出如图 8.7 所示的以整合为核心，三轴（组织模式、孵化范畴、孵化机制）、三核心（结构再构建、功能再整合、价值再定位）的框架，希望能够为目前我国孵化器及其辅导新创企业的成长发展提供参考。

在考虑政府角色无法全面解决创新孵化机制与孵化市场不健全的条件下，政府应思考改变直接作用于孵化组织体系上的政策推动方式，而以推动整体孵化发展生态的模式作为政策设计的出发点。

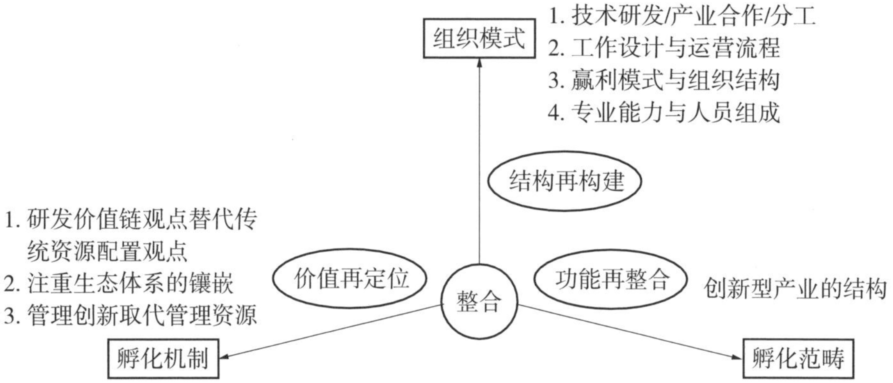

图 8.7　我国学术型创新孵化组织重构发展框架

资料来源：参考蔡千姿与蔡旻翰（2010）修改绘制。

8.5　确立企业的创新主体地位

8.5.1　确立企业创新主体地位的必要性

企业是创新生态系统重要组成部分，是推动技术进步的最主要力量。虽然当前对政府财政补助与企业研发投入是激励效应还是挤出效应的探讨尚未达成共识，但是政府科技行为在促进企业自主创新的过程中发挥的作用不容忽视。当前我国政府科技主管部门普遍还是以管控为主，对企业微观层面的活动进行较多的干预和监管。企业的研发投入也受到政府产业政策的影响。近年来我国专利数量快速增长，但是创新成果的质量却没有同比例提高，其中不乏有很多企业为了获取政府财政资金进行“象征性创新”。

总体来看，我国企业的创新主体地位尚未完全确立。让市场在资源配置中起决定性作用，很重要的一个方面就是要确立企业的主体地位，让市场机制“无形的手”驱动企业开展创新，因而政府的科技职能应该从管控者向服务者转变。当前我国在自主创新中的政企关系还存在某些问题，政府应该从内部体制改革入手，确立企业的创新主体地位。

8.5.2　以科技职能转变确立企业创新主体地位

传统上，政府在科技方面的职能偏向于管控，主导资源的分配。而企业的创新主体地位没有确立。这就需要政府转变科技职能，充分放权，给予企业足够的自由，确立企业的创新主体地位，让企业在市场机制的作用下进行创新竞赛。

1. 改革科技投入、评价机制

首先，政府在进行科技资源投入时要注重财政资金使用效率，应减少“锦上添花”，切实扶持在创新活动中资金有困难的企业，尤其是中小微企业及新创企业。经费分配上也要赋予企业更大的自主权，改革一次性的经费分配机制，建立长期经费管理机制。在项目执行前期允许多个项目同时开展，根据项目竞赛的情况进行后续的经费资助。其次，需要加强对科技投入对象资格的审查，了解拟资助企业是否具备一定的人才、设备基础，避免企业临时组建研发团队或临时设立机构骗取政府财政补助。最后，还需要改革对科技投入的评价机制，当前我国创新成果数量大但质量低，在评价科技投入效果时应更加关注创新成果的质量及其长期效果，减少企业进行“象征性创新”的可能性。

2. 提高政府科技服务效率

优化政府科技服务很重要的一点是提高政府服务效率。因此，政府应该不断优化行政性审批流程，减少不必要的材料提交。在提升政府科技服务时需要不断提高政府科技管理工作人员的服务意识和态度，在这个过程中需要加强对政府人员的培训，提高服务水平。另外，随着当代信息技术、网络技术等的快速发展，借鉴先进地区的经验，将新的技术成果运用于当前的政府科技管理体系（比如电子政务、政务平台等），能够有效促进政府科技服务效率的提升。

3. 激发企业家的创新精神

由于创新难以预测，存在技术、市场（商业）、政策等诸多不确定性。政府无法有效处理这些不确定性，能有效处理这些不确定性的只有企业家。企业家精神是实现创新追赶的重要因素。企业家具有敢于挑战、探索未知的勇气，敢于承担创新失败后果。从整体市场的角度来看，企业家决策的最大特点是分散决策，一个企业的决策失误不会导致整体市场的崩塌。相反，会成为其他企业家决策的起点或参照点，引导他们纠正错误，纠正别人的错误往往就是自己赚钱的机会。市场无形的纠偏机制发挥作用，把损失减少到最低程度，这是政府决策所不具有的。政府决策一旦失误，后果非常严重，必然导致社会资源的浪费。政府应该重视企业家精神的培育，鼓励企业家开展创新尝试。要形成尊重企业家精神的氛围，提高企业家的话语权，充分激发更多的企业家投身于自主创新。

4. 转变政府科技行为方式

政府科技行为方式转变主要体现在两个方面：从微观干预转变为宏观指导，从直接干预转变为间接支撑。政府应该在企业具体业务发展上减少干预和监督，让市场竞争机制充分发挥作用，政府在这个过程中应做到公平、公正，对不端企业予以惩罚。另外，政府应把工作重心放在产业发展方向、发展环境、相关配套设施建设等事务上来，做好产业层面上的引导。

8.6　培育和营造市场环境

公平竞争、优胜劣汰的市场环境有助于充分激发企业的创新热情和潜力。政府通过营造创新文化环境，鼓励创新，宽容失败，激发全社会、全员参与创新活动，为自主创新注入源源不断的活力。另外，形成公平竞争的环境可以保障企业充分获取创新收益，减少外部性带来的损失。

改革开放以来，我国充分利用后发国家优势，在科技创新方面取得了快速的发展。在此过程中很多企业不需要通过自身进行研发活动，仅通过引进国外先进技术便可以获取可观的经济利益，形成了依靠国外技术的习惯，缺乏自主创新的动力。随着我国创新战略从追赶转向超越，可利用的后发优势不断减少，企业必须转变对科技创新的认知和态度，变被动模仿为主动创新，才能在激烈竞争的市场中谋求长远发展。但由于我国知识产权保护制度尚不完善，导致大量的山寨产品、盗版产品占领市场，严重侵犯了企业获取自主创新成果的权益，在一定程度上阻碍了企业自主创新的步伐。

1. 塑造崇尚创新、包容失败的创新文化

在未知领域探索的创新活动充满了不确定性，探索过程中难免遭遇失败，但应该尊重失败背后勇于挑战的精神。这就要塑造崇尚创新、包容失败的创新文化环境，鼓励科研人员自由想象、大胆尝试。搞科技创新，资金固然重要，但更重要的是要有一种能充分发挥人的创造性的文化。硅谷迅速发展的原因，最根本的就是硅谷文化，即，多元、自由（包括人才的自由流动）、包容失败的创新文化（Saxenian，1994）。创新文化环境的形成需要尊重每一个主体（个人或组织），让每一个主体都能充分发挥自己的潜能，形成自由创新竞赛的局面。创新活动具有较高的失败率，但是失败也能够带来相应的经验和教训，试错机制能够提高后续创新成功的可能性。因此，对于科技创新要允许出错，给予试错空间。要想成为一个真正的创新型国家，必须找出一种既不失其控制而又宽松的方法。

2. 促进人才、知识交流

科技人才是构成创新生态系统的最重要微观主体，科技的进步离不开人才对知识的探索。前文已明确指出自主创新不是自我创新。保持人才的流动、知识的交流等对保持创新活力至关重要。政府应通过制定一系列引才和用才政策，为人才解决好一系列生活和工作方面的问题，吸引一大批多行业、多领域、多学科人才，形成科技创新的储备力量。随着经济全球化的深入，必须以更加开放的姿态与多方建立沟通交流渠道，学习国内外创新发展的先进经验，促进前沿知识的快速流通，有助于更加精准地把握市场发展动向。政府还可以通过建立人才、产品、行业交流平台来促进人才和知识的交流，促进知识作为最重要的一种生产要素在全社会自由流动。

3. 完善法律法规体系建设

创新是高风险的活动，若想鼓励人们进行高风险的创新活动，就必须使他们相信，如果他们获得成功，其果实不会被他人窃取。政府科技行为的核心在于鼓励公平自由竞争、搞好知识产权保护。政府在当好服务者的同时，需要做好对市场公平自由竞争秩序的监管，而政府进行监管的主要手段是建立完善的法律法规，充分保障市场顺畅运行。促进自主创新的法律法规主要是有关知识产权保护的法律法规。由于我国科技发展起步较晚，知识产权保护体系尚不完善。但鉴于各国国情不同，不能完全照搬国外的知识产权保护制度，而要充分考虑本国的具体情况制定本国的知识产权保护制度。另外，随着全球化趋势和知识无国界的特征，知识和技术的溢出范围更加广泛，跨国知识产权保护日趋重要。因此，在制定知识产权保护时需要与国际上已有的知识产权保护体系对接。同时，需要加强有关知识产权保护的司法处理速度，快、准、狠打击盗版、山寨、侵权等违法活动，切实保障市场主体的合法权益。

8.7 优化基础设施建设

基础设施建设是政府行使公共服务职能的重要载体。基础设施一般具有

“公共物品”的属性，需要由政府部门承担建设。良好的基础设施建设能够直接或间接地为科技创新提供支撑。就当前而言，亟需建设一批现代化的实验室，构造科技创新的物质基础。

1. 完善政府内部管理体制

基础设施建设中的诸多问题反映了政府在建设规划、资金分配、项目监督与管理方面仍存在某些不足。对此，政府应该从内部管理体制改革入手，做好统筹规划和监督管理。首先，在统筹规划方面，政府部门应联合各相关部门对基础设施建设项目进行统一的规划管理，避免“政出多门”，同时，对科技项目进行全过程、全方位的管理。其次，在财政资金分配上要合理统筹，保证项目资金充分发挥作用，提高财政资金利用效率。最后，在监督管理方面，应建立严格的项目评估和审核制度，以严格的标准检验研究质量是否达标，建立问责机制，提高政府工作人员的贪腐成本。

2. 优化公共服务

政府是公共服务的提供者，提高居民的生活水平和质量是政府的责任。在这个过程中需要严格管理好有关居住、医疗、教育、交通等基础设施相关行业的发展。

3. 建立长期发展规划

国家和地方政府在制定战略规划时应充分考虑未来产业发展前景，做好宏观上的规划和管理。对创新中的微观主体和事物要减少干预，保障科学研究的自由。在长期规划方面，政府应充分吸收来自各个层面主体的建议，做好顶层战略规划和不同阶段的发展目标与实现途径，并作为未来一段时期内的纲领性文件，避免政府官员换届就重新制定规划的局面。对于基础设施的建设同样需要以长远的眼光来考虑，避免重复、重新规划造成大量的财政资金、人力、物力等的浪费。

8.8　促进自主创新的政策方向与重点

8.8.1　促进自主创新的政策方向

确定促进自主创新的政策方向，首先必须搞清楚真正的创新发生在哪里。从需求端看，创新通常源自需求；从生产或供给端看，创新有技术的供给

(即技术可行性)，最后从消费端看，必须有商业的可行性。因此，真正的创新通常发生在市场需求、技术可行性、商业可行性三者的交汇处。根据创新的这一特点和我国自主创新的现状，结合未来经济、科技的发展趋势，本书提出促进自主创新的政策方向如图 8.8 所示。

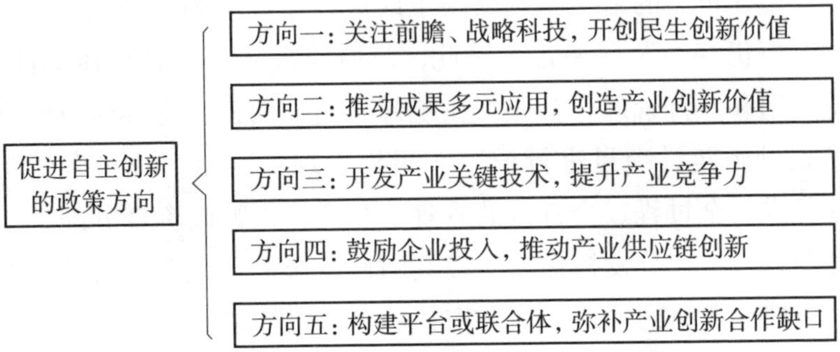

图 8.8　促进自主创新的若干政策方向

资料来源：根据周霞丽和邱秀玲（2008）修改。

政策方向一：关注前瞻、战略性科技，开创民生创新价值。根据全球产业创新的趋势，产业已由渐进式改进模式，跃升为创新突破的发展模式。通过技术预见，积极推进前瞻性、战略性技术的研究。建构前瞻性、战略性研发环境和创新开发系统，活跃研发机构的创新氛围，强化前瞻性、战略性创新的研发能力。在民生服务创新方面，虽然我国服务业发展已具备一定基础，服务业增加值占 GDP 的比重已超过 50%，但服务业的价值创新能力却仍然不足。为提升服务业创新能力，需要借鉴国外服务业发展经验，促进服务创新研究。把以往技术开发与应用的思维，拓展至服务业的价值活动上，以基于信息通信技术的服务创新带动相关服务业的发展，将产业技术整合应用于服务业上，提高服务业的附加值。鼓励将研究成果应用于消费市场进而创造价值，如创新商业模式（或运营模式），鼓励企业开发具有创新性、示范性、整合性并具有技术含量的应用与服务，进而改善民生，提高生活质量。

政策方向二：推动成果多元应用，创造产业创新价值。为扩大科技成果的多元化应用，科技项目应转变成为带动产业创新、创造产业价值的重要政策工具，不仅要体现科技项目创造产业价值的重要性，还要持续推动产业价值创造，需要相关政策、组织、管理和市场等各种因素整合在一起才能完成。因此，对目前科技项目的定位、管理机制及预算等应进行相应的修正，协助企业解决在推动价值创造过程中所遇到的困难或瓶颈。

政策方向三：开发产业关键技术，提升产业竞争力。强化优势产业的发展，致力于关键技术与专利的突破，审视未来具备潜力的技术，投入前瞻性技术或突破国外专利限制的方向发展，以强化产业自主技术能力。针对不同的产业特征、发展条件、竞争形势，推动服务于我国产业技术发展所需的规划战略与重点计划。

政策方向四：鼓励企业投入，推动产业供应链创新。除了通过产学研机制设计来强化创新能力，为推动产业发展，应鼓励、引导企业从事技术研发及应用研究，开发具有前瞻性、关键性的产业共性技术，建立自主研发能力，增强产业竞争优势。通过上、中、下游产业联盟和创新科技的整合性运用，连接产业科技创新价值链，促进科技研发与市场需求的对接。为推动产业界转向供应链创新，政府主管部门应以科技项目促进研发联盟，通过政策引导联盟的构建，使分散的企业力量能够聚集起来，达到整体供应链创新的目的。

政策方向五：构建创新平台或联合体，弥补产业合作创新缺口。当前我国自主创新的突出弱点是各自为战，低水平重复。迫切需要建立面向国内外的创新交流平台，促进官、产、学、研之间的合作与交流。鼓励龙头企业或领军企业创建各种形式的创新联盟（或联合体），带动中小企业创新。从政府的视角来看，创新联合体构建思路包括：体系化布局，开展有组织的科研，内外要素协同，打通创新全链条。在互联网时代，应建立创新科技成果网上交流平台，整合国内外科技资源，定期发布科技需求和课题成果，实现供需双方网上交流与线下沟通的相互促进。同时，面向全社会提供创新科技成果信息查询、筛选等公益服务，以“互联网 +”思维加强资源集成共享，推动科技成果的转化和应用。

8.8.2　促进自主创新的政策重点

1. 支持企业投入自主创新的税收政策

扶持创新，除了人才的支持、知识产权的保护及研究机构的技术指导与支持外，政府最重要的举措就是对创新型企业的税收减免。前面国内外比较研究发现，许多国家或地区都对创新型企业或科技研发项目采取税收减免（或优惠）政策。支持企业自主创新的税收政策包括：①建立统一、系统、规范的高新技术产业税法支持体系；②建立覆盖高新技术产业链的税收政策体系；③科学设计高新技术产业税收政策，增强实效；④调整高新技术产业的企业所得税优惠方式，提高税收政策的效果；⑤重视科技人力资本的个人所得税激励。

2. 保障企业实现自主创新成果的政策

当研发成果投入生产时，给予税收优惠及提供生产协助等配套措施，企业将会更积极投入关键新产品的研发和商品化，进而带动相关产品和整体产业的发展。科技型企业由于规模普遍较小，获取银行融资比较困难，特别是在技术成果转化为量产的过程中，需要大量的资金投入。而资金往往成为小企业开展自主创新的瓶颈。因此，需要：①鼓励和引导担保机构对创新型企业提供支持；②加快发展中小企业投资公司和创投企业；③鼓励科技型中小企业上市融资。

通过直接投入、间接补助、税收优惠、鼓励上市、保护知识产权等措施，使地方政府在激励、扶持企业自主创新，以及保障企业实现自主创新成果三个阶段中起到推动作用，从而全方位调动企业自主创新的积极性。

3. 创新公共财政科技投入制度

政府扶持创新最基本的手段是政策和资金。在财政资金有限的情况下，要让公共财政科技投入发挥更大的效益。近年来我国财政科技投入增长很快，但与建设创新型国家和加快发展方式转变的要求相比，资金分配和使用上还存在一定的问题，主要是重复、分散、低效问题较为突出；重分配、轻管理，重投入、轻绩效现象严重，使用效率总体上并不高，对全社会科技投入的引领和促进作用较有限；以企业为主体，产学研相结合的技术创新体系尚未有效形成，科技创新对经济社会发展的支撑作用有待进一步增强（楼继伟，2013）。

如何适应当前科技创新趋势，实现由政府主导型创新到政府服务型创新的转变，是一个有待破解的课题。在推进自主创新过程中，政府需要对所支持产业的有效性开展调研，而不是简单地把钱直接拨给自己认定的项目或企业。虽然这是目前政府扶持科技创新的惯常做法，但这种补贴方式往往助长了不公平竞争，实际效果也未必达到预期，甚至可能是抑制竞争和创新。最糟糕的是，容易滋生腐败。例如，近年国家和地方科技系统主要领导贪腐案频发，除了领导者个人思想变质，一个重要的问题就是科技投入制度及实操上存在诸多漏洞和弊端。因此，非常有必要改革公共财政科技投入制度。

根据笔者多年开展技术创新管理与科技政策学术研究的体会，以及参与科技部、广东省、广州市、深圳市、佛山市等各级政府科技、经贸主管部门各类科技项目的评审立项、验收的所见、所闻、所思，提出公共财政科技投入制度创新的总体思路为：增加总量、调整结构、改变方式。目标是根据科技创新活动不同阶段的不同特点，建立无偿与有偿并行、事前与事后相结合、稳定支持与竞争择优相结合的多元化投入机制。

所谓增加总量，就是公共财政科技投入的经费要继续适度增加，因为总的来看，与发达国家/地区相比，我国科技投入的总量和比率都还较低，仍需要加大投入。国家统计局公布《2023 年国民经济和社会发展统计公报》显示：2023 年我国研究与试验发展（R&D）经费支出 33278 亿元，比上年增长 8.1%，与国内生产总值之比为 2.64%，其中基础研究经费 2212 亿元，比上年增长 9.3%，占 R&D 经费支出比重为 6.65%（国家统计局，2024）。从国际比较来看，自 2013 年起，我国 R&D 经费总量一直稳居世界第二，与美国差距逐步缩小，但投入强度与美国、日本等科技强国相比差距明显，基础研究占比（6%）与发达国家普遍 15% 以上的水平相比差距仍然很大。

所谓调整结构，就是作为公共财政的科技经费投入要向基础领域倾斜。日本近 20 年获得 20 个诺贝尔奖，平均每年一个。为什么日本的诺贝尔奖会出现如此“井喷”现象？靠的不是“帽子”“票子”和“位置”，深层的原因在于日本非常重视基础研究，而我国却比较重视应用研究。《科技日报》曾经做过统计，中国被“卡脖子”的关键技术大约 35 项，其中的根本原因是基础研究薄弱。因此，要切实贯彻党中央、国务院对于基础研究的工作部署，准确把握“基础研究是整个科学体系的源头，是所有技术问题的总机关”的战略定位。在资助基础研究中，要抛弃传统“撒胡椒面”的做法，经费应更多集中在重点、重大及专项项目，有实力的科研人员或团队应获得更多经费的重点支持，而非减少项目经费、增加项目数量，人人都做小项目的主持人。直接无偿投入企业的经费要逐步减少，减少对企业的直接资助，增加对公共平台、公共服务机构的支持。关于公共财政科技投入向基础领域倾斜，深圳是一个典型。深圳很早意识到抓科技创新的重要性，但深圳没有急功近利，而是从基础研究抓起。最近几年，深圳政府财政投入的研发经费，至少三分之一投到了基础领域。《深圳经济特区科技创新条例》明确规定，“市政府投入基础研究和应用基础研究的资金应当不低于市级科技研发资金的 30%”。这一做法取得了很好的效果。例如，为什么深圳在通信领域能做到世界领先，就是因为该领域有强大的基础研究做后盾。

所谓改变方式，就是资助理念、评审立项方式、资助方式、运作机制等要根据实际情况加以改变。

（1）改变资助理念。对于企业的科技创新资助，要反思“搞锦上添花、不搞雪中送碳”资助理念的合理性和有效性。我们认为，在公共财政资助（补贴）产业或企业的创新与发展上，不能简单套用基础研究“搞锦上添花，不搞雪中送碳”的资助理念。相反，要少搞锦上添花，多做雪中送碳。尤其是对广大中小企业和小微企业，应给予更多的关注和支持，尽可能“扶上马，送一程”。因此，要视需资助，不要搞无谓的“锦上添花”。

（2）改革评审立项方式。现有以专家打分，然后按得分高低确定资助（补贴）对象的做法，貌似公平，实则未必。评分表中各项评价要素的权重往往不太合理，有的企业人员、资产规模较大，这些项得分较高，即使研发实力并不强，最终的总评分仍较高，仍可以得到资助（补贴）。实际上，对许多大型企业而言，几十万或几百万元的资助额对它们几乎没有实质性的意义。但若将这些经费用于资助真正需要“扶上马”的中小企业、小微企业，效果可能会好得多。

（3）扭转“钱出多门”的局面。目前，公共财政科技投入总体上仍存在管理体制的行政性、分割性的问题。因此，有必要借鉴芬兰TEKES和以色列首席科学家办公室的经验，设置统一的机构来管理公共财政科技经费的使用，避免重复资助（补贴）。当前公共财政科技投入一个重要问题是重复资助（补贴）的问题。即一家创新主体同一（或基本相似）项目可以向多个不同的资助方申报，由于资助方之间信息不对称，使得该项目往往获得多方（渠道）的资助，但所做的事（研发活动）却大同小异，甚至完全相同，造成财政科技资金的浪费。虽然笔者没有在全国范围内做具体调查，但对珠三角的情况还是比较了解的，可以肯定地说，这一现象比较普遍，近年虽稍有改善，但问题依然严重。因此，解决的办法是要改变“钱出多门”的局面，由统一的机构来实施。

（4）改变单一的资助方式。目前我国的科研资助方式大多为事前无偿资助，这种方式的好处是可以让项目尽快启动。但委托代理理论表明，科研领域同样存在“道德风险”。一旦立项（相当于签订了合约），“道德风险”（例如偷懒、搭便车、机会主义行为等）随之产生，事实也正是如此。因此，建议将当前的事前直接资助方式，改变为事前、事中、事后相结合的方式；将无偿投入的方式改变为无偿、有偿投入或贴息贷款相结合，或者“以奖代助”。这样才能促使企业拿到钱后真正地开展创新，而不是简单套取（甚至骗取）财政资金。变简单的直接资助（补贴）为有条件资助（补贴）。例如，有的资助可改成贴息贷款。这样，一方面可以增强约束力，另一方面可抑制受资助对象对科研经费的套现行为。有的可以“以奖代助”，将资助（补贴）改为奖励。不论企业大小、所有制形式，只要有真正的创新并取得实质性的效益，都可以获得奖励。这样做，既节约财政研发经费开支，又更符合公平原则。

在这方面，广东省财政厅、工信厅（原广东省经贸委）等进行了尝试，效果不错。例如，设立了“广东省产业园区发展扶持资金”“广东省产业转移工业园重点园区重点产业项目贷款贴息资金”“广东省产业转移工业园发展资金”“广东省专业性产业转移工业园建设竞争性扶持资金”等，并制定相应的资金管理办法。以“广东省产业转移工业园发展资金”为例，原广东省经贸委决定 2013—2017 年省财政将安排专项资金 135 亿元支持园区发展，每年 27 亿元，采取竞争性的方式择优扶持少数园区的基础设施建设、产业集聚、招商奖励等方面。扶持资金采取股权投资的方式，对园区基础设施建设项目给予贷款贴息等。笔者 2014 年 1 月作为受邀评审专家，参加了支持省级产业园区发展扶持资金的评审工作，实地考察了湛江等 7 个省级重点产业转移工业园区。尽管这项资金不像以往那样是无偿的，申请的园区（管委会）依然十分踊跃，都渴望获得这笔作为贴息贷款的资金。由此可见，直接无偿的资助改为有偿或贴息贷款，不但不会打击创新主体申请的积极性，相反，资金的使用有了硬约束和绩效考核，创新主体会更加珍惜财政资金，不敢乱花、浪费，以让其发挥更大效益。

（5）更新创新的理念，改变传统仅支持技术创新的做法，逐步加大对市场创新和商业模式创新的支持力度。当前，在我国经济结构转型过程中，实体经济面临越来越艰难、越来越严峻的环境，许多企业尤其是中小企业面临创新的“两难”：一方面，不创新、不转型，等死；另一方面，由于没有足够的资源，想创新又非常难。企业受到自身条件的约束，如资金不到位、缺乏经验和技术累积、缺乏人才等。以研发型创新为支撑点的发展路子，对中小企业来说很难。它们无论是在规模还是在能力方面，都处于相对劣势，故它们不能简单照搬大企业和实力强劲跨国公司的模式。要解决这“两难”问题，对于广大中小企业而言，创新就不仅仅是传统意义上的产品研发，而更重要的是流程创新、市场创新和商业模式创新。因此，要改变公共财政资金仅仅支持技术研发的传统做法，应逐步增加对中小企业开展流程创新、市场创新和商业模式创新的支持。

（6）完善运作机制，杜绝腐败。公共财政资助创新能否有效，能否杜绝腐败，自身的运作机制十分重要。因此，可以借鉴芬兰 TEKES 的经验，设计严密、透明的运作流程。资助机构自身和资助对象的每一笔开支都要生成报告，最终交由外部审计机构进行审计，同时接受媒体的监督，消除腐败的温床。申请项目通过最初的评估之后，要予以公示。项目开始后，不立即拨付补贴，半年后提交报告并获得审核通过之后，根据企业的实际开支予以资助。这样可以避免企业通过虚报项目骗取资助或将资助资金挪作他用。项目完结时企业所有开支都要通过第三方的严格审计，只有审计通过之后，才准予结项。此外，为防止腐败，决策机制必须透明。资助机构运转的经费来源与其用在资助研发创新的经费要独立。资助资金自始至终不经过资助机构的任何员工之手，所有资金转账都由资助机构授权银行执行。在运作过程中，形成了一条完整的监督链，资助机构通过评估和审核报告来监督控制被资助对象（企业），同时，外审机构又来审计监督资助机构和被资助对象。

第 9 章　基于政府与市场关系的科技治理：框架与机制

实现科技自立自强需要强有力的科技创新体制机制做保障（王志刚，2020），这就要求建立起高效的科技治理体系。对处于转型中的中国而言，实现科技治理体系和治理能力现代化的前提是必须厘清政府与市场的关系，因为政府与市场的关系决定着科技治理体系的框架构建和治理机制设计。基于此，本章将探讨政府与市场的关系，初步构建起科技治理的框架和机制，旨在为政府在促进自主创新上如何科学有为提供指导和参考。

9.1　科技治理的含义与作用

党的二十大报告强调要完善科技创新体系，坚持创新在我国现代化建设全局中的核心地位。而完善科技创新体系的核心任务是科技治理体系和治理能力的现代化。科技治理是国家治理体系在科技、创新领域的延伸，用“治理”的理念和方法来对科技创新的公共事务进行管理，强调多元参与、民主协商和依法治理。科技治理现代化是新时期我国国家治理体系和治理能力现代化的重要内容，是遵循科技创新活动规律、立足民族国家发展现实、把握国际社会发展前景、充分协调政府—市场—社会关系，合理配置科技创新资源要素，实现科技创新型强国发展目标的动态演进过程（韩国元和冷雪忠，2022）。推进科技创新治理体系现代化有助于我国进一步实施创新驱动发展战略、构建新发展格局。

2022 年 9 月，中央全面深化改革委员会第二十七次会议强调要健全关键核心技术攻关新型举国体制，把政府、市场、社会有机结合起来，科学统筹、集中力量、优化机制、协同攻关。2024 年 6 月 24 日，全国科技大会、国家科学技术奖励大会和中国科学院第二十一次院士大会、中国工程院第十七次院士大会在北京召开，习近平总书记出席大会并发表重要讲话，强调“要充分发挥新型举国体制优势，完善党中央对科技工作集中统一领导的体制，构建协同高效的决策指挥体系和组织实施体系。充分发挥市场在科技资源配置中的决定性作用，更好发挥政府作用，调动产学研各环节的积极性，形成共促关键核心技术攻关的工作格局”。新型举国体制的“新”首先体现在与市场经济的高度结合，必须在社会主义市场经济的条件下才能发挥作用（万劲波，2021）。以往举国体制相对更重视技术本身，新型举国体制则是技术与市场经济效益并重，更加突出用好政府与市场这“两只手”。从创新理论视角看，科技治理的本质在于科技创新活动中政府、市场、企业、学研机构等不同创新主体在权力上的划分和相互作用。其中政府更多的是扮演中介者角色，在科技治理中提供激励制度，创造激励创新的环境，各主体在政府的干预和引导下围绕科技创新形成相互联系、相互作用的状态（贺德方等，2023）。市场在科技治理中要充分发挥市场配置创新创业资源的决定性作用，避免直接干预。在市场经济体制下，政府与市场的关系决定着科技治理体系的框架构建和治理机制设计。

关于科技创新治理体系建设，国内外学者进行了许多探讨，但尚未有相关研究从政府与市场的关系这个角度切入，探讨如何厘清政府与市场的关系，以进一步完善科技创新体制机制和推进科技治理体系现代化。

9.2　政府与市场关系的本质及其演进

从改革开放40余年的情况看，创新往往发生在政策与法律的边缘，许多是自下而上的。以中国企业技术能力快速提高的事实来证明现行科技系统、科技资源配置方式的有效性，这样的逻辑是有待商榷的。中国的市场化进程，是无数企业家不断地闯、不断试错，才得以推进的，企业技术能力快速提高主要是市场化的结果。制约我国科技创新的根本问题或者主要矛盾，仍然是政府管得太多、太死，没有让市场发挥应有的作用，未能让企业和科研院所成为主角，而是政府自己成为主角（胡伟，2016）。因此，关键是要划清政府与市场边界，规范政府的科技行为。特别是，政府要大力减少和纠正使用行政手段包揽、直接介入或干预科技创新活动的做法，把主要精力放在培育创新土壤（例如知识产权保护制度、宽容失败的创新文化）、完善创新激励政策、营造公平公正的竞争环境上来，发挥好“推手”的作用。在研发方向、资源配置和经费使用、项目评审以及成果评价和应用等各个环节，要放手让市场“发声”。经过政府之手建立的所谓市场，天生不具备排除政府干扰公平竞争的本能（陆亚东，2013）。

政府的作用在于为自主创新活动提供法制、秩序、规范、反垄断等，或者说，政府的目标是要构建服务型政府、法治政府和廉洁政府。同时，也要注意到，作为“无形之手”的市场具有自发性、盲目性，可能导致市场失灵，因而还需要政府这只“有形之手”来辅助发挥作用，即该管的要管好、管出水平，克服市场失灵产生的弊端。对于市场机制有效的领域，要充分发挥市场配置资源的决定性作用，避免直接干预。在市场机制失灵的领域，政府要着力完善政策体系和制度体系，保障自主创新合法权益和竞争秩序。从目前来看，强势政府介入和干预是科技领域的特色，但随着自主创新环境和条件的成熟，要淡化政府的角色和作用。未来政府的角色应该着重在自主创新相关主体资源的连接，促进创新网络的连接、科技资源的整合。总之，政府与市场不是对立的，不是谁压倒谁或取代谁，而是各自扮演相应的角色，二者各司其职、相辅相成。在推进自主创新上，要努力形成“政府引导、企业决策、市场评判”的局面。

同其他转型经济体一样，我国自主创新领域存在某些市场失灵的问题，市场的确存在着不匹配的摩擦。作为“有形之手”的政府，作为一个机制设计者，无论是宏观层次、中观层次还是微观层次，都需要站在长远、系统、全局的角度来思考自主创新要达到怎样的目标，通过公共权力和制度设计引导自主创新朝所期望的方向发展。但市场机制的设计绝不等于政府的过多干预，相反，它对设计者和参与者提出了更高的要求，使“看得见的手”与“看不见的手”彼此变得更加清晰、更加公平、更加有效（陆亚东，2013）。深圳近年来创新氛围蔚然成风，离不开政府“有形之手”的着力营造。通过政府“有形之手”与市场“无形之手”的双重作用，深圳形成了小微企业草根创新与大企业引领创新交相辉映、相互作用的独特创新生态体系，并与全球创新资源和珠三角地区的产业基础相嫁接，迸发出巨大的创新能量。

现代市场经济之所以能够实现繁荣发展，一个重要的原因在于它能够实现知识（信息）与权力的统一。正如哈耶克（Hayek F. A.）所指出的“因知识分散于不同的个体之间，所以决策权也必须分散”（Hayek，1945）。信息分散性和权力集中性之间的冲突乃是政府与市场关系的主要矛盾。行为始于决策，而决策受信息的影响。从决策的视角来看，所有决策都是信息处理的结果，信息量和信息解读决定了决策质量。因此，政府与市场的问题本质上是集中决策与分散决策的问题。市场的核心作用是把分散的信息集中起来。因此，市场具有天然的信息优势。信息优势不仅仅指信息量的优势，还包括信息解读上的优势。信息并不是中立或直观、无偏的，它需要人们的加工解读，解读者已有的经验或知识起着重要作用，而且人们总是带着其经验、知识、利益等来使用信息（周雪光，2020）。

从组织视角看，传统科层结构有利于自上而下的指令传递和执行。但在这种结构中，自下而上的信息搜集、加工、解释存在严重的问题，使得这种集中（或集体）决策难以达到理性。市场决策可以理解为企业家决策的总和，由于企业家数量众多，相对于政府决策，企业家决策的特征是覆盖面小、频次多，从而降低了决策失误造成的危害范围及程度。而且，某一企业家的决策失误既可以成为自己的教训，也可以成为别人（其他企业家）可吸取的教训，避免犯同样的错误。因而企业家决策存在较大的试错空间。相对而言，政府决策周期较长，试错空间小。所以，对于非战略性的重大决策，市场作出的分散决策往往是较快且较有效的。

现实中政府之所以越俎代庖，其主要原因在于：首先，某些官员的政绩意识过强，而又缺乏有效的问责机制，责任主体缺位，一般不需要对决策后果负责，在此情形下往往产生决策冲动。很多不该发生的事其实并不需要有多高深的理论知识，仅靠常识就能判断，但最终还是发生了，为什么？最根本的原因就是政绩意识过强，且无需对决策失误负责。尽管在实操上政府科技决策经常通过咨询专家或聘请专家（以委员会的形式）进行，但专家大多来自高校或科研系统，他们依然远离市场，不具备信息优势，且同样不对决策后果负责。其次，集体决策的响应性差。政府决策由于信息传递链较长，信息渠道不畅，往往难以做出及时响应。市场决策的另一个优势是属于序贯决策（多阶段决策），一旦初始决策失误或发生偏差，由于责任主体明确，后续有纠偏措施，通过系列决策予以纠偏，而政府决策一般不具备这种纠偏机制。由于上述这些特点，决定了市场起主导性、决定性作用。

根据决策期限长短、决策属性和信息优劣三个属性，不同状态的决策适合于不同的主体。如图 9.1 所示，适于市场的领域比适于政府的领域要大得多，政府适合于做公共属性强、决策期限相对较长的决策。

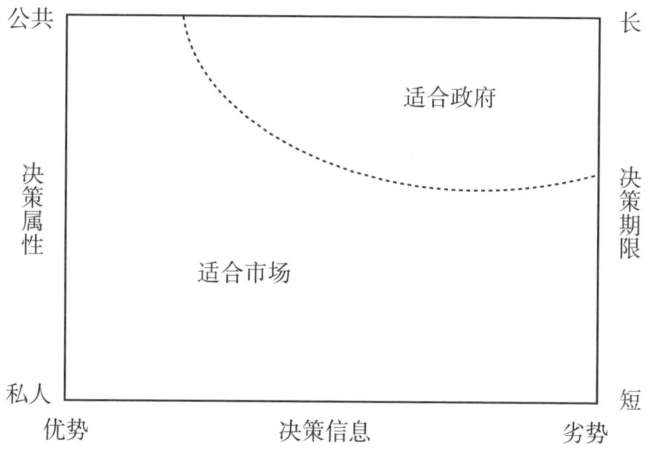

图 9.1　适合不同主体的决策情境

中国经济取得成功的根本原因主要来自市场化，释放出巨大的动能与活力。因此，不应把政府与市场绝对地对立起来，二者并非水火不容，而是对立统一。若措施得当，二者可以形成合力。从政府与市场关系互动的视角来思考中国的政治经济体制，不难看出，中国现阶段“强势政府”具有内在合理性和可持续性，而“服务型政府”则是改革的方向和目标。从以色列的经验来看，科技创新中的“强势政府”未必一定是坏事，关键是如何把握好政府干预程度、具体领域以及干预方式。以色列政府既介入科技创新又保持“中立”（即不代替企业做决策）的做法值得借鉴。可以预见，我国“强势政府”的格局在相当长一个时期内继续存在，政府对于市场的主导将是常态，即形成一种“稳定的非对称均衡”状态。但在此阶段应有意识地逐渐增强市场的作用，努力形成政府与市场“双强”格局。

9.3　科技治理框架

所谓科技治理，通俗地说就是科技创新计划及目标确定后，创新系统不同的主体之间如何划分责、权、利，以使协作更顺畅、更有效地实现既定科技创新目标。从政府视角来看，治理就是要建立分工规则、为创新系统注入动力，决定其运作方式。可见，科技治理是创新系统运作的灵魂，是科技计划实施的关键。

9.3.1 科技治理的三层次模型

由于特定历史文化和地域因素，中国的市场并非大一统的无差异市场，而是具有分割性、多元性的特点。现有研究大多从地理区域的视角加以划分，罕有从政府与市场互动的视角加以区分的。郑永年和黄彦杰（2020）提出，中国市场是一种“market in state”，即嵌入国家制度体系的市场。这一概念有助于理解当今中国经济、科技中的政府行为。借鉴郑永年和黄彦杰（2020）的“三层市场结构”思想，本书把科技领域划分为三个层次，对应不同的政府科技治理，如图 9.2 所示。

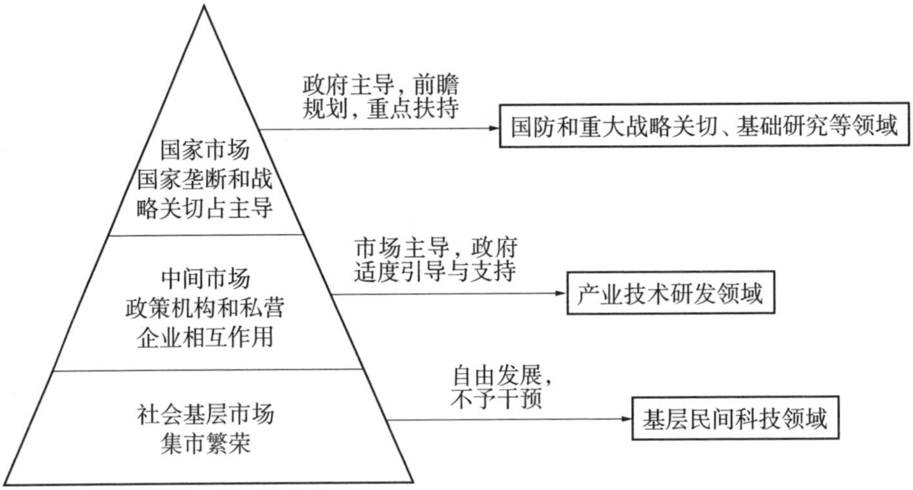

图 9.2 政府科技治理的三层次模型

对于不同层次，政府的介入和干预程度应有所不同。在国防和重大战略关切、基础研究等领域，政府（特别是国家）要充分发挥好作为重大科技创新组织者的角色，例如实施“顶层目标牵引、重大任务带动、基础能力支撑”的国家科技组织模式（王志刚，2020），从国家急迫需要和长远需求出发，凝练重大科技问题，布局战略力量，配置创新资源，在关系国家发展和安全的若干重大课题上重点发力，提升国家战略科技力量。近年来国际形势复杂多变，传统建制性创新主体在投资风险大、技术难度高的高科技前沿领域和战略关键领域例如人工智能、集成电路难以有效整合，市场机制亦无法有效发挥作用。因此，政府要在投资风险大、技术难度高的战略关键领域加强科技战略方向上的宏观指导以及统筹协调好科技相关部门的工作。

在产业技术研发领域，要建立市场主导、政府适度引导和支持的模式，推动政府和私营企业相互作用。以市场为主导，通过市场机制来配置科技资源，政府适度引导与支持，重点是强化产业共性技术的供给，推动科研成果向市场价值转化。政府可以搭建由各类创新主体组成的开放性公共治理平台，推进私营企业完善制度建设和加大研发投入，发挥金融机构协调服务的作用，充分体现政府的引领和服务保障作用，推动产业链和创新链更深入地融合。

在基层民间科技领域，则可自由发展，政府无需干预。科研机构和高校要自主独立地管理自身的科研活动。科研机构拥有稳定支持的经费和自主管理的预算，就可以为开展长期性、高风险的研究提供条件，吸引或留住高素质高水平的科研人员。高校、科研机构和企业在科技、经济发展和社会需求的推动下发挥科研体系自发自主的治理机制，不断增强彼此之间自发的、正式的或非正式的合作，包括共享实验仪器设备、联建实验室以及联培研究生。这些合作极大地推进了国家科研部门、产业部门和社会部门三方之间的合作，对促进我国科学技术的发展具有重要意义。

9.3.2　科技治理的基本框架

科技治理的本质在于创新系统中不同主体在权力上的划分。但奥斯特罗姆基于长期的社会实证调研认为，公共事务的治理应该摆脱市场或政府“单中心”的治理方式，建立政府、市场、社会三维框架下的“多中心”治理模式，以有效地克服单一依靠市场或政府的不足（奥斯特罗姆，2000）。基于此，我们从政府、企业、学研机构与市场（含中介机构）四方的关系中提出科技治理的一个基本框架，如图 9.3 所示，其根本目标就是要建立“有效市场”和“有为政府”有机结合的治理框架。

在中国情境下，科技治理主要体现为科技政策的制定与实施。政策试点、“摸着石头过河”成为各类政策创新的重要形式。以试点、试验为特征的科技政策运行方式，允许在政策制定中改变某些既有的规定来适应环境的变化，并在实施中灵活调整。因此，我国的科技治理是在一种不断变化与调整、多重政策目标任务同时作用下推进的。面对不断变化和调整的政策过程，地方和基层政府与上级政府、同级职能部门、项目企业之间形成了“松散关联式”协作（崔晶，2022）。在科技政策执行中，“松散关联式”协作表现为正式制度的“刚性”与非正式协商的“松散关联”、政府部门与创新主体（企业、科研院所）之间的“讲政策”“按程序办事”与“灵活变通”共存，

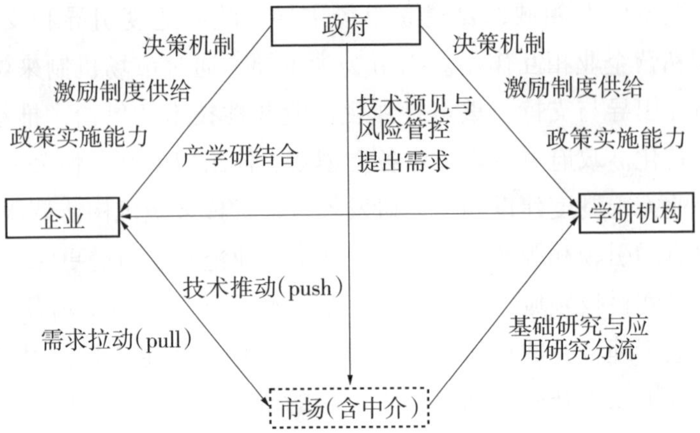

图 9.3　政府科技治理基本框架

注：市场本身不是实体机构，故以虚线框表示

“法无禁止即可为”理念在多方行动者之间逐渐形成共识，这种协作方式带来政策的灵活性、纠错性等特征和功能。科技政策过程中的“松散关联式”协作体现了政府主导体制下委托代理的困境，也反映了地方和基层政府为克服这一困境而在政策执行行为上的创造性安排，进而促进了科技政策的有效执行，成为我国科技治理的重要特征。

9.4　科技治理机制

9.4.1　传统科技治理的困境

近年来，随着我国在经济领域取得巨大成功，“中国模式”论逐渐被社会各界所接受。不可否认，经济领域的“中国模式”确实是有效的、成功的，但在政府与市场的关系上暴露出诸多问题，政府缺位、越位（或过度作为）现象仍普遍存在。聚焦到科技创新领域，“中国模式”是不是那样完美，值得斟酌。本研究认为科技创新领域的“中国模式”仍属于粗放型模式，尚未形成有效的治理机制，仍未有效解决委托代理问题，治理成本居高不下。但由于治理成本属于交易成本，难以直接计算，故往往被忽视。

传统治理隐含地假设“企业—政府—社会”动态关系和“市场—国家—公民社会”三元社会模式的存在，在治理层面主要表现为点对点的单向关系

（肖红军和李平，2019）。科技治理要求政府要推动创新主体形成合意的“个体自治”。政府既可以作为管控者，采取自上而下的“命令与控制式”的治理策略，又可以作为支持者和促进者，实施增进创新主体自愿或自治的治理策略，还可以作为合作伙伴，采用“参与式”的治理策略（Ho，2010）。

从实践来看，“他治”的政府科技治理主要存在以下不足：一是治理的自我封闭性。传统的科技治理基本上是围绕项目的立项、过程管理、结项、评奖等环节形成“自娱自乐”的自我闭环，缺乏外部的监督与批评，缺乏成果应用主体的介入。这也是造成科技创新“两张皮”（研究与实践脱节）的根本原因。二是由于信息不对称，“他治”难度大。由于治理对象（客体）的科技创新行为具有内隐性和不可观测性，政府治理面临信息不对称难题，即委托代理问题。三是环境多变、快变，“他治”难以有效应对。事后反应式治理难以把可能发生的坏结果控制在萌芽阶段。四是随着创新网络复杂性的增加，传统科层命令式“他治”效果不理想。现代科技创新网络既有线下实体创新网络，又有线上虚拟创新网络，还有线上线下混合创新网络，运作形式各异，复杂性剧增。原先适用于传统情境下的科层制、命令式的治理手段，在复杂创新网络情境下治理效果与治理成本面临挑战。

再从“自治”角度来看，“自治”主要依靠创新主体的自觉与自律。但在实践中面临诸多挑战：一是科技创新领域特有的“独赢”思维促使创新主体（无论是组织还是个人）强调自我奋斗而忽视合作；“赢者通吃”的特点则进一步扼杀合作精神，单打独斗成为普遍的做法。创新主体之间的竞争激烈，其兴趣和关注点在于如何“赢”（例如赢得项目、赢得论文发表、赢得奖项和“帽子”等），而无暇顾及研究的价值性和社会意义，难有追求真理的内在动力。二是科技创新准公共产品的特性引发集体行动的非理性，个体“自治”难以奏效。三是科技资源控制和扭曲的评价导向催生创新主体急功近利，难有坐冷板凳的定力，并对创新生态系统的构建和运行产生不利影响。

9.4.2　基于过程视角的科技治理手段

根据治理网络的结构、运作要素及制度框架的特征，治理主要有科层、市场和网络治理三大类。科层治理的关系建立在于命令与控制，主要关注在组织内部的管理问题；市场治理强调竞争，无法在组织之间形成信任与合作基础；网络则以协同与合作为关系纽带，观察在各自塑造的制度框架上的运作。

回顾这三种治理手段，都可以在当今的治理过程中发现，在欧美发达国家均已发展出独特的治理经验和运作形态，各有其优劣势。因此，需要思考的问题是，如何在三种治理手段的交错中，使治理网络运作更具效能，降低发生治理失灵的可能性及其负面影响。Jessop（1997）提出了“系统治理”的概念，用以思考构成对象的系统层次，从而整合科层、市场及网络三种治理结构（Peters，2010）。Bevir（2009：131）指出系统治理描述了在新治理时代下政府的角色和政策工具的特点。因此，当今政府不再是在科技创新事务中唱独角戏，取而代之的是更加多元、分权、碎片化的网络形态之间相互联动，政府的角色退居于科技治理背后，从科技直接治理者转变为系统治理者。因此，政府应负起引领和规制一定范围的组织与网络，强化协调的治理，以实现治理的目标及良好的治理成效（Sørensen，2006）。此外，Sørensen 和 Torfing（2009）指出系统治理可作为连接利益相关者民主诉求的一种工具或方法。可见，系统治理的目标是引导、创建或促进各行动者之间的互动，并改变网络的制度安排，以达成更好的协调效果。

然而，随着环境的快速变化，科技治理面临的问题日趋复杂，多元利益主体遍布且交错于各网络之中，加上全球化的影响，治理网络间会产生相互联动。但自上而下的传统科技治理模式由于缺乏民众及其他社会或经济团体的参与而显得僵化且缺乏效率，治理机制的创新应着重在如何开创公私协同及多元参与的机会，以使治理更为有效和更具灵活性。随着多元治理时代的来临，治理不能仅单面向思考，而应该多面向思考。换言之，传统概念和思维下的行政、立法科层系统已不再是掌控公共价值、资源分配、政策设定及问题解决的主要场域。由于公共问题日趋复杂多变，要想准确掌控并恰当实施治理，就必须以系统治理概念与框架发挥协调、整合的作用，解决动态变化情境下的问题（Hoppe，2010），达成所期望的治理效果。但无论是通过政府自上而下的主导或尊重市场自由机制安排，都将会面临难以克服的问题，而无法达成可持续发展目标的治理方式。因而需要通过构建新的治理系统来寻求新的治理途径。基于此，我们尝试运用系统治理的概念与框架，用以考察科技治理系统制度设计、建构、管理及主体参与的过程，提出科技治理过程模型（图 9.4），以期引导政府建立与公众社会的互动连接，构建起协同伙伴关系，消除各利益主体间的价值冲突，达成有效的科技治理。

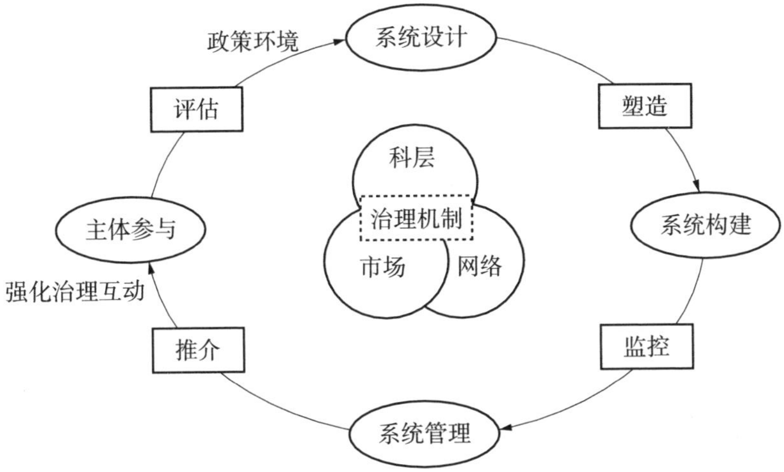

图9.4 基于过程视角的科技治理

上述四个系统治理环节，一方面要确保各环节各自的自主性，促进互动治理的提升，并强化治理网络的效能与民主，这将有助于冲突的化解；另一方面，也要注意克服“制度惯性”。现有科技制度环境表现出过度强调成果（论文）数量的特征。要防止因“制度惯性”造成政策困境。为此，首先系统设计要通过政策的公共性、目标的明确性以及广泛纳入利益相关者，以塑造系统建构的相关要素。其次，系统建构监测行动者之间的互赖关系、资源互换及利益分享等活动，并适时进行调整，以达到系统管理的顺畅。再次，系统管理以推介的方式，鼓励相关创新工具、提供适当资源、提升参与的公平性和信息的透明性，以营造良好的参与环境。最后，系统参与强调运用开放与响应性的协商治理模式，确保政策议程的空间，使之为公众所共享，强化社会信任资本。

9.4.3 决策与激励机制

科技治理有两条主线：一是科技资源配置问题，二是激励问题。从科技资源配置的角度看，其实就是决策机制的问题。而从激励角度看，要从根本上扭转传统治理模式中激励不足的问题，不仅仅要有个人激励、企业激励，还需要政府激励。政府要为创新主体提供恰当的激励制度，使政府与各创新主体之间达到激励相容。只有实现激励相容，各方的目标才能一致，激励才能奏效。

科技治理的有效性取决于一系列有机联系的机制。我国科技治理的根本问题在于缺乏有效的决策机制和激励机制。决策机制要解决的核心问题是决策的速度与准确度，这又依赖于信息（获取）机制。信息渠道是否通畅，科技决策者（政策制定者）能否获得真实、准确的信息？能否掌握真实情况？可见，信息机制成为决策的前提，是影响决策有效性的决定性因素。同时，由于决策是一个过程，故决策机制中还包含着纠错（纠偏）机制，能否做到及时纠错。为此，首先必须改变决策机制，由于创新体系内的知识和信息分散于不同的个体之间，决策权也应具有相应的分散性，要变集体（集中）决策为分散决策，特别是要“让听得见炮声的人呼唤炮火”，把创新主体的自由意志和创新精神置于创新体系的核心。政府除了做好科技及产业战略规划，重点是做好重大技术预见与风险防范，而尽量把涉及创新方向、创新内容、创新方式的决策权下放给企业、学研机构等主体，让创新主体去做决策、让市场去纠错。

从委托代理的视角来看，作为治理主体的政府是委托人，作为治理客体的创新主体（企业、大学、科研机构等）是代理人。但由于信息不对称，代理人会行使机会主义行为，由此而引发代理问题，主要包括代理人事前隐藏信息的“逆向选择”和代理人事后隐藏行为的“道德风险”。“逆向选择”的后果是劣币驱逐良币，供给端降低质量，而“道德风险”的后果则是直接损害委托人的利益。为了解决委托代理问题，必须设计一套激励相容的机制。

中国经济向市场经济转轨过程中的一个突出现象是地方政府的深度参与①，在科技创新领域，亦同样如此。这表明作用于政府的激励是比较充分的，包括地方税收、干部任免机制和区域间的竞争等。但这些激励可能产生多重效果，既有促进发展的一面，又有扭曲行为的一面。必须看到，现有科技治理机制对于个人、科研单位和企业的激励相对不足。总体而言，个人、科研单位和企业等创新主体，多数还停留在低级功利主义的阶段（如追求发表论文、评职称、获得各种“帽子”等），少数进入高级功利主义阶段（如做出有影响力的一流成果、为国争光等），而罕有进入追求内在价值的非功利

①钱颖一在获得首届“中国经济学奖”颁奖典礼上的演讲，原题为“理解经济学研究”，2016 年 12 月 4 日。

主义阶段（例如探索奥秘、追求真理等）。因此，需要有好的激励相容的机制促进其向追求内在价值的非功利主义转变。

解决了决策和激励机制后，在实操层面，政府还必须具备制定有效战略和政策并高效组织实施的能力。以往较多强调的是政府的战略（或规划）及政策制定，而忽视了执行、实施能力。市场经济需要政府机构具备快速、准确的决策与执行能力。只有方向正确的激励或惩罚才能鼓励人们做出既利己又利他（社会）的决策，而错误的激励，即使出发点是善意的，也往往造成负面效果。在科技创新模式上，应该学习推广“深圳模式”，逐渐淡化成果转化（即技术推动）的思维，强化市场需求拉动的模式，从而降低技术与市场之间的差距。

9.4.4　参与对话机制

奥斯特罗姆提出的多中心治理理论强调多元化的治理主体相对独立且彼此之间相互联系，在一定范围内共同承担公共事务治理的职责（奥斯特罗姆，2000）。自上而下的传统科技治理模式由于缺乏民众及其他社会或经济团体的参与而显得僵化且缺乏效率，政府科技治理机制的创新应着重在如何开创公私协同及多元参与的机会，以使自主治理更为有效和更具灵活性。

科技创新是一种自主性和创造性的活动，需要具有不同思想、意见和利益诉求的主体之间相互交流和撞击，以及相关各方参与对话（尹霖等，2017）。科技治理既要有科学家、企业等相关利益代表参与，又要有非营利科技组织、利益群体代表、市民等更广泛的公众参与（樊春良，2022）。要构建政府、科技专家与公众之间平等、畅通对话的科技议事制度。企业要把握市场需求，利用好各种创新要素，推动科研成果直接向市场价值转化（万立明，2019）。学研机构应专注于基础研究与应用基础分流，将重心放在应用技术研发和集成创新上，同时在最新前沿技术和关键共性技术上要进一步加大研发资金和人才的投入。要强化需求导向的产学研部门协同机制，围绕产业关键核心技术和共性技术等发展需求明确学研机构、企业等主体在创新链中的功能、地位和职责，深化创新主体协同意愿，提升部门间协同创新能力，改善产学研协同创新效率。多元化创新主体要全方位参与国家战略、政策、计划和项目等各个层面，通过相互协调、互助合作与资源交换等建设自主、协同、开放的创新体系，实现高效的创新。欧美国家常见的参与对话机制是在产业生态系统或技术平台上，由产学研发展共同愿景、制定共同的前瞻性规划。在此过程中，创新系统中的机制协助成员广泛地连接和参与，促进新伙伴关系的建立，以创新活动来处理跨部门（领域）问题，促进开放式创新。

9.4.5 科技治理机制中的权力分配

科技治理需要在法制与组织的架构上运作，科技行政组织及其代理人之间，必须有明确的权力分工关系，才能运作顺畅。现行科技治理体系中政出多门、不易协调，是治理成本高、治理效果差的根本原因。通常情况下，治理机制的核心要素是权力及其分配。权力在不同主体之间的分配，既是科技治理系统平衡系统整体活力与各参与主体价值实现的关键，也是平衡参与主体自治性与科技治理系统主控制力的关键。在设计科技治理系统权力结构时，应关注两个方面。一是权力分层。虽然人们往往把治理系统想象成大家平等参与的理想场景，但现实中的创新系统都存在不同程度的权力分层。权力分层是十分必要的，人人平等看上去很美好，但缺乏权力分层的创新系统往往面临决策迟缓的问题，使得整个创新系统难以协调，或难以及时做出某些重大决定。权力分层不仅体现在政府与各主体（成员）之间，也可能体现在成员内部。同时，也要“让听得见炮声的人来做决策”。研究什么？开发什么？这个决策权应该赋予处于研发、创新前沿的一线人员，政府不宜越俎代庖。二是权力共享。权力共享本质上是权力的横向分配，即倡导共同治理的理念。这种制度安排有助于充分发挥创新主体（企业、科研机构等）的创造性。当然，它也可能会带来领导权、控制权方面的挑战。这种共同治理既需要管理好整个创新系统，又需要处理好成员彼此间的关系。

9.5 科技治理发展趋势与改革方向

综观发达国家促进创新可持续发展的政策治理可以发现，如何匹配知识供给与需求、如何向最具价值的创新项目投资，是有效治理的重要思维（林佳静，2020）。在开放创新的数字化时代，建立鼓励企业投入创新、需求导向的科技创新选题与执行、形成跨部门联合治理、环环相扣的治理框架和机制，并与新兴前瞻性科技协同发展，将有助于实现可持续发展，这也是科技治理的价值所在。

1. 科技治理发展趋势与思维

政府科技治理是创新系统的一个核心环节，与创新系统共同演化，对于科技政策的制定者而言，当前所面临的问题除了技术变化的速度外，投资的全球化、人才流动的全球化，需求的全球化、研究的全球化，构成了严峻的挑战。在激烈竞争的环境中，创新系统的效能依赖于不同部门与领域之间的协同整合。因此，“灵活”“转型”与“学习”成为创新系统中政府科技治理的未来趋势。在此趋势下，各国政府纷纷致力于科技行政组织与制度的变革，以使其符合创新系统发展的要求。我国的科技行政组织与政策形成机制也受到同样的挑战，未来政策与制度的设计应具备转型调适的灵活性，才能引导科技资源的合理配置，以进一步提升创新系统的效能。政策工具必须灵活与多元化，因地制宜，根据不同区域、产业、技术的特点灵活调整，打破部门的限制。政策形成的过程除了充分利用政策工具，掌握变化的信息、发展愿景，还要加强与公众的对话，使公众深入了解科技的重要性。此外，决策者需要系统而持续的学习，以获取政策选择的知识与经验。由于公众要求提高（科技）决策的质量和决策过程的公开透明，采纳专业智库的意见将有助于降低决策的不确定性与风险。政府科技主管部门除了提高科技政策决策的层次，还要致力于培养与强化完善科技治理所需要的知识、理论、工具与人力资本等，提升制定科技创新政策的能力，构建透明的决策信息平台并促进跨部门政策的协调与整合。

当前，全球科技治理出现了一种共同的趋势，政府的科技决策与规划功能逐渐由“垂直专业化”（强调部门专业分工）转向“横向整合”（强调部门协调与合作）。横向整合机制是政府强化科技治理的重要课题。但任何整合机制设计都有成本，通过决策程序设计，要付出沟通成本与时间成本，调整组织功能与政策内容架构，要付出行政成本，等等。因此，设计整合机制必须有明确的目标。

2. 科技治理改革方向

我国行政力量主导着科技资源配置与政策制定，行政逻辑实质是科层制管制逻辑，主要通过行政指令的方式为各级主体制定目标，操作上表现为各地、各组织的科技创新政策不同的情形。行政逻辑将科技创新主体的注意力集中在行政指令所导向的研究领域，为政府将实现行政目标的压力转移到科技创新主体身上提供了合法性。由此，行政逻辑与创新逻辑的矛盾扭曲了科技资源的配置。而且，在以行政逻辑主导的约束框架内，大学、科研机构面临被边缘化甚至被淘汰的可能性。这一压力进一步传递给科技人员。由竞争带来的压力和焦虑感对科技创新人员的身心健康及其组织归属感产生负面影响。这反过来对科技创新带来不良影响。行政逻辑指引我国科技创新体系的政策变化，在宏观制度逻辑所形成的多重目标中，尤其是“五唯”盛行的情况下，作为创新主体的科技人员会根据具体情境和自身认知选择并调整应对策略，从而鼓励了急功近利甚至学术不端。因此，我国科技治理改革的总方向就是要改变行政逻辑与科技创新逻辑的矛盾，通过“他治”与“自治”的有效整合，实现“有效市场”和“有为政府”有机结合，从而降低治理成本，提高治理效能。

Borrás 和 Edquist（2013）的综合型创新政策勾画出创新政策框架。其中欧美国家常见的机制是在产业生态系统或技术平台上，由产学研发展共同愿景，制定共同的前瞻规划。在此过程中，创新系统中的机制必须协助成员广泛地连接和参与，促进新伙伴关系的建立，以创新活动来处理跨部门（领域）问题，促进开放创新。

为应对重大挑战并引领社会经济的转型，需要不断改进、改善其科技政策和治理机制。数字科技让社会经济变得更开放，引发多元的创新，治理机制改善的目标是把握时代发展脉搏，带动创新的可持续发展。在数字技术发展、产业结构转型升级、国际关系等错综复杂的挑战下，许多国家通过增强政策决策过程的互动性和透明性，以缓和创新体系中的利益冲突或失灵现象，并实现社会经济的可持续发展。综观发达国家的科技治理状况，科技治理改革方向包括：

（1）设计相关机制，吸引企业投入基础研究，避免产学研断链。由于创新创业领域普遍存在“死亡之谷”，无论是通过技术转移来桥接基础研究与市场导向，还是设计诱因来引导产学研活动，或者吸引产业界投入基础研究，其目的都是让产学研各界对技术研发产生共识与愿景，以降低研发创新的风险。在该共同愿景下，国家整体的创新资源可以有的放矢地朝目标投入，促进战略性新兴技术的发展。如何强化企业投入基础研究？美国、欧盟的做法是以公私伙伴模式将概念转化为具体机制或执行模式，以实现产业政策目标。

（2）发展“需求/挑战”导向的选题机制，解决国家最迫切的需求/挑战。需求/挑战导向的选题必须从众多问题或挑战中找出能够产生机制的需求，以吸引产学研各界的努力。科技创新选题要面向社会需求或挑战，是近年国际科技治理的主要趋势，欧盟的研发创新框架计划 FP9 引入“任务导向研发创新政策”和“鼓励公民参与”两种做法，使公共资源能更加聚焦地投入，并使创新成果能应用于民生领域。

（3）跨领域应用趋势下，促进跨部门（领域）合作。随着社会经济环境的日益复杂，很多涉及社会进步的问题已非单一部门（或组织）可以处理。而单点线性连接科技创新与创业应用的传统做法，难以有效面对已大幅缩短的产业生命周期。因此，跨部门合作与治理逐渐受到重视。跨部门治理机制要想有效运作，在各自为政的现行做法下，需要成立跨部门协调组织。

（4）建立效益追踪/评估机制，将资源引导到最具价值的需求上。政策评估最常见的做法是以 KPI 验收研发创新成果及其贡献，但成果的展现往往仅停留在活动或产出阶段，而难以厘清政策对社会或经济的具体影响。原因是现有的机制缺乏“逻辑框架”来解释投入、产出的流程（林佳静，2020）。因而有必要建立效益追踪/评估机制，以有效展现这种影响或改变。

3. 提升科技治理效能

在当今多变、快变的时代，现代科技治理面临着结构复杂、横跨不同层级组织、主体多元的治理网络，包括公共部门、私人部门及非营利型组织，形成相互协力却又冲突制衡的过程，以共同面对复杂的公共问题（Emerson et al., 2012）。科技治理在完成治理任务的同时，除了要分享权力、追求效能与分担治理风险外，更要遵循民主的规范与原则，避免出现因复杂而产生“黑箱”不透明的情况（Sørensen & Torfing, 2005）。因此，治理网络如何以有效且符合民主的方式来达成有效治理就成为一个重要问题。

如何才能提升治理效能？Robins 等（2011）认为必须有合适的架构，包括网络行动者对于目标与行动的认同，适当目标与行动以满足治理体系存在的目的，以及促进协调、支持信任、协同发展与协调行动的网络架构。Moseley 和 James（2008）提出可以促进协同治理的若干政策工具，根据性质的不同可分为三大类，即权威导向、信息导向、动机导向。

任何制度或机制都是为了解决问题而产生的，因此，效能强调相关网络的运营应可消除或降低问题所带来的难题，包括政策难以单靠其治理网络独成其功，而应通过水平或垂直的行动者开展资源的吸纳与整合，发挥最大的科技治理协同效应。当然，综合网络治理的顺畅运作有赖于各环节的紧密配合与联系。随着科技治理概念框架的不断发展与变化，其在各领域的运用愈加广泛，也显示出当前所面临问题的多变性及复杂性，有必要针对现行科技治理模式进行研讨，通过系统治理的理论架构与实务运用，切实引进公众的力量，创造一种真正互动治理的氛围与环境，在治理网络间进行资源的有效交换，降低治理成本，突破治理失灵的困境。

结论与展望

一、结论

开展自主创新，增强自主创新能力，是社会生产力系统的重大变革，需要持续改善制度供给条件，旨在加大动力和激励，而制度供给的水平和质量决定着创新的效率和效果。我国自主创新战略实施近二十年来，取得了很大成效，政府在其中发挥了重要作用，但也存在体制机制不完善等深层次问题，导致科技创新制度运行成本大，整体创新体系效能不高。本书采用文献研究、实证研究、案例研究等方法，针对政府与市场的关系，运用创新与科技政策理论、委托代理理论、激励理论等系统研究了促进自主创新的政府科技行为，概括起来，基本结论如下。

（1）科技创新存在市场失灵现象，推进自主创新，政府既不能盲目作为，也不能无为而治，必须科学有为。制约我国科技创新的主要因素，仍然是政府管制过多，没有让市场发挥应有的作用。政府科技角色定位应从“管控型”转向“服务型”，构建鼓励创新的体制机制。推进自主创新要依靠市场的力量，更要以企业为主体，需要政府扮演积极而非消极角色，发挥引导和推手的作用。政府应积极地以政策工具介入，以改变市场失灵状况。政府科技行为的核心是积极塑造开放、自由、包容的创新环境与氛围，着力构建“政府引导、企业决策、市场评判”的创新体制，形成高效的创新战略与政策决策机制，充分激发各类主体参与创新的积极性。

（2）广东自主创新取得较好成效，根本原因在于政府积极有为。政府科技投入诱导效果明显，高等院校和公共研发机构的资助对企业自身研发投入起着正向促进作用。深圳案例表明：政府促进自主创新的科技行为主要包括培育市场主体、引导市场主体发展方向、助力市场主体发展；完善金融环境、营商环境、基础设施环境、文化环境、法治环境等市场环境；提供知识与技术要素、人才要素、连接要素等市场要素。“深圳奇迹”的秘诀在于在市场化过程中通过技术和制度的有效结合，将创新从科研活动转变为经济活动，走出一条以需求为导向、由学习和模仿到自主创新的路子，形成了“市场驱动+政府支撑”的深圳模式，以及“市场为主导，企业为主体，法治为基础，政府为保障”的自主创新格局和“基础研究+技术创新+成果转化+科技金融+知识产权+创新环境”的全过程创新生态链。

(3) 政府科技行为转换的目标是建构科学、高效的科技治理体系，提升治理能力。构建了“市场主导+政府支撑”促进自主创新的政府科技行为整合框架，主要包括：完善科技治理体系、做好产业/战略规划、构建创新生态系统、确立企业的创新主体地位、培育和营造市场环境、优化基础设施建设等六个方面。核心是塑造民众的科学精神和自由创新的氛围，以及确立法治思维。根据我国自主创新的现状和特点，提出了促进自主创新的五个政策方向和税收、创新成果实现、公共财政科技投入制度等三个政策重点，提出了“增加总量、调整结构、改变方式”的公共财政科技投入制度创新的总体思路。

(4) 政府科技治理有效性的核心在于有效的决策机制和激励机制。本书构建政府与市场互补、协调有效的新型政府科技治理框架和机制。基于决策视角探讨了政府与市场的关系，指出信息分散性和权力集中性之间的冲突乃是政府与市场关系的主要矛盾，这个关系本质上是集中决策与分散决策的关系，由于市场具有信息优势、快速响应性和纠偏机制，因而由市场做出的分散决策是较快且较有效的。创新需要激励，政府需要适当提供激励，但更加重要的是市场提供激励。只有激励市场和创新主体才能推动持续创新。

(5) 政府如何科学为有为，根本上取决于科技治理体系和治理能力的现代化。本书描绘了政府与市场关系演变的路径与趋势，通过界定政府与市场在科技活动上的分工，构建了政府科技治理的“三层结构”模型，并指出不同层次政府的着力方向。从政府、企业、学研究机构与市场四方的关系构建出科技治理基本框架，并从决策、激励、对话等多个视角探讨了其治理机制。最后，提出了科技治理改革的总方向：改变行政逻辑与科技创新逻辑的矛盾，通过“他治”与“自治”的有效结合，实现“有效市场”和“有为政府”有机结合，从而降低治理成本，提高治理效能。

二、展望

改革开放40余年，我国在科技创新领域取得了巨大的进步，但本书开篇就已明确指出，对此理性的态度应该是肯定成绩、正视差距。科技创新政策是政府支持、促进科学、技术和创新发展的公共举措。近年来，受全球地缘政治格局变化、新一轮科技和产业变革加速演进的影响，世界各国均把科技发展放在重要位置，推动科技创新政策加速转型和体系重构。然而，“正确的”政策过去没有，现在没有，今后也不会有（张维迎，2014）。尽管市场不完美，市场配置资源达不到帕累托最优，但政府配置资源不可能更有效。道理很简单，政府官员既没有足够的激励，也没有足够的信息，使他们能够制定出比市场配置更优的方案。因此，必须超越政府和市场完全对立、非此即彼的思维方式，把政府和市场看成自主创新能力提升的一体两面。对于我国开展自主创新而言，不仅需要政府的科学参与、有效推动，发挥政府的宏观指导作用，更加需要确立市场机制，发挥市场配置资源的决定性作用，实现二者的良性互动和有机融合（张于喆，2015）。在创新过程中，会遇到许多具体问题，搞什么项目？投多少钱？朝什么方向发展？等等，都应该由市场机制来决定。在一个有法治秩序的市场制度下，这些问题能得到较好的解决（许成钢，2017）。但发挥市场配置资源的决定性作用并不意味着政府完全不能插手，搞所谓的“无为而治”。过往的实践已经证明了政府作为的有效性，只是其中的某些做法有待进一步改进或改善。

当前形势下，需谨防虚假创新。真正的创新成本高、风险大，往往需要持续的、长期的投入，而虚假创新则表现为低成本、低风险，收益快，具有极大的诱惑力。如果虚假创新大行其道，会在市场上排挤真正的创新。在这种条件下，给地方政府的激励越大，虚假创新就越盛行（许成钢，2017）。我们必须清醒地看到，政府科技行为具有阶段性。现阶段，由于中国特殊的国情，需要政府积极作为，而将来则要逐渐淡化，转变成由市场来主导。此外，最近几年从中央到地方，从政府到学校，都在大力倡导创业。总体来讲，鼓励创业并没有错，我们国家确实需要大力倡导创业。但也必须看到，当前不少创业是浮躁和缺乏战略眼光的，目标是赚快钱。过度鼓励创业并非好事，鼓励科研人员创业更非明智。事实上，绝大部分科研人员不可能既搞研究，又成为创业家（或企业家）。社会是有分工的，应该鼓励科研人员以灵活多样的方式参与经济活动，而非一哄而上直接创立公司，否则就本末倒置了。对大学而言，更应强调其应专注于教育和基础研究，而非过度参与应用研究。

最后，必须指出的是，由于本研究主题属于新兴主题，加之作者水平有限，研究中难免存在一些不足之处。在研究内容上，有些重要问题尚未涉及。在研究方法上，本研究未进行大规模的企业自主创新状况调查，缺乏足够丰富的一手资料，特别是定量资料。总体来说，未来还有许多问题值得深入探讨。

（1）如何构建科技治理体系？这是一个顶层设计的问题。在新一轮科技革命和产业变革加速演进的背景下，建立起科学有效的科技治理体系是建设创新型国家的必然要求，也是国家治理体系和治理能力现代化的体现。限于在项目申请时的研究设计，本书没有把它作为一个重要问题加以研究，仅在末尾一章做了初步的探讨。未来应充分估量全球科技产业变革与我国经济社会转型发展历史交汇的深刻影响，研究、构建与创新驱动战略相适应的科技治理体系。

（2）公共财政科技投入的制度创新途径也是一个十分重要的问题，本研究虽然提出了“增加总量、调整结构、改变方式”的总体改革思路，但还需细化，有待于作进一步的深入探讨。

（3）除了公共财政投入制度创新问题，还有资本市场支持科技创新的问题（如科技金融问题）。从发达国家的经验看，连接技术研发和产业发展的“桥梁”是完善高效的资本市场。例如，美国一直占据世界科技创新的中心，其地位至今无法被撼动，就是因为美国有着先进、完善的金融体系和资本市场，助力科技发展。这是一个非常值得重视和研究的问题，但本书基本没有涉及。

（4）人才培养和使用问题。科技竞争最终是人才的竞争，如何直面“钱学森之问”，如何培养创新人才，为人才松绑，以达到人尽其才，这个问题本书没有深入探讨。在 2021 年 9 月 27 日至 28 日召开的中央人才工作会议上，习近平总书记提出要深入实施新时代人才强国战略，加快建设世界重要人才中心和创新高地。要想提高人才培养质量，需要进行切实可行的改革，使人才培养从封闭的状态切换到开放的全球视野上来，而且要从小抓起，要从考高分、拿奖转变为批判性思维的培养和独立人格的塑造。人才培养迫切需要从学会知识向学会学习、学会创新转变。正如著名未来学家、“互联网教父”凯文·凯利（Kevin Kelly）在“2024 外滩大会”的演讲中指出，AI 技术加速了创新的步伐，答案因唾手可得而变得廉价，提出正确的问题和拥有正确的思维方式变得更有价值[①]。拔尖人才的培养没有固定模式，只能通过多元化的方式去探索。这个改革的关键在于转变我国教育界、学术界的意识。用人方面要“赛马而不相马”，提供让“千里马”脱颖而出的舞台和环境，真正做到“不拘一格降人才”，少看文凭、出身（资历），多看能力和成果。

（5）通过制订相关的标准来引导创新也是政府科技行为重要的一方面，包括通过提高环保的标准、安全的标准来促进创新，这种标准引导对转变经济发展方式具有重要的引导作用。另一方面，从产业界自身来看，我国产业界目前还未向下生长出属于自己的根系，亟需建立自主的标准体系。这个标准怎么搞，需要政府、产业界、学界共同的努力。

（6）关于政府、市场与企业的关系，本书虽然做了一些初步的探讨，但仍比较有限。十八届三中全会提出了全面深化改革及使市场在资源配置中起决定性作用，可以预计，科技创新领域的相关政策将发生重大变化，未来应该在这一精神的指导下深入研究政府、市场与企业的关系。

（7）此外，还应探讨政府在数字时代的数字创新及风险防范政策。数字时代的科技创新在海量数据的加入下，发生着重大变化。随着数字科技持续驱动全球经济与社会的数字化发展，新一轮创新数字科技快速扩散至各产业领域。数字科技创新影响层面不仅是新产品与服务的提出，更改变了知识传播模式与传统商业发展模式。数字化比历史上任何力量都更深刻地重塑市场，并改变企业价值创造的来源。在数字化转型背景下，创新科技应用发展面临着高不确定性与高投资成本挑战、创新系统之间如何整合以及创新技术对社会系统的调适与融合等问题。对此，政府必须思考数字化转型的发展路径，根据数字治理趋势，谋划未来数字创新政策蓝图，建构政策发展愿景。由政策制定者（政府）与多方利益相关者（如产业、供应商等）彼此协同合作加速国家数字化转型，并将数字化转型视为一个相互依赖且高度互动的生态系统，促进数字经济的发展，进而提升国家数字竞争力。另一方面，大数据和AI环境下的创新也将带来前所未有的重大风险与调整，例如，网络化、数字化、智能化在给社会大众带来便利，提高工作效率和生活质量的同时，也存在个人私密信息、国家秘密被泄露的风险，小则影响公民个体，大则影响国家安全和经济安全。因此，在开发、推广智能产品中，政府要保持冷静和警

---

①2024年9月5日，凯文·凯利（Kevin Kelly）在“2024外滩大会”发表的演讲。

惕，措施到位、政策到位，抓好重大风险防范。建议加强这些事关国家安全和经济安全的重大风险防控政策研究。总而言之，数据已成为创新的重要资源，同时也重新定义了创新主体间的关系。针对这一变化，构建新的创新范式分析框架，既是学术研究的需要，也是推动科技创新思路和组织科技项目与时俱进的实践需要。

参考文献

[1] 埃莉诺·奥斯特罗姆. 公共事务的治理之道：集体行动制度的演进［M］. 余逊达，陈旭东，译. 上海：上海三联书店，2000.

[2] 安同良，王文翌，王磊. 中国自主创新研究文献综述［J］. 学海，2012（2）：43－49.

[3] 白春礼. 高度重视基础研究，把握新一轮科技革命和产业变革机遇［N］. 科技导报，2021－03－30.

[4] 白春礼. 构建现代科技创新治理体系，全面提升科技创新供给能力［J］. 中国党政干部论坛，2018（6）：6－9.

[5] 卞德龙，谭唯，钟哲，等. 向上突围：广东加速迈向科技创新强省［N］. 南方日报，2019－12－30（A03）.

[6] 蔡峰亿. 工业区再发展与创新网络之研究：以大甲幼狮工业区为例［D］. 政治大学，2009.

[7] 蔡千姿，蔡旻翰. 台湾育成中心发展经验与展望：15 年阶段转型分析［J］. 科技管理学刊，2010，15（4）：29－60.

[8] 蔡宪唐，黄世政. 探讨技术创新能力中介组织创新与企业绩效之关系：以创新政策为调节效果［J］. 科技管理学刊，2016，21（1）：1－28.

[9] 陈春晖，曾德明. 我国自主创新投入产出实证研究［J］. 研究与发展管理，2009，21（1）：18－23.

[10] 陈光. 科技“新冷战”下我国关键核心技术突破路径［J］. 创新科技，2020（5）：1－6.

[11] 陈劲. 从技术引进到自主创新的学习模式［J］. 科研管理，1994，15（2）：32－35.

[12] 陈劲. 国家创新蓝皮书：中国创新发展报告（2015）［R］. 北京：社会科学文献出版社，2015.

[13] 陈劲. 科技创新：中国未来 30 年强国之路［M］. 北京：中国大百科全书出版社，2020.

[14] 陈劲. 科学、技术与创新政策［M］. 北京：科学出版社，2013.

[15] 陈劲，吕文晶. 中国企业的创新之路［J］. 科学与管理，2017，37（1）：1－5.

[16] 陈雷刚. 邓小平科技思想与早期深圳自主创新的实践：以 1979 至 1994 年深圳市科技发展为例［J］. 深圳职业技术学院学报，2016（2）：3－9.

[17] 陈玲，杨文辉. 政府研发补贴会促进企业创新吗？——来自中国上市公司的实证研究［J］. 科学学研究，2016，34（3）：433－442.

[18] 陈思琦. 政策频发 深圳目标到 2026 年规上科技服务业企业达 2000 家［N］. 21 世纪经济报道，2024－07－27.

[19] 陈舒. 台湾科技发展体制与机制［M］. 厦门：厦门大学出版社，2009.

[20] 陈向东，胡萍. 技术创新政策特点和效应的国际比较：以中、美、韩、法等国为例［J］.

中国科技论坛，2003（2）：51－55.

［21］陈轩瑾，王元地，屈锡华．自主创新政策实施背景下中国科技面貌的国际比较［J］．科技创新导报，2014（28）：12－14.

［22］陈意文，王美雅．瑞典与新加坡创新政策之比较研究：国家创新系统观点［J］．企业管理学报，2015（6）：1－29.

［23］陈瑜．2019中国区域创新能力排名揭晓［N］．科技日报，2019－10－27.

［24］陈远燕．财政补贴、税收优惠与企业研发投入：基于非上市公司20万户企业的实证分析［J］．税务研究，2016（10）：34－39.

［25］陈昭锋．政府新科技行为研究［J］．成都大学学报（自然科学版），2002，21（1）：42－46.

［26］陈志武．科技创新难在何处［J］．南风窗，2010（24）：4－14.

［27］陈自芳．我国自主创新的体制性障碍与对策［J］．理论导刊，2008（11）：9－12.

［28］程建国．“多元主体”“国家主导”与政府作用的边界［J］．经济研究参考，2009（7）：48－56.

［29］程建国．自主创新初期和中期的政府主导作用［J］．中国社会科学报，2013（417）：15－18.

［30］崔晶．中国情境下政策执行中的“松散关联式”协作：基于S河流域治理政策的案例研究［J］．管理世界，2022（6）：85－100.

［31］杜恒峰．中国发明专利申请超美日德总和的7个真相［N］．每日经济新闻，2016－01－20.

［32］段杰，张智立，龙瑚．创新型城市发展模式分析及创新能力评价：以深圳为例［J］．开发研究，2016（1）：58－63.

［33］段培君，万劲波．预见与创新：中国发展战略的演变及走向［J］．中国科技论坛，2010（4）：8－13.

［34］樊春良．国家科技治理体系的理论构架与政策蕴含［J］．科学学与科学技术管理，2022，43（3）：3－23.

［35］方家平．创新不该排斥模仿［N］．人民日报，2006－04－06.

［36］方力，任晓刚．发挥科技创新治理体系的引领作用［J］．前线，2020（12）：74－76.

［37］方舟．去年深企研发投入总量居全国第一［N］．深圳晚报，2024－04－20（A03）.

［38］房彤宇，刘术，刘伟，等．国防生物科技技术预见应用研究［J］．科技促进发展，2019，15（3）：234－239.

［39］冯海波，刘胜．所得课税、风险分担异质性与创新［J］．中国工业经济，2017（8）：138－155.

［40］傅家骥．技术创新学［M］．北京：清华大学出版社，1998.

［41］盖文启．创新网络：区域经济发展新思维［M］．北京：北京大学出版社，2003.

[42] 高峰. 论技术转移理论与我国科技成果的转化［J］. 技术经济与管理研究，2005（3）：20－22.
[43] 高旭东. 矛盾相互交织 对策需要平衡［R］. 研究前沿（清华经管学院），2016.
[44] 龚强，张一林，雷丽衡. 政府与社会资本合作（PPP）：不完全合约视角下的公共品负担理论［J］. 经济研究，2019（4）：133－148.
[45] 辜胜阻，杨嵋，庄芹芹. 创新驱动发展战略中建设创新型城市的战略思考：基于深圳创新发展模式的经验启示［J］. 中国科技论坛，2016（9）：31－37.
[46] 广东省科技企业孵化器协会. 广东省科技孵化育成体系建设发展报告（2023）［R］. 2023－11.
[47] 广东省统计局，广东省科学技术厅，广东省财政厅. 2022 年广东省科技经费投入公报［Z］. 2023－11－28.
[48] 广东省统计局，国家统计局广东调查总队 . 2023 年广东省国民经济和社会发展统计公报［Z］. 2024－03－29.
[49] 郭重庆. 直面中国管理实践，跻身管理科学前沿：为中国管理科学的健康发展而虑［J］. 管理科学学报，2012，15（12）：1－9.
[50] 郭俊峰，霍国庆，袁永娜. 基于价值链的科技企业孵化器的盈利模式分析［J］. 科研管理，2013，34（2）：69－76.
[51] 郭玥. 政府创新补助的信号传递机制与企业创新［J］. 中国工业经济，2018（9）：98－116.
[52] 国家统计局. 中华人民共和国 2023 年国民经济和社会发展统计公报［Z］. 2024－02－29.
[53] 韩国元，冷雪忠. 科技创新治理现代化：理论溯源、时代内涵与实践议题［N］. 科技导报，2022－04－13.
[54] 何小敏. 科技成果转移转化的方法与工具［R］. 远望智库，2020－01－18.
[55] 何熙琼，尹长萍，毛洪涛. 产业政策对企业投资效率的影响及其作用机制研究：基于行信贷的中介作用与市场竞争的调节作用［J］. 南开管理评论，2016，19（5）：161－170.
[56] 何泳. 深圳知识产权多项指标国内领先，PCT 国际专利申请量 20 年“连冠”［N］. 深圳特区报，2024－04－25.
[57] 贺德方，陈宝明，汤富强. 科技治理体系演变趋势与对策研究［J］. 科学学研究，2023，41（6）：989－997
[58] 贺俊，吕铁，黄阳华，等. 技术赶超的激励结构与能力积累：中国高铁经验及其政策启示［J］. 管理世界，2018，34（10）：191－207.
[59] 洪秀婉，张珈进，何真凤. 国家创新系统再审视：二阶段效率分析［J］. 科技管理学刊，2011，16（1）：19－44.
[60] 洪银兴. 自主创新投入的动力和协调机制研究［J］. 中国工业经济，2010（8）：15－22.

[61] 胡海鹏，袁永，康捷. 国际科技创新治理体系建设经验及对广东的启示 [J]. 科学管理研究，2019，37 (1)：113 - 116.
[62] 胡美智，MATHEWS J A. 国家创新能量建立因素之比较：东亚后进国家与 OECD 先进国家 [J]. 科技发展政策报导，2006 (10)：1154 - 1170.
[63] 胡伟. 科技创新必须推进国家科技治理现代化 [J]. 人民论坛，2016 (17)：24 - 25.
[64] 黄凯南，乔云波. 产业技术与制度的共同演化分析：基于多主体的学习过程 [J]. 经济研究，2018，53 (12)：163 - 178.
[65] 黄仟文. 中小企业创新研发补助政策绩效评估 [D]. 台北：中山大学，2010.
[66] 黄种斌. 政府在科技发展中的角色：科技政策组织体系型态之探讨 [D]. 台北：台湾大学，2006.
[67] 贾根良. 演化发展经济学与新结构经济学：哪一种产业政策的理论范式更符合中国国情 [J]. 南方经济，2018，37 (1)：5 - 35.
[68] 简兆权，刘荣. 建设创新型城市的深圳模式研究 [J]. 科技管理研究，2009，29 (11)：1 - 4.
[69] 简兆权，柳仪. 技术预见共识形成机制研究 [J]. 科学学与科学技术管理，2014 (9)：37 - 47.
[70] 江飞涛，李晓萍. 改革开放四十年中国产业政策演进与发展：兼论中国产业政策体系的转型 [J]. 管理世界，2018，34 (10)：73 - 85.
[71] 江鸿，石云鸣. 共性技术创新的关键障碍及其应对：基于创新链的分析框架 [J]. 经济与管理研究，2019 (5)：74 - 84.
[72] 蒋菁. 俄罗斯科技创新体系的构建与发展 [J]. 俄罗斯东欧中亚研究，2021，5 (11)：76 - 96.
[73] 蒋玉涛，郑海涛. 创新型城市建设路径及模式比较研究：以广州、深圳为例 [J]. 科技管理研究，2013，33 (14)：24 - 30.
[74] 金麟洙. 从模仿到创新：韩国科技学习进程 [M]. 刘小梅，译. 北京：新华出版社，1998.
[75] 金麟洙，尼尔森. 技术、学习与创新：来自新兴工业化经济体的经验 [M]. 吴金希，等译. 北京：知识产权出版社，2011.
[76] 柯惠友. 政府研发补助经费对公司研发活动之影响效果：以“经济部”所属事业协助中小企业推动研究发展计划为例 [D]. 台北：台湾科技大学，2002.
[77] 赖朝安，钱娇. 基于专利挖掘的移动医疗产业技术预见 [J]. 科研管理，2018，39 (10)：141 - 150.
[78] 李福，赵放. 创新中心的形成：创新资源的集聚与利用模式 [J]. 中国科技论坛，2018 (4)：7 - 14.
[79] 李钢，马丽梅. 创新政策体系触及的边界：由市场与政府关系观察 [J]. 改革，2015

（3）：27－37.

［80］李国杰. 新时期呼唤新的科研模式：中国70年信息科技发展的回顾与思考［J］. 中国科学院院刊，2019，34（10）：125－129.

［81］李惠武. 广东必须在自主创新方面当好排头兵［J］. 广东经济，2005（S1）：108－110.

［82］李翎竹. 政府如何引导民间资本投入研发活动（R&D）之刍议：市场失灵观［J］. 科技发展政策报导，2007（2）：89－90.

［83］李蕊. 为效果付费债券：公私协同供给公共产品的创新构造及其本土化［J］. 法学评论，2017（2）：46－58.

［84］李伟，余翔，蔡立胜. 政府科技投入、知识产权保护与企业研发投入［J］. 科学学研究，2016，34（3）：357－365.

［85］李小静，孙文生. 政府干预、所有权对战略性新兴产业自主创新效率的影响［J］. 河北经贸大学学报，2015，36（4）：157－163.

［86］李晓娣，张小燕. 区域创新生态系统共生对地区科技创新影响研究［J］. 科学学研究，2019，37（5）：909－918.

［87］李永华. 坚持自主创新战略的深圳实践［J］. 行政管理改革，2016（9）：54－58.

［88］黎文靖，郑曼妮. 实质性创新还是策略性创新？宏观产业政策对微观企业创新的影响［J］. 经济研究，2016（4）：60－73.

［89］梁毕明，孔一名. 所得税优惠、R&D投入对企业业绩的影响：来自医药生物上市公司的经验证据［J］. 税务与经济，2017（2）：100－106.

［90］廖晓东，袁永，胡海鹏，等. 新加坡创新驱动发展政策措施及其对广东的启示［J］. 科技管理研究，2018，38（10）：53－59.

［91］林佳静. 促进创新永续发展的政策治理机制［J］. 台湾经济研究月刊，2020，43（10）：24－31.

［92］林菁璐. 政府研发补贴对中小企业研发投入影响的实证研究［J］. 管理世界，2018，34（3）：180－181.

［93］林毅夫. 关于制度变迁的经济学理论：诱致性变迁与强制性变迁［M］//. 科斯，等. 财产权利与制度变迁：产权学派与新制度学派经典译文集. 上海：上海三联书店、上海人民出版社，1994.

［94］蔺洁，陈凯华. 构建需求导向和问题导向的新型国家科技治理体系［N］. 光明日报，2019－09－17.

［95］刘传书. 深圳专利五项核心指标居全国第一［N］. 科技日报，2020－04－21.

［96］刘垠，唐婷. 国家科技奖励制度进入“深改时间”［N］. 科技日报，2019－11－29.

［97］刘磊，刘毅进. 基于创新需求特性的政府参与行为选择及影响分析［J］. 科技进步与对策，2012，29（24）：1－5.

［98］刘明广. 区域创新系统绩效评价的影响因素实证研究［J］. 工业技术经济，2013（7）：

52－59.
[99] 刘尚希，李成威. 基于公共风险重新定义公共产品 [J]. 财政研究，2018 (8)：2－10.
[100] 刘伟，范欣. 中国发展仍处于重要战略机遇期：中国潜在经济增长率与增长跨越 [J]. 管理世界，2019，35 (1)：13－23.
[101] 刘晓博. 2024，深圳靠什么“挑起大梁” [EB/OL]. https://3g.k.sohu.com/t/n761725148.
[102] 刘信良. 国家创新体系运作之观察：以育成中心政策为实证研究 [D]. 台中：东海大学，2003.
[103] 刘云. 关于推进中央财政科研经费管理改革的若干建议 [N]. 科技日报，2014－09－15 (01).
[104] 柳卸林. 21 世纪的中国技术创新系统 [M]. 北京：北京大学出版社，2000.
[105] 柳卸林. 技术创新经济学 [M]. 北京：中国经济出版社，1993.
[106] 柳卸林. 技术轨道和自主创新 [J]. 中国科技论坛，1997 (2)：30－33.
[107] 柳卸林，高雨辰，丁雪辰. 寻找创新驱动发展的新理论思维：基于新熊彼特增长理论的思考 [J]. 管理世界，2017 (12)：8－19.
[108] 楼继伟. 关于报告国家财政科技资金分配与使用情况的报告 [R]. 2013.
[109] 路风. 新火 [M]. 北京：中国人民大学出版社，2020.
[110] 陆国庆，王舟，张春宇. 中国战略性新兴产业政府创新补贴的绩效研究 [J]. 经济研究，2014 (7)：44－55.
[111] 陆亚东. 划清市场与政府的边界是市场设计前提 [N]. 时代周报，2013－03－28.
[112] 陆娅楠. 2022 年我国研发经费投入突破 3 万亿元 [N]. 人民日报，2023－01－29.
[113] 罗晓辉，胡珑瑛，万丛颖. 结构趋同与“优势企业扶持”政策的创新激励效应：来自于地方政府同质化竞争的解释 [J]. 管理世界，2018，34 (12)：187－189.
[114] 吕铁，贺俊. 政府干预何以有效：对中国高铁技术赶超的调查研究 [J]. 管理世界，2019 (9)：152－163，197.
[115] 吕一博，程露. 基于共词网络的我国创新管理研究结构分析 [J]. 管理学报，2011，8 (10)：1541－1548.
[116] 马承君，王建国，杨颖梅，等. 政府采购政策对高新企业创新活动影响的效应分析 [J]. 中国科技论坛，2018 (7)：26－36.
[117] 毛冠凤，陈建安，殷伟斌. 综合创新生态系统下“创新、创业、创投和创客”联动发展研究：来自深圳龙岗区的经验 [J]. 科技进步与对策，2018，35 (1)：59－65.
[118] 毛昊，尹志锋，张锦. 中国创新能够摆脱“实用新型专利制度使用陷阱”吗？[J]. 中国工业经济，2018 (3)：98－115.
[119] 毛其淋，许家云. 政府补贴对企业新产品创新的影响：基于补贴强度“适度区间”的视角 [J]. 中国工业经济，2015 (6)：94－107.
[120] 苗文龙，何德旭，周潮. 企业创新行为差异与政府技术创新支出效应 [J]. 经济研究，

2019（1）：85－99.

［121］潘冬晓，吴杨．美国科技创新制度安排的历史演进及经验启示：基于国家创新系统理论的视角［J］．北京工业大学学报（社会科学版），2019，19（3）：87－93.

［122］潘镇，金中坤，徐伟．财政分权背景下地方政府科技支出行为研究［J］．上海经济研究，2013（1）：34－45.

［123］裴长洪，刘洪愧．习近平新时代对外开放思想的经济学分析［J］．经济研究，2018（2）：4－19.

［124］彭凡嘉，韩森，刘小荷．技术预测和技术预见的应用及启示：以德国实践为例［J］．中国物价，2019，359（3）：93－95.

［125］钱颖一．理解经济学原理［J］．比较，2016（5）：1－20.

［126］钱颖一．中国如何破解“钱学森之问”［J］．清华大学教育研究，2018，39（4）：1－9.

［127］覃伟中．2024年深圳市政府工作报告［R］．2024－01－30.

［128］权衡．经济新常态与发展大逻辑：思想由来及经济学创新［J］．华东师范大学（哲学社会科学版），2017，49（5）：19－25.

［129］萨缪尔森．宏观经济学［M］．北京：华夏出版社，1999.

［130］上海科技发展研究中心．政府推进产学研合作计划的角色：国际经验及启示［R］．科技发展研究，2008（13）：1－8.

［131］上海市科学技术委员会．2023上海科技进步报告［R］．2024－01－22.

［132］世界知识产权组织．2024年全球创新指数（中文版）［R］．2024－09－26.

［133］宋河发，张思重．自主创新政府采购政策系统构建与发展研究［J］．科学学研究，2014，32（11）：1639－1645.

［134］苏敬勤，高昕．情境视角下“中国式创新”的进路研究［J］．管理学报，2019，16（1）：9－16.

［135］孙飞翔，吕拉昌．国家创新系统研究综述与展望［J］．科技管理研究，2017，37（23）：1－9.

［136］孙福全．国内外科技治理比较研究［J］．科学发展，2017（6）：34－40.

［137］孙晓峰．支持科技进步的政府行为研究［M］．北京：中国财政经济出版社，2006.

［138］孙玉涛，刘凤朝．双重价值导向的政府研发投入绩效评价［J］．科学学研究，2011，29（2）：238－244.

［139］孙早，许薛璐．前沿技术差距与科学研究的创新效应：基础研究与应用研究谁扮演了更重要的角色［J］．中国工业经济，2017（3）：7－25.

［140］唐书林，肖振红，苑婧婷．上市公司自主创新的国家激励扭曲之困：是政府补贴还是税收递延？［J］．科学学研究，2016，34（5）：744－756.

［141］童童．论新公共管理视角下的深圳干部人事制度改革［J］．人力资源管理，2015（2）：14－16.

[142] 万劲波. 完善国家科技创新治理体系的重点任务 [J]. 国家治理, 2021 (Z4): 40 - 45.

[143] 万劲波, 崔志明, 浦根祥. 技术预见、关键技术选择与产业发展 [J]. 科学学研究, 2003, 21 (1): 41 - 46.

[144] 万立明. 新时代优化科技治理体系的思维逻辑 [J]. 国家治理, 2019 (1): 45 - 52.

[145] 王春法. 国家创新体系与东亚经济增长前景 [M]. 北京: 中国社会科学出版社, 2003.

[146] 王海荣. 年研发投入超千亿深圳创新劲头足 [N]. 深圳商报, 2020 - 06 - 19.

[147] 王家庭, 李艳旭, 马洪福, 等. 中国制造业劳动生产率增长动能转换: 资本驱动还是技术驱动 [J]. 中国工业经济, 2019 (5): 99 - 117.

[148] 王克敏, 刘静, 李晓溪. 产业政策、政府支持与公司投资效率研究 [J]. 管理世界, 2017 (3): 113 - 124.

[149] 王胜光. 创新政策的概念与范围 [J]. 科学学研究, 1993 (3): 16 - 23.

[150] 王晓辰, 莫炫佳, 王圃毓. 经济新常态背景下我国地方政府经济职能转变研究: 以深圳市政府为例 [J]. 市场论坛, 2016 (1): 16 - 18.

[151] 王晓明, 田瑞. 从税收看制造业转型升级: 以深圳市宝安区制造业发展为例 [J]. 税务研究, 2016 (3): 118 - 122.

[152] 王兴旺, 董珏, 余婷婷. 基于三螺旋理论的新兴产业技术预测方法探索 [J]. 科技管理研究, 2019, 39 (6): 108 - 113.

[153] 王一鸣. 中国经济新一轮动力转换与路径选择 [J]. 管理世界, 2017 (2): 1 - 14.

[154] 王玉泽, 罗能生, 刘文彬. 什么样的杠杆率有利于企业创新 [J]. 中国工业经济, 2019 (3): 138 - 155.

[155] 王志刚. 完善科技创新体制机制 [N]. 人民日报, 2020 - 12 - 14.

[156] 王智慧, 刘莉. 国家创新能力评价指标比较分析 [J]. 科研管理, 2015 (s1): 162 - 168.

[157] 魏江. 技术转移动因研究 [J]. 自然辩证法通讯, 1997, 19 (3): 40 - 46.

[158] 魏世杰. 中国创新政策体系存在的问题和完善思路 [J]. 中国科技论坛, 2017 (2): 5 - 10.

[159] 魏志华, 赵悦如, 吴育辉. 财政补贴: "馅饼" 还是 "陷阱"?: 基于融资约束 VS 过度投资视角的实证研究 [J]. 财政研究, 2015 (12): 18 - 29.

[160] 闻坤. 深圳超常规布局创新载体 [N]. 深圳特区报, 2018 - 07 - 21.

[161] 文一, 乔治·佛梯尔. 看得见的手: 政府在命运多舛的中国工业革命中所扮演的角色 [J]. 经济资料译丛, 2017 (2): 1 - 42.

[162] 吴非, 杜金岷, 李华民. 财政科技投入、地方政府行为与区域创新异质性 [J]. 财政研究, 2017 (11): 62 - 76.

[163] 吴家喜. 构建关键技术体系, 全面提升国家竞争力 [P]. 第十三届全国技术预见学术研讨会, 烟台: 2018 - 08 - 03.

[164] 吴姮，于丽英. 基于多重螺旋理论探索“官产学研用”协同创新途径［J］. 科技和产业，2013，13（3）：57－60.

[165] 吴思华. 知识流通对产业创新之影响［C］//产业科技研讨会论文集，台北：政治大学，1998.

[166] 吴先明，张雨. 海外并购提升了产业技术创新绩效吗?：制度距离的双重调节作用［J］. 南开管理评论，2019，22（1）：4－16.

[167] 吴晓波，吴东. 中国企业技术创新与发展［J］. 科学学研究，2018，36（12）：2141－2143.

[168] 吴勇，夏文娟，朱卫东，等. 英国高校科研评估改革、科研卓越框架及其应用［J］. 中国科技论坛，2019（2）：160－168.

[169] 吴月辉. 我国已成为有全球影响力的科技大国［N］. 人民日报，2018－01－11（12）.

[170] 吴芸. 政府科技投入对科技创新的影响研究：基于40个国家1982—2010年面板数据的实证检验［J］. 科学学与科学技术管理，2014，35（1）：16－22.

[171] 夏后学，谭清美，白俊红. 营商环境、企业寻租与市场创新：来自中国企业营商环境调查的经验证据［J］. 经济研究，2019（4）：84－98.

[172] 向松祚. 唯有自主创新才能实现产业升级换代［N］. 第一财经日报，2013－11－18.

[173] 肖丁丁，朱桂龙，王静. 政府科技投入对企业R&D支出影响的再审视：基于分位数回归的实证研究［J］. 研究与发展管理，2013，25（3）：25－32.

[174] 肖国华，杨云秀，王江琦. 四螺旋参与度对技术转移及其效率的影响研究［J］. 科技进步与对策，2016（4）：7－11.

[175] 肖红军，李平. 平台型企业社会责任的生态化治理［J］. 管理世界，2019，35（4）：120－144，196.

[176] 肖利平，谢丹阳. 国外技术引进与本土创新增长：互补还是替代：基于异质吸收能力的视角［J］. 中国工业经济，2016（9）：75－92.

[177] 谢德荪. 源创新：转型时期的企业创新之道［M］. 北京：五洲传播出版社，2012.

[178] 谢伏瞻. 论新工业革命加速拓展与全球治理变革方向［J］. 经济研究，2019，54（7）：1－8.

[179] 邢会，王飞，高素英. 战略性新兴产业政策促进企业实质性创新了吗?：基于“寻租”调节效应的视角［J］. 产经评论，2019，10（1）：86－99.

[180] 熊哲文. 法治：深圳改革开放的核心引擎［J］. 特区实践与理论，2018（4）：26－27.

[181] 徐示波. 基于三螺旋理论的科技创业孵化链条研究［J］. 科学与管理，2018（4）：42－47.

[182] 徐苑琳，孟繁芸. 推进科技成果转化的技术预见研究［J］. 科学管理研究，2018（5）：21－25.

[183] 许成钢. 科学研究的目标：市场竞争还是认识世界？［J］. 比较，2004（12）.

[184] 许成钢. 为什么不能以政府主导，强推技术创新？［EB/OL］. http：//finance. sina. com. cn/zl/china/2017 - 06 - 15/zl - ifyhfnrf9173723. shtml.
[185] 许可，肖冰，贺宁馨. 技术转移理论演进与前沿：由中美贸易战引发的思考［J］. 财经论丛，2019（1）：12 - 20.
[186] 许文秀. 以产学伙伴关系建立台湾产业创新模式之研究［D］. 新竹：台湾交通大学，2002.
[187] 薛晓光，王宏伟，李忠伟. 国家创新体系中政府作用动态评价模型研究［J］. 技术经济与管理研究，2019（2）：25 - 34.
[188] 杨德林，陈春宝. 模仿创新自主创新与高技术企业成长［J］. 中国软科学，1997（8）：107 - 112.
[189] 杨俊. 新时代创新研究的新方向［J］. 南开管理评论，2018，21（1）：1 - 3.
[190] 杨丽. 创新要重视“技术预见”［N］. 人民日报，2018 - 05 - 25.
[191] 杨兴全，尹兴强，孟庆玺. 谁更趋多元化经营：产业政策扶持企业抑或非扶持企业？［J］. 经济研究，2018，53（9）：135 - 152.
[192] 杨旭东. 环境不确定性、税收优惠与技术创新：基于我国中小上市公司的实证分析［J］. 税务研究，2018（3）：86 - 91.
[193] 叶祥松，刘敬. 异质性研发、政府支持与中国科技创新困境［J］. 经济研究，2018，53（9）：118 - 134.
[194] 叶鹰，鲁特·莱兹多夫，武夷山. 三螺旋模型及其量化分析方法研讨［J］. 中国软科学，2014（11）：131 - 139.
[195] 易海博，聂哲. 基于“三螺旋”模式促进大学生创新创业能力协同培养的实践研究［J］. 教育现代化，2019（5）：41 - 44.
[196] 尹霖，赵立新，高宏斌. 建立科学家与公众平等、畅通对话的科技议事制度［J］. 科技大导报，2017（18）：11 - 12.
[197] 尤建新，卢超，郑海鳌，等. 创新型城市建设模式分析：以上海和深圳为例［J］. 中国软科学，2011（7）：82 - 92.
[198] 于源，苑德宇. “新常态”下补贴和人才对企业自主创新的影响［J］. 技术经济与管理研究，2016（9）：39 - 45.
[199] 原春琳. 创新：政府不应扮演风投的角色［N］. 中国青年报，2015 - 01 - 05.
[200] 斋藤优. 技术转移的理论与政策［M］. 北京：科学学译丛，1988.
[201] 詹佳融. 从创新活动观点探讨公私协力对育成中心经营绩效影响之研究：台湾地区育成中心为例［D］. 台北：台北大学，2013.
[202] 张豪，张建华，谭静. 中国经济增长的源泉与动能转换［J］. 当代中国史研究，2017（6）：119 - 120.
[203] 张宏丽，袁永，李妃养. 基于国家创新体系的美国科技创新战略布局研究［J］. 科学管

理研究，2016，34（5）：98－102.
［204］张杰，陈志远，杨连星，等. 中国创新补贴政策的绩效评估：理论与证据［J］. 经济研究，2015（10）：4－17.
［205］张杰，郑文平. 创新追赶战略抑制了中国专利质量么？［J］. 经济研究，2018（5）：30－43.
［206］张静. 楼继伟：科研经费使用将建“黑名单”［N］. 第一财经日报，2013－10－24.
［207］张军. 深圳奇迹［M］. 北京：东方出版社，2019.
［208］张书豪，樊晋源. 区域创新系统知识前沿与热点分析［J］. 商略学报，2013，5（4）：269－281.
［209］张思平. 对国企改革八个重大问题的看法［N］. 经济参考报，2016－09－22.
［210］张思平. 深圳高科技产业是怎么崛起的［N］. 第一财经日报，2018－10－27.
［211］张维迎. 市场与政府：中国改革的核心博弈［M］. 西安：西北大学出版社，2014.
［212］张晓晶，李成，李育. 扭曲、赶超与可持续增长：对政府与市场关系的重新审视［J］. 经济研究，2018（1）：4－20.
［213］张小玲. 深圳打造全球投资首选地 商事主体达422.6万户［N］. 南方都市报，2024－01－28.
［214］张永凯，薛波. 上海与深圳城市科技创新能力差异及创新模式比较分析［J］. 科技管理研究，2017，37（11）：71－77.
［215］张于喆. 政策环境左右自主创新能力提升［N］. 上海证券报，2015－03－17.
［216］张玉臣. 技术转移机理研究：困惑中的寻解之路［M］. 北京：中国经济出版社，2009.
［217］张志彤，程跃，银路. 战略性新兴产业创新系统网络演化及运行模式研究：基于深圳LED产业的分析［J］. 研究与发展管理，2014，26（6）：114－121.
［218］赵宏瑞，刘伟. 论企业反商业贿赂中的公私协同衔接治理路径［J］. 现代管理科学，2019（4）：64－66.
［219］赵建强. 中国地方政府科技投入行为研究［M］. 北京：中国社会科学出版社，2012.
［220］赵炎，武晨. 基于耗散结构的区域创新系统绩效评价研究［J］. 科研管理，2018（S1）：37－43.
［221］赵胤. 从科技管理走向科技治理［J］. 人民论坛，2019（7）：86－87.
［222］郑明彩. 浅议政府在提高自主创新能力中的作用［J］. 市场论坛，2006（4）：11－16.
［223］郑永年，黄彦杰. 制内市场：中国国家主导型政治经济学［M］. 邱道隆，译. 杭州：浙江人民出版社，2020.
［224］郑子淳. 创新生态环境之策略分析：以美国硅谷、以色列为例［J］. 台湾经济研究月刊，2020，43（2）：30－38.
［225］中共中央文献研究室. 习近平关于科技创新论述摘编［M］. 北京：中央文献出版社，2016.

[226] 中国科学技术发展战略研究院课题组. 国家科技创新治理体系与上海对策总体研究[J]. 科学发展，2016（8）：14－22.

[227] 中国企业家调查系统. 中国企业创新动向指数：创新的环境、战略与未来：2017·中国企业家成长与发展专题调查报告［J］. 管理世界，2017（6）：37－50.

[228] 钟凯，程小可，肖翔，等. 宏观经济政策影响企业创新投资吗：基于融资约束与融资来源视角的分析［J］. 南开管理评论，2017，20（6）：4－14.

[229] 钟瑞栋，刘奇英. 商事登记制度改革背景下的行政管理体制创新［J］. 管理世界，2014（6）：176－177.

[230] 周海涛，张振刚. 政府研发资助方式对企业创新投入与创新绩效的影响研究［J］. 管理学报，2015，12（12）：1797－1804.

[231] 周寄中. 关于自主创新与知识产权之间的联动［J］. 管理评论，2005，17（11）：41－45.

[232] 周其仁. 创新上下求索［J］. 中国邮政，2017（6）：62－64.

[233] 周霞丽，邱秀玲. 创新研发与产业竞争力提升之政府政策［J］. 科技法律透析，2008，20（5）：4－14.

[234] 周雪光. "有组织的无序"，封闭系统中组织决策的困境［R］.《管理学季刊》微信公众号，2020－02－13.

[235] 周勇. 区域创新体系中行为主体的协同关系研究：基于政府主导视角［J］. 中国特色社会主义研究，2016（5）：32－37.

[236] 周雨萌. 华为连续7年专利申请位居世界第一，2023年共申请6494件国际专利［N］. 深圳特区报，2024－03－26.

[237] 周兆透，王立生. 对科技发展过程中政府行为的研究［J］. 科技管理研究，2007，27（1）：23－26.

[238] 朱军. 技术吸收、政府推动与中国全要素生产率提升［J］. 中国工业经济，2017（1）：5－24.

[239] 朱旭峰. 为全球前沿科技治理提供中国方案［J］. 国家治理，2019（3）：3－6.

[240] 庄涛，吴洪. 基于专利数据的我国官产学研三螺旋测度研究：兼论政府在产学研合作中的作用［J］. 管理世界，2013（8）：175－176.

[241] 自然出版集团. 转型中的中国科研［R］. 2015.

[242] AGHION P，DEWATRIPONT M，DU L，et al. Industrial policy and competition［J］. Cepr Discussion Papers，2015，7（4）：1－32.

[243] ALEXANDER K，BERTRAND S. The first global revolution［N］. New York：The New York Times，1991.

[244] ALMEIDA P，KOGUT B. Localization of knowledge and the mobility of engineers in regional networks［J］. Management Science，1999，45（7）：905－917.

[245] AMIR A F, THIRUCHELVAM K, NG B K. Understanding the regional innovation support systems in developing countries: the state of Sabah in Malaysia [J]. International Development Planning Review, 2013, 35 (1): 41-66.

[246] AMSDEN A, CHU W W. Beyond late development: Taiwan's upgrading policies [M]. Cambridge: MIT Press, USA, 2003.

[247] ANDERSEN E, TEUBAL M. The transformation of innovation systems: towards a policy perspective [P]. DRUID conference on National Innovation Systems, Industrial Dynamics and Innovation Policy, Rebild, Demark, 1999.

[248] ANDERSSON T. Managing a systems approach to technology and innovation policy [J]. Science, Technology and Industry, 1998, 22 (1): 9-29.

[249] ARNOLD J, KUHLMAN S. RCN in the Norwegian Research and Innovation System [R]. Background Report No. 12 in the Evaluation of the Research Council of Norway, Royal Norwegian Ministry for Education, Research and Church Affairs, Oslo.

[250] ARQUÉ-CASTELLS P. Persistence in R&D performance and its implications for the granting of subsidies [J]. Review of Industrial Organization, 2013, 43 (3): 193-220.

[251] ARROW K J. The economic implications of learning by doing [J]. Reviews of Economic Studies, 1962, 29 (3): 155-173.

[252] ASHEIM B T, COENEN L. Knowledge bases and regional innovation systems: comparing Nordic clusters [J]. Research Policy, 2005, 34 (8): 1173-1190.

[253] ASHEIM B T, GERTLER M. The geography of innovation: reginal innovation systems [M] //FAGERBERG J, MOWERY D, NELSON R. The Oxford Handbook of Innovation, Oxford: Oxford University Press, 2005.

[254] ASHEIM B T, SMITH L H, OUGHTON C. Regional innovation systems: theory, empirics and policy [J]. Regional Studies 2011, 45 (7): 875-891.

[255] AUTIO E. Evaluation of R&D in regional systems of innovation [J]. European Planning Studies, 1998, 6 (2): 131-140.

[256] BADARACCO J L. The knowledge link: how firms compete through strategic alliances [M]. Boston: Harvard Business School Press, USA, 1991.

[257] BAUM J A, INGRAM P. Survival-enhancing learning in the Manhattan hotel industry, 1898—1980 [J]. Management Science, 1998, 44 (7): 996-1016.

[258] BÉRUBÉ C, MOHNEN P. Are firms that receive R&D subsidies more innovative? [J]. The Canadian Journal of Economics, 2009, 42 (1): 206-225.

[259] BERGER P G. Explicit and implicit effects of the R&D tax credit [J]. Journal of Accounting Research, 1993, 31 (2): 131-171.

[260] BERNSTEIN J I. The effect of direct and indirect tax incentives on Canadian industrial R&D

expenditures [J]. Canadian Public Policy, 1986, 12 (3): 438 -448.

[261] BEVIR M. Key concepts in governance [M]. London: SAGE, 2009.

[262] BLOMQVIST K, HURMELINNA P, SEPPANEN R. Playing the collaboration game right-balancing trust and contracting [J]. Technovation, 2005, 25 (5): 497 -504.

[263] BOEING P. The allocation and effectiveness of China's R&D subsidies: evidence from listed firms [J]. Research Policy, 2016, 45 (9): 1774 -1789.

[264] BOLLINGTOFT A, ULHOI J P. The networked business incubator: leveraging entrepreneurial agency? [J]. Journal of Business Venturing, 2005, 20 (2): 265 -290.

[265] BORRÁS S, EDQUIST C. The choice of innovation policy instruments [J]. Technological Forecasting and Social Change, 2013, 80 (8): 1513 -1522.

[266] BOZEMAN B. Technology transfer and public policy: a review of research and theory [J]. Research Policy, 2000, 29 (4/5): 627 -655.

[267] BUSOM I. An empirical evaluation of the effects of R&D subsidies [J]. Economic Innovation and New Technology, 2000, 9 (2): 111 -148.

[268] CAMERON H. Technology foresight: perspectives for European and international co-operation [R]. Final Report to DGⅫ of the European Commission, Manchester: PREST. The University of Manchester, 1996.

[269] CAPELLO R. Spatial transfer of knowledge in high technology milieux: learning versus collective learning processes [J]. Regional Studies, 1999, 33 (4): 353 -365.

[270] CARLSSON B, JACOBSSON S, HOLMEN M, et al. Innovation systems: analytical and methodological issues [J]. Research Policy, 2002, 31 (2): 233 -245.

[271] CARMICHAEL J. The effects of mission-oriented public R&D spending on private industry [J]. Journal of Finance, 1981, 36 (3): 617 -627.

[272] CHANG P L, SHIH H Y. The innovation systems of Taiwan and China: a comparative analysis [J]. Technovation, 2004, 24 (7): 529 -539.

[273] CHO Y, DAIM T. Technology forecasting methods [R]. Research and Technology Management in the Electricity Industry, 2013.

[274] CIMOLI M, PORCILE G. Sources of learning paths and technological capabilities: an introductory roadmap of development processes [J]. Economics of Innovation&New Technology, 2009, 18 (7): 675 -694.

[275] COOKE P. Regional innovation systems: general findings and some new evidence form biotechnology clusters [J]. Journal of Technology Transfer, 2002, (27): 133 -145.

[276] COOKE P, MORGAN K. The network paradigm: new departures in corporate and regional development [J]. Society and Space, 1993, 36 (11): 543 -546.

[277] CUMMINGS J L, TENG B S. Transferring R&D knowledge: the key factors affecting knowl-

edge transfer success [J]. Journal of Engineering and Technology Management, 2003, 20 (1/2): 39 - 68.

[278] DAMANPOUR F. Organizational complexity and innovation: developing and testing multiple contingency models [J]. Management Sciences. 1996, 42 (5): 693 - 716.

[279] DAVID A P, HALL B H, TOOL A A. Is public R&D a complement or substitute for private R&D? a review of the econometric evidence [J]. Research Policy, 2000, 29 (4 - 5): 497 - 529.

[280] DODGSON M, GANN D M, NELSON P. The Oxford handbook of innovation management [M]. Oxford: Oxford University Press, UK, 2014.

[281] DOLOREUX D. What we should know about regional systems of innovation [J]. Technology in Society, 2002, 24 (3): 243 - 263.

[282] DRUCKER P. Innovation and Entrepreneurship [M]. New York: Harper and Row, USA, 1985.

[283] EDLER J, GEORGHIOU L. Public procurement and innovation: resurrecting the demand side [J]. Research Policy, 2007, 36 (7): 949 - 963.

[284] EDQUIST C. Design of innovation policy through diagnostic analysis: identification of systemic problems (or failures) [J]. Industrial and Corporate Change, 2011, 20 (6): 1725 - 1753.

[285] EDQUIST C, HOMMEN L. Comparing national systems of innovation in Asia and Europe: theory and comparative framework [M] // EDQUIST C, HOMMEN L. Small Country Innovation Systems: Globalization, Change and Policy in Asia and Europe. Cheltenham, England: Edward Elgar, UK, 2008.

[286] EDQUIST C, HOMMEN L. Systems of innovation: theory and policy for the demand side [J]. Technology in Society, 1999, 21 (1): 63 - 79.

[287] EDQUIST C, ZABALA-ITURRIAGAGOITIA J M. Pre-commercial procurement: a demand or supply policy instrument in relation to innovation? [J]. R&D Management, 2015, 45 (2): 147 - 160.

[288] EMERSON K, NABATCHI T, BALOGH S. An integrative framework for collaborative governance [J]. Journal of Public Administration Research and Theory, 2012, 22 (1): 1 - 29.

[289] ERGAS H. Does technology policy matter? [M] // GUILE B, BROOKS H. Technology and global industry. Washington DC, National Academy Press, 1987.

[290] ETZKOWITZ H, LEYDESDORFF L. The dynamics of innovation: from national systems and "Mode2" to a triple helix of university-industry-government relations [J]. Research Policy, 2000, 29 (2): 109 - 123.

[291] FREEMAN C. Technology policy and economic performance: lessons from Japan [M]. Lon-

don：Pinter Publishers，1987.

[292] FRITSCH M，SCHWRITEN C. Enterprise-university co-operation and the role of public research institution in regional innovation system [J]. Industry and Innovation，1999，6 (1)：69 - 83.

[293] FRITSCH M，SLAVTCHEV V. Determinants of the efficiency of regional innovation systems [J]. Regional Studies，2011，45 (7)：905 - 918.

[294] FURMAN J L，PORTER M E，STERN S. The determinants of national innovative capacity [J]. Research Policy，2002，31 (6)：899 - 933.

[295] GEMUNDEN H G，HEYDEBRECK P，HERDEN R. Technological interweavement：a means of achieving innovation success [J]. R&D Management，1992，22 (4)：359 - 376.

[296] GEMUNDEN H G，RITTER T，HEYDEBRECK P. Network configuration and innovation success：an empirical analysis in German high-tech industries [J]. International Journal of Research in Marketing，1996，13 (5)：449 - 462.

[297] GEORGHIOU L. The UK technology foresight programme [J]. Future，1996，28 (4)：359 - 377.

[298] GEORGHIOU L，KEENAN M. Evaluation of national foresight activities：assessing rationale，process and impact [J]. Technological Forecasting and Social Change，2006，73 (7)：761 - 777.

[299] GEORGHIOU L，HARPER J C，KEENAN M，et al. The handbook of technology foresight：concepts and practice [M]. Cheltenham：Edward Elgar Publishing Limited，UK，2008.

[300] GERTLER M S，LEVITTE Y M. Local nodes in global networks：the geography of knowledge flows in biotechnology innovation [J]. Industry and Innovation，2005，12 (4)：487 - 507.

[301] GRANT R M. Toward a knowledge-based theory of the firm [J]. Strategic Management Journal，1996，17 (Special Issue)：109 - 122.

[302] GRILICHES Z，REGEV H. Productivity and firm turnover in Israeli industry：1979—1988 [J]. Journal of Econometrics，1995，65 (1)：175 - 203.

[303] GRUBER J，JOHNSON S. Jump-starting America：how breakthrough science can revive economic growth and the American dream [M]. New York，NY：Public Affairs，2019.

[304] GRUPP H，LINSTONE H A. National technology foresight activities around the globe：resurrection and new paradigms [J]. Technological Forecasting and Social Change，1999，60 (1)：85 - 94.

[305] GUAN J，CHEN K. Modeling the relative efficiency of National Innovation Systems [J]. Research Policy，2012，41 (1)：102 - 115.

[306] GUELLEC D，VAN POTTELSBERGHE B. The impact of public R&D expenditure on business R&D [J]. Economics of Innovation and New Technology，2003，12 (3)：225 - 243.

[307] HAKANSON L, NOBEL R. Technology characteristics and reverse technology transfer [P]. The Proceedings of Annual Meeting of the Academy of International Business, Vienna, Austria, 1998.

[308] JIAO H, ZHOU J, GAO T, et al. The more interactions the better? the moderating effect of the interaction between local producers and users of knowledge on the relationship between R&D investment and regional innovation systems [J]. Technological Forecasting & Social Change, 2016 (110): 13 -20.

[309] HAUSER H. The current and future role of technology and innovation centers in the UK [R]. London, 2010.

[310] HAYEK F A. The use of knowledge in society [J]. American Economic Review, 1945, 35 (4): 519 - 530.

[311] HIGGINS R S, LINK A N. Federal support of technological growth in industry: some evidence of growing out [J]. IEEE Transaction on Engineering, 1981 (EM -28): 86 -88.

[312] HO V H. Enlightened shareholder value: corporate governance beyond the shareholder-stakeholder divide [J]. Journal of Corporation Law, 2010, 36 (1): 59 -112.

[313] HOPPE R. The Governance of Problem [M]. Bristol, UK: The Policy Press, 2010.

[314] HOWELLS J. Tacit knowledge, innovation and technology transfer [J]. Technology Analysis & Strategic Management, 1996, 8 (2): 91 -106.

[315] IAMMARINO S, PIVA M, VIVARELLI M, et al . Technological capabilities and patterns of innovative cooperation of firms in the UK regions [J]. Regional Studies, 2012, 46 (10): 1283 -1301.

[316] INZELT A. The evolution of university-industry-government relationships during transition [J]. Research Policy, 2004, 33 (6/7): 975 -995.

[317] JACOBIDES M G. In the ecosystem economy, what's your strategy? [J]. Harvard Business Review, September-October, 2019: 129 -137.

[318] JAFFE A B. Real effects of academic research [J]. American Economic Review, 1989, 79 (5): 957 -970.

[319] JAFFE A B, LE T . The impact of R&D subsidy on innovation: a study of New Zealand firms [J]. Economics of Innovation & New Technology, 2016, 26 (5): 429 -452.

[320] JOHNSON W H A, JOHNSON D A. Organizational knowledge creating processes and the performance of university-industry collaborative R&D projects [J]. International Journal of Technology Management, 2004, 27 (2): 93 -114.

[321] KAUFFELD-MONZ M, FRITSCH M. Who are the knowledge brokers in regional systems of innovation? a multi-actor network analysis [J]. Regional Studies, 2013, 47 (5): 669 -685.

[322] KAUKO K. Effectiveness of R&D subsidies: a sceptical note on the empirical evidence [J].

Research Policy, 1996, 25 (3): 321 - 323.

[323] KAYAL A A. National innovation system: a proposed framework for developing countries [J]. International Journal Entrepreneurship and Innovation Management, 2008, 8 (1): 74 - 86.

[324] KLINE P, MORETTI E. Local economic development, agglomeration economies, and the big push: 100 years of evidence from the tennessee valley authority [J]. Quarterly Journal of Economics, 2014, 129 (1): 275 - 331.

[325] KRUGMAN P. What ever happened to the Asian miracle? [J]. Fortune, 1997 (8): 26 - 28.

[326] LARANJA M, UYARRA E, FLANAGAN K. Polices for science, technology and innovation: translating rationales into regional policies in a multilevel setting [J]. Research Policy, 2008, 37 (5): 823 - 835.

[327] LEE A H I, WANG W M, LIN T Y. An evaluation framework for technology transfer of new equipment in high technology industry [J]. Technological Forecasting & Social Change, 2010, 77 (1): 135 - 150.

[328] LEE J, WIN H N. Technology transfer between university research centers and industry in Singapore [J]. Technovation, 2004, 24 (5): 433 - 442.

[329] LERNER J. The government as venture capitalist: the long-run impact of the SBIR program [J]. Journal of Business, 1999, 72 (3): 285 - 318.

[330] LEVINE J M, HIGGINS E T, CHOI H S. Development of strategic norms in groups [J]. Organizational Behavior and Human Decision Processes, 2000, 82 (1): 88 - 101.

[331] LEYDESDORFF L. The triple helix: an evolutionary model of innovations [J]. Research Policy, 2000, 29 (2): 243 - 255.

[332] LICHTENBERG F R. The effect of government funding on private industrial research and development: a reassessment [J]. The Journal of Industrial Economics, 1987, 36 (2): 97 - 104.

[333] LICHTENBERG F R. The private R&D investment response to federal design and technical competitions [J]. American Economic Review, 1988, 78 (3): 550 - 559.

[334] LICHTENBERG F R. The relationship between federal contract R&D and company R&D [J]. American Economic Review, 1984, 74 (2): 73 - 78.

[335] LIEBOWITZ J, BECKMAN T. Knowledge organizations: what every manager should know [M]. St Lucie/CRC Press, Boca Raton, FL, 1998.

[336] LINK A N. An analysis of the composition of R&D spending [J]. Southern Journal of Economics, 1982, 49 (2): 342 - 349.

[337] LIU F C, SIMON D F, SUN Y T, et al. China's innovation policies: evolution, institutional structure, and trajectory [J]. Research Policy, 2011, 40 (7): 917 - 931.

［338］LIU X，SCHWAAG SERGER S，TAGSCHERER U，et al. Beyond catch-up：can a new innovation policy help China overcome the middle-income trap？［J］. Science and Public Policy，2017，44（5）：1－14.

［339］LOKSHIN B. MOHNEN P. How effective are level-based R&D tax credits？evidence from the Netherlands［J］. Applied Economics. 2012，44（12）：1527－1538.

［340］LOVE J H，ROPER S. Location and network effects on innovation success：evidence for UK，German and Irish manufacturing plants［J］. Research Policy，2001，30（4）：643－675.

［341］LUNDVALL B A，JOHNSON B，ANDERSEN E，et al. National systems of production，innovation and competence building［J］. Research Policy，2002，31（2）：213－231.

［342］LUNDVALL B A. National systems of innovation：towards a theory of innovation and interactive learning［M］. London：Pinter Publishers，UK，1992.

［343］MALERBA F，ORSENIGO L. Schumpeterian patterns of innovation are technology-specific［J］. Research Policy，25（3）：451－478.

［344］MANSFIELD E. R&D and innovation：some empirical findings［M］// ZVI GRILICHES. R&D，patents and productivity. Chicago：University of Chicago Press，USA，1984.

［345］MANSFIELD E. The R&D tax credit and other technology policy issues［J］. AEA Papers and Proceedings，1986，76（2）：190－194.

［346］MAZZOLENI R，NELSON R R. Public research institutions and economic catch-up［J］. Research Policy，2007，36（10）：1512－1528.

［347］MAZZUCATO M. The entrepreneurial state：debunking public vs. private sector myths［M］. London：Anthem Press，2013.

［348］MCCUTCHEN W M J. Estimating the impact of the R&D tax credit on strategic groups in the pharmaceutical industry［J］. Research Policy，1993，22（4）：337－351.

［349］METCALFE J S，GEORGHIOU L. Equilibrium and evolutionary foundations of technology policy［J］. STI Review，1998，22（Special issue）：75－100.

［350］MATHEWS J A. Competitive advantages of the latecomer firm：a resource-based account of industrial catch-up strategies［J］. Asia Pacific Journal of Management，2002，19（4）：467－488.

［351］MATHEWS J A. Dragon multinationals：new players in 21st century globalization［J］. Asia Pacific journal of management，2006，23（1）：5－27.

［352］MILES I，KEENAN M. Practical Guide to Regional Foresight in the UK［M］. Publications of the European Communities，Luxembourg，2002.

［353］MUKHERJEE A，SINGH M，ŽALDOKAS A. Do corporate taxes hinder innovation？［J］. Journal of Financial Economics，2017，124（1）：195－221.

［354］MOSELEY A，JAMES O. Central state steering of local collaboration：assessing the impact of tools of meta-governance in homelessness services in England [J]. Public Organization Review, 2008 (8): 117-136.

[355] MUSACCHIO A, LAZZARINI S G, AGUILERA R V. New varieties of state capitalism: strategic and governance implications [J]. Academy of Management Perspectives, 2015, 29 (1): 115-131.

[356] NASEEM A, SPIELMAN D J, OMAMO S W. Private-sector investment in R&D: a review of policy options to promote its growth in developing country agriculture [J]. Agribusiness, 2010, 26 (1): 143-173.

[357] NAUWELAERS C, WINTJES R. Innovating SMEs and regions: the need for policy intelligence and interactive policies [J]. Technology Analysis & Strategic Management, 2002, 14 (2): 201-215.

[358] NELSON R R. National systems of innovations: a comparative analysis [M]. Oxford: Oxford University Press, UK, 1993.

[359] NELSON R R. The sources of economic growth. cambridge [M]. MA: Harvard University Press, USA, 1996.

[360] NONAKA I, TAKEUCHI H. The knowledge-creating company: how Japanese companies foster creativity and innovation for competitive advantage [M]. New York: Oxford University Press, USA, 1995.

[361] NONAKA I. The knowledge creating company [M]. Harvard Business Review, 1991, 69 (6): 96-104.

[362] OECD. National innovation system [R]. OECD Publication, 1997.

[363] OECD. University-industry collaboration: new evidence and policy options [R]. OECD Publication, 2019.

[364] OLIVEIRA M D M, TEIXEIRA A A C. The determinants of technology transfer efficiency and the role of innovation policies: a survey [R]. Fep Working Papers, 2010.

[365] PATEL P, PAVITT K. National innovation systems: why they are important, and how they might be measured and compared [J]. Economic Innovation New Technology, 1994, 3 (1): 77-95.

[366] POPPER R. How are foresight methods selected? [J]. Foresight, 2008, 10 (6): 62-89.

[367] PORTER M E. The competitive advantage of nations [M]. New York: The Free Press. 1990.

[368] POWELL W W, KENNETH W, KOPUT J, et al. The spatial clustering of science and capital: accounting for biotech firm venture capital relationship [J]. Regional Studies, 2002, 36 (3): 291-305.

[369] PREVEZER M. Ingredients in the early development of the U. S. biotechnology industry [J]. Small Business Economics, 2001, 17 (1): 17-29.

[370] ROBINS G., BATES L, PATTISON P. Network governance and environmental management: conflict and cooperations [J]. Public Administration, 2011, 89 (4): 1293-1313.

[371] ROGERS E M. Diffusion of Innovations [M]. Free Press: New York, NY, USA, 1995.

[372] ROMER P M. Endogenous technological change [J]. Journal of Political Economy, 1990, 98 (5): 71-102.

[373] ROTHAERMEL F T, AGUNG S D, JIANG L. University entrepreneurship: a taxonomy of the literature [J]. Industrial and Corporate Change, 2007, 16 (4): 691-701.

[374] ROTHWELL R. Government innovation policy: some past problems and recent trends [J]. Technological Forecasting and Social Change, 1982, 22 (1): 3-30.

[375] ROTHWELL R. Successful industrial innovation: critical factors for the 1990's [J]. R&D Management, 1992, 22 (3): 221-239.

[376] ROTHWELL R, ZEGVELD W. Industrial innovation and public policy: preparing for the 1980s and the 1990s [M]. London: Frances Printer, UK, 1981.

[377] SALIOLA F, ZANFEI A. Multinational firms, global value chains and the organization of knowledge transfer [J]. Research Policy, 2009, 38 (2): 369-381.

[378] SALMENKAITA J P, SALO A. Rationales for government intervention in the commercialization of new technologies [J]. Technology Analysis & Strategic Management, 2002, 14 (2): 183-200.

[379] SALO A. Incentives in technology foresight [J]. International Journal of Technology Management, 2001, 21 (7/8): 694-710.

[380] SAMUELSON A P. The pure theory of public expenditure [J]. The Review of Economics and Statistics, 1954, 36 (4): 387-389.

[381] SAXENIAN A. Regional advantage: culture competition in silicon valley and route 128 [M]. Cambridge, MA: Harvard University Press, USA, 1994.

[382] SAXENIAN A. The new argonauts: regional advantage in a global economy [M]. Cambridge, MA: Harvard University Press, USA, 2006.

[383] SAXENIAN A. The origins and dynamics of production networks in Silicon Valley [J]. Research Policy, 1991, 20 (5): 423-437.

[384] SCHUMPETER J A. The theory of economic development: an inquiry into profits, capital, credit, interest, and the business cycle [M]. Cambridge: Harvard University Press, USA, 1934.

[385] SHARIF N. Emergence and development of the national innovation systems concept [J]. Research Policy, 2006, 35 (5): 745-766.

[386] SHARPE W F. Capital assets prices: a theory of market equilibrium under conditions of risk [J]. Journal of Finance, 1964, 19 (3): 425-442.

[387] SMITH K. Innovation as a systemic phenomenon: rethinking the role of policy [J]. Enterprise and Innovation Management Studies, 2000, 1 (1): 73-102.

[388] SOLLEIRO J L, CASTANON R. Competitiveness and innovation systems: the challenges for Mexico's insertion in the global context [J]. Technovation, 2005, 25 (9): 1059-1070.

[389] SORENSEN A, KONGSTED H C, MARCUSSON M. R&D, public innovation policy, and productivity: the case of Danish manufacturing [J]. Economics of Innovation and New Technology, 2003, 12 (2): 163-178.

[390] SØRENSEN E. Metagovernance: the changing role of politicians in processes of democratic governance [J]. American Review of Public Administration, 2006, 36 (1): 98-114.

[391] SØRENSEN E, TORFING J. Making governance networks effective and democratic through metagovernance [J]. Public Administration, 2009, 87 (2): 234-258.

[392] SØRENSEN E, TORFING J. The democratic anchorage of governance networks [J]. Scandinavian Political Studies, 2005, 28 (3): 195-218.

[393] STIGLITZ J E. Leaders and followers: perspectives on the Nordic model and the economics of innovation [J]. Journal of Public Economics, 2015, 127: 3-16.

[394] TAMASY C. Rethinking technology-oriented business incubators: developing a robust policy instrument for entrepreneurship, innovation and regional development [J]. Growth and Change, 2007, 38 (3): 460-473.

[395] TIDD J, BESSANT J, KEITH P. Management innovation: integrating technology, market and organization change [M]. New York: John Wiley and Sons, USA, 2001.

[396] TODTLING F, TRIPPL M. One size fits all? towards a differentiated regional innovation policy approach [J]. Research Policy, 2005, 34 (8): 1203-1219.

[397] TOMES A, EROL R, ARMSTRONG P. Technological entrepreneurship: integrating technological and product innovation [J]. Technovation, 2000, 20 (3): 115-127.

[398] VILLANI E, RASMUSSEN E, GRIMALDI R. How intermediary organizations facilitate university-industry technology transfer: a proximity approach [J]. Technological Forecasting and Social Change, 2017, 114: 86-102.

[399] VON HIPPLE E. The Source of Innovation [M]. New York: Oxford University Press, UK, 1988.

[400] VON ZEDTWITZ M. Managing foreign R&D laboratories in China [J]. R&D Management, 2004, 34 (4): 439-452.

[401] VOROS J. A generic foresight process framework [J]. Foresight, 2003, 5 (3): 10-21.

[402] WALLSTEN S J. The effects of government-industry R&D programs on private R&D: the case of the small business innovation research program [J]. RAND Journal of Economics, 2000, 31 (1): 82-100.

[403] ZACK M H. Developing a knowledge strategy [J]. California Management Review, 1999, 41 (3): 125 - 145.

[404] ZAHEER A, GULATI R, NOHRIA N. Strategic networks [J]. Strategic Management Journal, 2000, 21 (3): 203 - 215.

[405] ZUCKER L G, DARBY M R, ARMSTRONG J. Geographically localized knowledge: spillovers or markets? [J]. Economic Inquiry, 1998, 36 (1): 65 - 86.

